大学的長崎ガイド

——こだわりの歩き方

長崎大学多文化社会学部 編
木村直樹 責任編集

昭和堂

ヒトツバタゴと鰐浦の韓国展望所（対馬市）

旧五輪教会堂（五島市）

奈留港遠景（五島市）

田ノ江窯跡（江戸時代、五島市）

崇福寺中国盆会（長崎市）

表門橋と出島（長崎市）

軍艦島（長崎市）

松尾あつゆき句碑（長崎市）

「長崎」とは何か――世界につながる長崎――

読者のみなさんは、「長崎」と聞いたとき、どの場所を思い浮かべるだろうか。現在の長崎県だろうか、長崎市だろうか、はたまた江戸時代の長崎だろうか。

1　長崎県の成立

長崎という土地の意味するところは時代によって変化する。

古代において、長崎という地名はまだ定まっていない。現在の長崎県を構成する地域に、人が住み、成立したヤマト政権の配下に入っていったことは、多くの考古学と、わずかな文献史学の成果からも証明される。

実際に長崎という地名が歴史の上に登場するのは、中世になってからである。長崎の地名は、もともと長崎湾の奥に、細長くつきだした「長い岬」が起源だといわれる。この「長い岬」は、現在でも長崎市の中心部に丘として存在している。鎌倉時代、この地域に勢力をたもった武士長崎氏が存在していたことは、一二三七年に彼らが京都で活動していたことから確認されるので、一三世紀ぐらいには長崎という地名が登場したことは間違いない。また一二五八年には「(彼杵庄)戸町・永埼両浦」という地名としての「長崎」が文献上に登場する。

長崎の町が、世界的に知られるようになったのは、貿易港としての道を歩み始めたことによるだろう。伝承によれば、一五六二年に明人が渡来したとされ、さらに一五六七年にはキリスト教の宣教が開始され、一五七一年ポルトガル船が来航を開始した。また、一五八〇年イエズス会領となったあと、一五八七年に豊臣秀吉が長崎を直轄領とし、以後中央政権直轄地への途をたどる。

そして江戸時代になると、江戸幕府が直轄支配し、九州屈指の大都市・大消費地・金融センターとして機能することとなる。この場合の「長崎」は現在の長崎駅付近より中華街までの、さほど広くもない地域である。

一方で、現在の長崎県の領域は中小規模の藩が数多く存在した。対馬藩、平戸藩、大村藩、島原藩、佐賀藩の諫早領・深堀領・神代領、幕府直轄領、五島藩からなる。しかも、中世以来の武士たちが編成する藩と、島原藩のように高等学校の教科書で教えられるような一般的な大名の支配の仕組みをもった藩まで、そのありようは多様であり、その多様性の中で独自の地域文化がはぐくまれていった。

さらに近代になると一八六八年に新政府直轄の長崎裁判所が成立したあと、一八八三年に旧国名で言えば肥前の西半分・壱岐・対馬の三国が合併され、おおよそ現在の長崎県が成立する。

2　長崎と世界

このように成立した現在の長崎県であるが、長崎は歴史的にみて、常に日本社会と海外との接点であり続けた。古代においては壱岐・対馬は朝鮮半島をへて中国大陸へと続き、様々な文化を日本にもたらした。また、五島列島は、遣唐使船国内最後の出航地でもあり、中国大陸へと続く。

中世は、対馬・壱岐・五島は相変わらず、朝鮮半島・中国大陸への入り口であり続け、このルート上に、モンゴルが襲来し、長崎県の県北エリアである松浦地方も侵攻をうけ、その痕跡は現在、鷹島沖沈没船に見出すことができる。また複雑な海岸を利用して、対馬や松浦地方は倭寇の拠点でもあった。さらに、戦国末期には南蛮船や紅毛船が、島原半島南端の口之津や平戸、長崎へと来航する。

近世になると、対馬宗家を通した李氏朝鮮との通路、長崎港へのオランダ船や唐船の来航、現在の長崎は南北に二つの国際交流の場が存在したことになる。そして、近代の技術や思想は、江戸時代後半に長崎を通じて日本へと広まる。近代の出発点が長崎にはある。

近代になると、上海からの国際電信ケーブルは長崎市にまずつながり、世界との情報の入り口となる。また上海航路が定期化して中国南部との往来は活発化する。さらに日本海軍の佐世保鎮守府と長崎の三菱造船所は、日本の対外進出を支える拠点となった。対馬は朝鮮併合後、経由地として機能した。そしてこのような日本の近代化路線は、長崎への原爆投下によってその破綻をむかえることになる。近代の始まりと終わりは長崎に刻印されている。

第二次世界大戦後、長崎は、原爆を記憶し語り続け、同時に造船の町から世界的観光都市へと変化しつつある。そのため、長崎市にはアジアを主とする世界各地からの観光客が訪れ、また、佐世保市にはアメリカ軍が戦後駐留したことから独自の文化がうまれ、対馬は今や韓国の人々にとって手軽な外国観光地としてにぎわいを見せる。

このように、長崎は歴史的につねに外国との関係の上になりたち、そして、文化をはぐくんできた。日本列島の他の地域とは異なる特性がある。その中で、日本の国境線としてのフロンティア（frontier）ではなく、面的な広がりをもった国境地帯（boundary）としての顔をもつことが、独自の文化やコミュニティを育ててきたとも言える。

そこで、本書では、現代の長崎を紹介するにあたり、長崎と世界との関係を多く盛り込むことを意図した。読者の皆様も、本書を読まれて、ぜひ、長崎を訪れ、各地にある世界との関係を見出してもらえれば、編者としては幸いである。

なお、本書の出版に際しては、ワンアジア財団からの助成を頂いた。そのことを記し、深く謝意を表したい。

二〇一八年三月

木村直樹

第1部

長崎は今どうみられるのか

長崎新地中華街

王 維

はじめに

長崎中華街というと、「中国人の町?」と質問がよく返ってくる。これは一般的な中華街のイメージなのだろうか。北米や東南アジアなどの地域では、従来、華人[1]の集団的移住によってさまざまなチャイナタウン（日本の場合には中華街と呼ばれることが多い）が形成されている。つまり、チャイナタウンは華人によってもたらされたグローバルな文化現象である。チャイナタウンは人々にとって商売の場であり、生活の空間でもあるが、訪れる人々は華人が主体である。各地のチャイナタウンでは、中国最大の年中行事である春節を祝うイベントや行事がある。華人にとっては、春節はあくまでも自分自身の祭であり、イベン

(1) 海外中国系移民に関して、華僑・華人などの名称があるが、日本の場合には中国籍のまま日本で暮らす人々を「華僑」、日本国籍取得者を「華人」と一応は区別する。この項では日本に関する記述に伝統的な学術用語「華僑」、海外の場合には華人という言葉を用いたい。

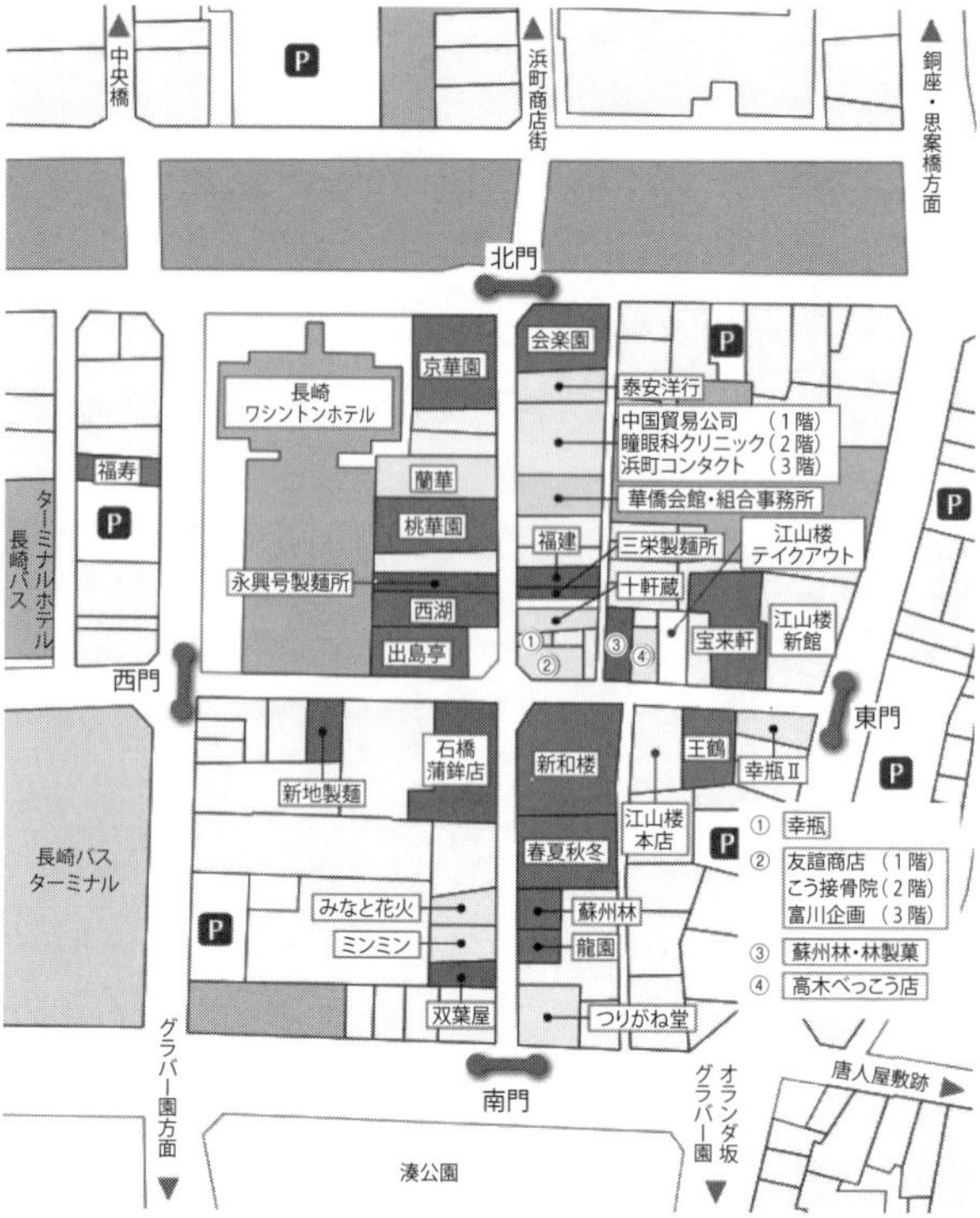

図1　新地のマップ

トである。もちろん、春節を見るためにチャイナタウンに来る観光客もいるが、そこに住み暮らしている人々にとっては、春節は観光のためのイベントというだけのものではない。これまで、チャイナタウンの特色について様々に議論されてきた。それらを簡潔に表現すれば、チャイナタウンは①人種隔離ゲート、②防御的飛び地、③新興の寄港地、④商業的区域（民族経済的集結地）、⑤文化的コミュニティ、⑥海外のチャイナなど(2)、である。いず

（2）Lai, 1988、Zhou, 1992、Ling, 2004、E. Luk, 2008 など

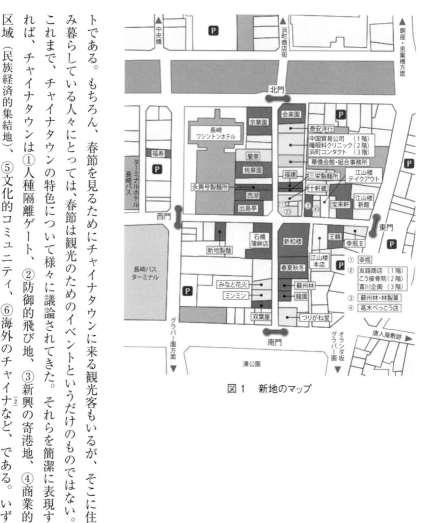

れも華人を対象として取り上げられている。このような議論からも、チャイナタウンは華人（中国人）の町という表現は適切であろう。

しかし、日本の伝統的な中華街はかなり特殊な側面を持っている。現在の中華街は華僑だけのコミュニティではなく、特に長崎中華街の場合、そこに居住する人は少なく、生活の場所というよりも、むしろ商業の街としての機能が強い。同じ商業的区域として捉えられているニューヨークのチャイナタウンと比較すれば、新移民を受け入れる器でもなければ、華僑の商業活動の中心地でもない。すなわち、民族的・経済的集結地としての機能はない。しかも、構成員の一部は日本人であり、中華街を訪れる人達の多くは日本人である。長崎市は年に一回〝中国的な世界〟に変身するときがある。それは春節のイベント「灯籠祭」が、長崎市全体の祭りとして拡大した「ランタンフェスティバル」である。主に日本人の観光客を対象に発展してきた。

北米や東南アジアのチャイナタウンと大きな違いがある。つまり、長崎中華街は、色々な意味で「日本的」であり、日本人向けにイメージが作られ、日本人との一体性、地域との一体性という特色をもっている。では、いつ、なぜ、どのように長崎中華街はこのような特色をもつようになったのか、その歴史的なプロセス及び地域社会の人びととの関わりは如何なるものであったのか、などについて、ここでは整理してみたい。

1　長崎唐人貿易に関わった新地の形成

日本で最初の華僑社会が形成されたのは長崎だ。長崎新地中華街の歴史は、長崎会所貿易時代に遡ることができる。いわゆる「鎖国」時代、唐船貿易によって多くの華商が来日し、長崎を中心に日本を含む東・東南アジアにおける広域貿易ネットワークが作られた。一六二〇年代、長崎では福建・三江[3]出身の唐船主によって唐寺[4]が建立された。これが、日本華僑の地縁組織の原型とされている。唐寺は華僑の祭祀、文化、親睦などの役割を果たす一方、後の商取引の拠点でもある唐人屋敷[5]とともに、在留唐人の祭祀・文化を生み出す空間であり、華僑社会と地域社会を密接につなぐための関係の「場」でもあった。これは長崎中華街が地域と一体化してきた重要な歴史的背景である。

長崎の中華街は新地町にあるが、この新地という地名の由来をご存じだろうか？　もともと「新地」とは「新しい築地（埋め立て地）」の意とされる。つまり、埋め立て地の上に新地町、そして現在の中華街はできたのである。

正式に新地町という町名がつけられたのは一八六八年（明治元年）、それまでは新地蔵所、新地唐人荷物蔵、唐荷物蔵などと称されていた。

「蔵」がつくのは、長崎に運ばれた唐船貨物と関係があったからだ。貿易初期は、それらの貨物は海辺にある各所の倉庫に格納貯蔵されていた。しかし、一六九八年、倉庫の近くにある興善町の火事によって唐船二〇艘分の貨物がすべて灰となる事件が起こる。そこ

（3）　一般的に中国の江蘇、浙江、江西地域からの出身者を指す。

（4）　一六二三年に三江出身者による興福寺、一六二八年、泉州など福建南部の出身者による福済寺、一六二九年、福州など福建北部の出身者による崇福寺、一六七七年泉州地域出身であったが、後に帰化した鉄心による聖福寺（後に広東出身者の菩提寺）など、江戸時代に立てられた中国寺院のことである。

（5）　鎖国体制が完成され（一六三五〜一六三九）、唐船・オランダ船の来航のみ許され、出入りは長崎一港に限定されるようになった。外国人を管理する政策の一つとして幕府によって新たに唐人居留地――唐人屋敷が建設された。その背景は①貿易

で、当時の倉庫の所有者三九人が貨物隔離を目的に長崎奉行に願い出て、一七〇二年、東西七〇間、南北五五間、三五〇〇坪を埋め立て、新地蔵所が作られたのである。以来、この新地蔵所は、唐人貿易の倉庫として大きな役割を果たしてきた。

その倉庫としての新地が居住地化するのには、一八五九年の安政の開国が大きく関係している。この開国によって、いままでは貿易に参入できなかった欧米人が長崎にも進出してきた。彼らは外国人居留地が整備されるまで、新地蔵所と唐人屋敷をつなぐ通路だった広馬場を仮泊の中心地にした。この時点では修好条約を結んでいなかったため、それまでの特権的な地位を失った華僑（唐人）をビジネスパートナーに、日本との貿易を始めたのだ。つまり、鎖国時代の独占的貿易は開国によって表面上消滅したものの、欧米人にまさる商取扱量をまだ誇っていたのである。そして、外国人居留地が整備されると、まずこの広馬場が華僑の居住地と化していった。

一八六八年に広馬場と新地が居留地に編入されると、唐人屋敷の役割がなくなるとともに「中国人貸地規則書」が制定され、広馬場地区[6]と新地地区が中国人居留地として合法的に認められた。さらに一八七一年の日華修好条規の締結によって、長崎に清国領事館が建設されると、唐人屋敷にいる華僑や新たに本国からやってきた華僑たちは、貿易商として公然と業務に進出できるようになった（内田一九四九：五）。新地の倉庫は店舗や住居に改造され、一八九九年に市街地雑居の許可が出るころまでには、華僑の街として特殊なエリアを構成するようになっていった。

それにともなって新地には中国的な建物がたくさん並ぶようになり、中国的な服を着ている子どもや婦人たちの姿が見られる、まさに中華街としての色彩を帯びた町になって

及び人的管理、②一六八四年清朝の遷界令撤廃により、本土から唐船が大挙来航、来日唐人を一カ所に集中させる必要性があった。唐人屋敷は唐人の居住空間、貿易の拠点、祭祀の「場」としての内的役割を果たした。当時唐人屋敷の出入りは役人と芸者のみに限られていたが、唐人祭りの際に限り長崎一般市民に公開したので、祭りや風習などが地域社会に伝播する文化伝播ルートとしての役割も果たした。明治以降衰退し、その跡地として現在四つの堂、つまり土人堂、観音堂、天后堂、福建会館のみ残されている。

(6)　一八六〇年外国人居留地として埋め立てられ、一八六三年の正月に広馬場という町名を附せられた。広馬場の背後には唐人屋敷があった関係上、この町に住む人の多くは中国人であったという（歌川　一九五二：一六二）。広馬場町は旧下長崎村十善寺郷に属し、唐人屋敷前の広場であったことから広馬場と称していた。

図 2　大正時代の新地

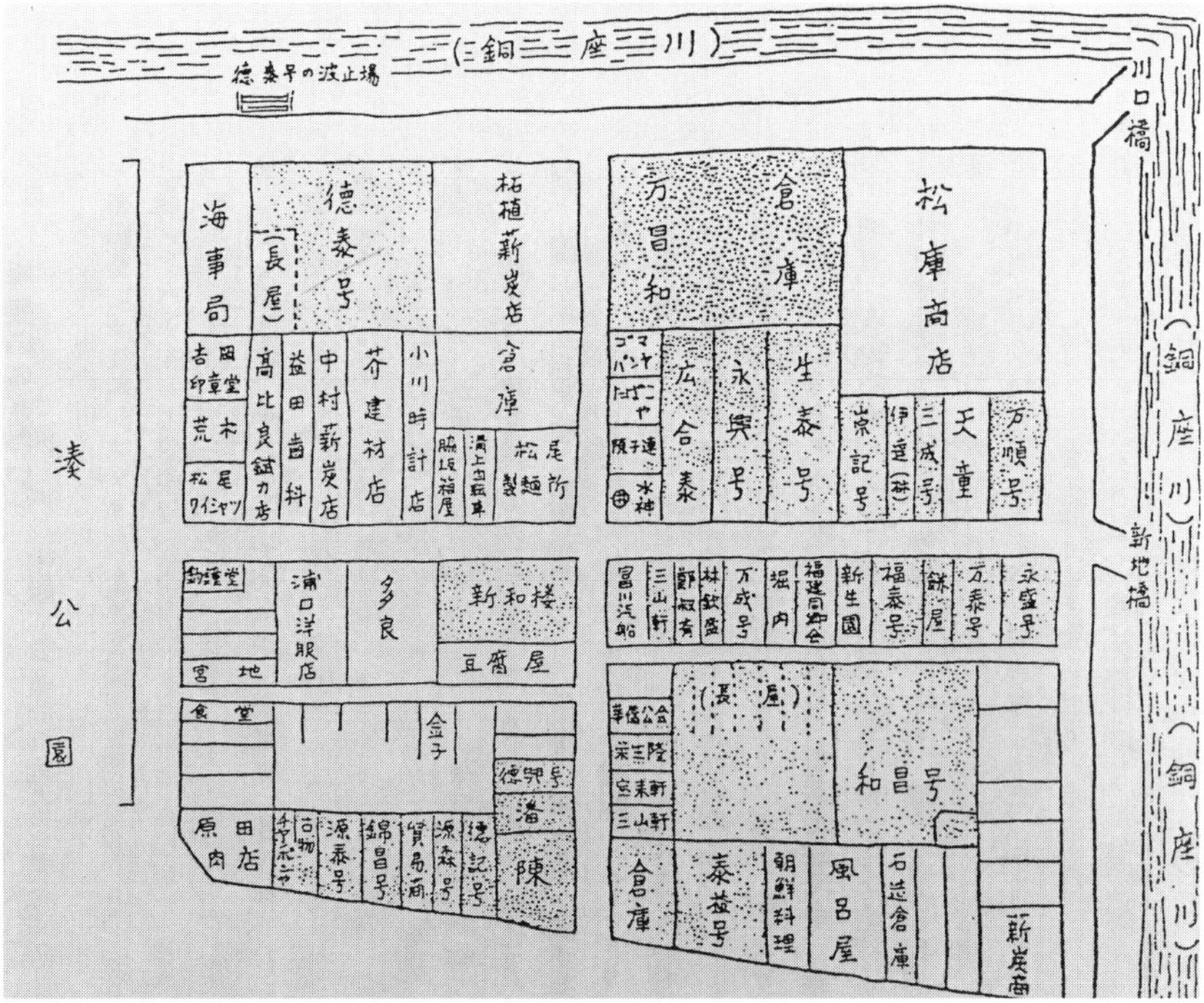

図 3　大正時代新地の復興図

いった。

その様子が、歌川龍平が著した『長崎郷土物語』では次のように描写されている。

私は小さい頃、髪を長くして後ろに三つよりにして垂らした辮髪姿の子供が、日本人と同じようなママ事を石畳の上でしているのを見て非常に親しみを憶えた記憶や、シタンの机や茶棚を山のように飾った商館、肉饅頭や茶色の餅をならべた小店、中国の変った雑貨を売った店の姿などが幻のように瞼に浮んで来ます。灰色かかった木造洋館の多く、どの家にも赤い紙に墨、黒々と書かれたものが下げてあったり、平たい鉢に水仙をならべてあるので、子供心にも中国人は水仙と文字がすきだなあと思ったことも忘れられません。なお中国婦人の大部分が黒っぽい服を着て、てんそくの足でヨチヨチ歩く姿も、子供心に深い印象でありました。（歌川一九七九（一九五二）：六）

しかし、日清戦争の勃発、その後の新地と広馬場で相次いで起きた火事のため、華僑人口は減少しはじめる。一八九九年には居留地が撤廃されると同時に「内地雑居令」が公布され、貿易商以外の雑業者にも内地進出が認められ、外国人は居留地外での居住と経済活動ができるようになった。すると、一部の商人達が新たなビジネスチャンスを狙って、神戸や横浜へと移住していった。それでも新地は泰益号、生泰号、永興号、錦昌号など多くの貿易商と雑貨商の店が軒を連ねて、日中戦争の勃発まで繁栄していた。一方、貿易と縁がない福建省福州や福清の出身者の渡来が増加し、新地では料理、洋裁、理髪などの店舗も多くなり、新地は特に近代の長崎華僑経済の中心地として栄えた。

2　新地の発展に関わった近代華僑組織

幕末までの貿易の担い手は三江出身者が中心だったが、一八六八年ころになると、福建南方の泉州、漳州、廈門などや広東出身の華僑なども増えていた。一八六九年、泉州、漳州など福建南部の華商たちを中心に広馬場の近く（旧唐人屋敷の館内町）に八閩《バーミン》会館[7]という同郷団体が設立された。会員は主に泉漳出身者を中心としたが、実は福建北部の出身者もいたので、福建省出身者の上位組織としての役割を果たしていた。そして成立当時は、福建出身者ばかりではなく、三江の出身者にも利用されていた。一八九七年、八閩会館は、全福建省出身者を包括する組織として「福建会館」と改称した。祭祀は福済寺で行われた。その下位組織として、泉漳幇（閩南幇）の「泉漳永公所」と福州幇の「三山公所」がある。「三山公所」（いわゆる「三山公幇」）は、一八九九年に新地で成立し、主に福建北部の出身者を中心とする組織である。当公所は崇福寺の信徒の団体としての性格を持ち、主な活動は崇福寺運営資金の徴収及び年間祭祀行事であり、最も規模が大きいのは普度《プゥドゥ》（長崎ではポールという）である。会館と公所の機能は、主に祭祀と宴集、葬礼、社会公共事業、集団的保証、共同防衛、仲裁調停などである。祭祀は、出身地毎の唐寺院と密接に連携して行われていた。長崎唐四箇寺のうち、現在でも組織としての機能を果たしているのは、崇福寺のみとなっている。

福建北部特に福清の出身者の来日は他の地域より遅れ、その職業も限られ財力は他幇よ

（7）八閩とは福建省の全体を指した呼称であり、主に福州、興化、建寧、延平、汀州、邵武、泉州、漳州の八府が該当する。

り貧しかった。一八九九年は日本で外国人内地雑居が認められた年であるが、新しく来日する華僑に対して、三刀業（包丁、剃刀、鋏を使う料理、理髪、洋裁）と行商に限定されるような厳しい職業規定が設けられた。そのため、福清方面から新たに来日した華僑は、ほとんどこのような職に従事した。戦後、福州・福清出身の華僑は長崎華僑の大多数を占めるようになるが、その職業は次第に三刀から料理の一刀に収束していった。

長崎では現在、華僑の同郷組織としては福建同郷会（別称三山公幇）だけが活動しており、その活動の多くは崇福寺における祭祀行事である。福建同郷会は現在中華街にある華僑会館内に設置されており、その他、長崎華僑の全体組織――華僑総会（一九四五）、料理業全体の組織――中華料理業組合（一九四七）、そして中華街商業組織――中華街商店街振興組合（後述）も同会館にある。

3　新地の歴史と共に歩んできた華僑の商号

長崎最後の貿易商「泰益号」とちゃんぽんの発祥地「四海楼」は、当時新地と広馬場町で活躍していた。

「泰益号」はかつて新地における貿易会社のなかでも最も歴史のある貿易商であった。家族社員と従業員を合わせても二〇人以下という規模だった。その商圏範囲はきわめて広く、日中戦争が始まるまでは、中国大陸、台湾、朝鮮半島、東南アジアにまで及び、とくに中国や台湾の各港町に支店をもつほどだった。

図４　新地戦後の様子

ちなみに、号とは日本語の「屋」のようなもので、当時店名に「号」とつく店は、貿易商が多い。「泰益号」の前身は「泰昌号」といい、一八六一年に福建出身者の同郷同士七人の出資で設立された貿易会社である。「泰益号」の創業者とされる陳国樑は福建省泉州府金門島の出身で、一八六四年ごろに来日し、「泰昌号」の経営にも携わった。国樑が「泰益号」を創立したのは一九〇一年。その後、彼は事業の規模を拡大させると同時に、福建省出身の長崎華僑の同郷組織である福建会館を立ち上げ、慈善事業に励んだ。

国樑の跡を継いだ長男の世望もまた会社を経営しながら、積極的に社会活動に参加し、長崎華僑のリーダー的存在として活躍し、さまざまな公職を兼任した。しかし、上海事変（一九三二年）をきっかけとして、中国をはじめ、アジア諸国での貿易は思うようにいかなくなっていった。ほかの貿易商たちがほとんど長崎から中国へ撤退していくなかで、「泰益号」だけは活動をつづけたが、日中戦争が激しくなるにつれ、一九四〇年ついに事業中止に追い込まれた。その後、一族すべてが長崎から離れてしまう。

しかし、一九九〇年代に入ってから、世望の孫である東華が、先祖が遺した土地で何かをしなければという使命感から長崎へ戻ってきた。そして、九六年に「泰益号」跡地に建設されたＪＡＬシティホテルの経営に携わった。また、彼は先祖同様、福建会館の会長も務め、唐人屋敷の復興など、華僑に関連する事業や研究にも尽力した。

中華料理店「四海楼」は長崎ちゃんぽんの元祖として有名だが、以前は新地と唐人屋敷のあいだ、広馬場町に店があった（現在は旧居留地に近い松ヶ枝町の海辺）。「四海楼」の創業者は福建省出身の陳平順である。

平順は一八九二年に長崎新地で大きな砂糖貿易商を営み縁故関係にある「益隆号」を頼って福建省福清から渡ってきた。最初リヤカーに反物を積んで行商をしていたが、一九〇〇年に友人三人と一緒に広東会館という建物を借りて、「四海楼」を開いた。

平順はしばしば長崎に渡航してくる華僑や留学生の身元引受人になり、その世話をしていた。当時の長崎華僑の生活は決して楽ではなく、留学生の生活はさらに苦しかった。その実情を知っている平順は、ボリュームがあって、しかも安いものを供することはできないかと考え、オリジナル料理ちゃんぽんを作り出したのである。福建の「肉絲湯麺」をもとにしたこの料理は、当初「支那うどん」とも呼ばれたが、後にちゃんぽんと称するようになり、華僑だけではなく、長崎の地元民にも受け入れられ、地域を代表する郷土料理となった。それ以降、新地で中華料理店を開いた経営者の多くは四海楼で修業したものであった。

四海楼は後に息子の揚俊・揚春兄弟が共同で経営にあたっていたが、第二次世界大戦の激化にともない、やむなく一旦廃業に追い込まれる。「四海楼」の再開は戦後の一九五一年、新地に居住しながら、広馬場町に新店舗を開く形であった。

この時の経営者揚春は「四海楼」の経営だけでなく、華僑に関連する事業にも積極的に携わった。華僑総会会長、中華料理組合長、福建会館（唐人屋敷）保存会会長などを歴任し、一九六六年には唐人館(8)の社長も兼任、観光部門に進出して、観光地長崎を大いに内外に宣

（8）　唐人館は中国資料館のようなもので長崎中国歴代博物館の前身とされるが、一九六五年に唐人館株式会社が華僑の有志によって設立され、主に唐人館、孔子廟と華僑の学校の運営に携わる。

伝した。一九七三年には松ヶ枝町に「四海楼」を移築し、長崎市観光施設協議会会長、長崎観光協会理事など歴任し活躍した。楊春の跡を継いだ名治と現在四代目の経営者優継も、経営に携わる一方、華僑社会や地域社会の様々な事業や活動への役割を果たしている。四海楼に生まれたちゃんぽんは現在、新地中華街の名物だけでなく、長崎郷土料理として知られ、後にできたリンガーハットによって、日本全国各地に広まっていった。

4　新地の変遷及び中華街としての再建

新地の景観及び華僑の生活を激変させたのが、日中戦争の勃発である。それは、貿易を中心に活動してきた長崎華僑に大きなダメージを与えることになった。貿易商たちの多くは本国へと引き揚げることができた。しかし、引き揚げるだけの財力もない者や長崎に踏みとどまらざるをえなかった者たち、とくに本国での経済基盤もない福建省北部の出身者にとっては、本国・中国との貿易の途絶は、新たに生きる道の模索を迫る契機になった。

その結論が、中華料理店への転業だった。この時期に新地の風景は一変し、現在の中華料理店や雑貨店が大半を占める姿になっていった。また、このころから中華街でも中国風の服装が見られなくなり、華僑の住居もしだいに日本のものと変わらなくなっていったという。それに合わせるように、ほとんど華僑しか住んでいなかった新地に、戦時中の日本の政策により、日本人が多く住むようになり、華僑と日本人との混合型社会になっていった。とくに終戦後まもなく、一九四七年に新地で大火が発生した後に、中国的な建物はほ

図 5　新地中華門

とんど破壊された。

　戦後まもなく、新地町に住んでいた一八〇世帯、約一〇〇〇人のうち、華僑は七〇世帯、約二〇〇人となり、華僑の比率がかなり低くなっている。このような状況の下で、一九五一年の春、新地町の日本人と華僑は共に、新地町親交会という親睦団体を結成した(9)。親交会と平行して、土地の発展を図るために新地湊町商店街も結成された（歌川一九七九（一九五二）：四）。これは後に新地中華街が地域と一体化する背景の一つでもある。つまり、新地は、華僑と日本人との共同居住地へ変貌するとともに、華僑社会と日本人社会との境界（エスニックの境界）の垣根は低くなり、地域の発展のために協力することができるようになった。

　一九六〇年代には、新地町に住む華僑世帯の数は約五〇世帯に減少し(10)、さらに現在は二五世帯以下にまで減少した(11)。その原因としては、長崎華僑人口全体の減少や、職業の変化及び事業拡大などによる、華僑の他地域への拡散などが挙げられる。

　このように一九六〇年代までに新地の中国人居住区としての特徴はほとんど失われてしまった。ちなみに、長崎華僑の歴史に関する文献では、居留地の一つとしての新地という言い方がよく見られるが、新地中華街という言葉はほとんど登場しなかった。つまり、中

(9)　「親交会は近くの町内と異なり諏訪神社その他の神社には少しの関係もなく、新年宴会をしたり、総会、海水浴、精霊流しなど町民の親睦に努めている模様です」（歌川一九七九（一九五二）：四）。

(10)　「旅日福建同郷名簿」の統計によれば四七世帯とされるが、福建出身者以外の世帯があることも考えられる。

(11)　華僑総会名簿と現地調査によるものであるが、帰化などによって実際名簿に載せていない世帯もある。

図6　新地の中秋節の祭壇

華街という用語を用いるようになったのは、一九八四年以降、すなわち新地中華街の門ができてからのことである。[12]

「一九八三年に新地の十字路の真ん中にいる観光客に中華街はどこにあるかと聞かれたときはショックでしたよ」と語ってくれたのは、初代新地中華街商店街振興組合理事長の林照雄氏だ。当時の長崎の新地中華街は、中心地である十字路に面して数軒の中華料理店や雑貨店が並んでいるだけのさびしい町で、中華街と気づいてもらえないほどの状態にあったという。

そこで新地を中華街として活性化させ、華僑の活動の中心地とするために、なんらかの組織を立ち上げようということになった。当時、華僑総会や福建同郷会、中華料理同業組合などはあったが、新地中華街だけの組織というものはなかった。そこで、長崎市や県、そして商工会議所などと相談し、ほかの商店街同様、市の法人組合として新地中華街商店街振興組合が一九八四年に結成された。また、この組合結成には、日中国交回復を契機に盛んになった日中友好の動きも追い風となった。

組合を結成してから最初の活動が、新地中華街のシンボル・牌楼（中華門）の建設である。この門の建設にあたっては、振興組合の代表者たちが横浜や神戸へ見学に行き、より中国らしいものをつくるために、長崎の建築業者を連れて福建省福州にまで出かけ、ほとんど

(12)　これは横浜中華街の名称の由来からもうかがうことができる。横浜中華街発展会協同組合理事長林兼正氏の発言により、横浜中華街という名称は同地区に牌楼が建設されてからできた造語であり、それまでは外部から「南京町」や「支那町」と呼ばれ、内部では「唐人町」と呼ばれていたという。

図7　新地中華街のランタン

図8　湊公園会場の獅子舞

の建築材料を取り寄せたのだという。しかも、福州の職人も現場に招き、長崎の建築会社が骨組みは作ったが、加工など残りの仕事はすべてその職人たちに任せるという徹底ぶりであった。

門の建設と同時に、長崎市からの協力で中華街の街路の石畳工事も進められた。こうして一九八六年の春、中華街の入り口四カ所に中華門ができ、それに合わせるように、店舗や家も中華風に増改築して、現在の新地中華街の景観になったのである。この結果、マスコミの宣伝などの影響もあるが、以前の五、六倍の観光客が訪れるようになった。

新地中華街振興組合には現在、四〇店舗ほどが加盟し、日本人と華僑の比率は半々である。組合員同士、幼いころからつきあいがあることもあり、日本人や中国人という意識もほとんどなく、一緒に組合活動をしているという。

現在の新地中華街にある新地町に住む華僑は二五世帯以下。唐人貿易の最盛期には長崎に一万人以上いたことを考えると、もはや華僑のいる中華街とはいえないかもしれない。ただし、新地中華街は江戸時代以前からの伝統もあって、日本人と華僑が一緒になって独自の発展を見せてきたのである。

新地中華街に繁栄をもたらしたのは、一九八七年代に中華街で始められた中国の春節と元宵節の習慣にちなんだイベント「灯籠祭」(後に拡大されたランタンフェスティバル)であった。これを皮切りに、後に「中秋祭」など、中国伝統文化をベースにしたイベントが生み出され、実施されるようになった。これら中華街のソフト面における行事はすべて観光客を呼び、街おこしをするために企画されたものであるが、華僑のルーツを意識し、地域の特徴を活かしながら、華僑と地域の日本人が一体となって作り出した新しい伝統である。

おわりに

長崎は日本における華僑と中華街の発祥地である。日本の他の地域と比較して、長崎華僑の人口は比較的小規模だが、世界でも華僑の歴史が古い地域が長崎である。また、長崎はかつて日本の対外貿易における重要な窓口であり、歴史的に長崎華僑は日本と東アジア域内交流において、経済や文化の媒介役を担ってきた。このような交流や歴史的土壌があったからこそ、中華街から発生した祭りは地域と一体化し、長崎地域全体の祭りとして発展できたのである。長崎新地中華街で活躍している華僑は主に戦前から来日した、いわゆる老華僑及びその二世、三世の人たちである。日本社会で生まれ育った彼らは日本人社会への定着・社会化によって多元的なアイデンティティを持つようになった。そうした中で、いわゆる華僑のエスニシティは中華街というチャンネルを通して再建されたが、これは、同時に華僑の現地化への流れを反映している。長崎華僑は自らの文化を資本として地域社会と密接な関係構築を試み、長崎の歴史と文化という文脈を通して、中華街の文化的再編と地域社会の活性化をはかろうとしている。このようにして、長崎の華僑文化とそのネットワークは長崎の地域性と融合して中華街という「空間」に収斂され、地域と一体化、日本と一体化した中華街が完成されていった。

〔参考文献（ABC順）〕

越中哲也他監修『目で見る長崎の100年』郷土出版社、二〇〇二年

『時中　長崎華僑時中小学校史・文化事史』編纂委員会刊『時中　長崎華僑時中小学校史・文化事史』、一九九一年

Lai, D.C 1988, *Chinatowns: Towns within cities in Canada.* University of British Columbia.

Min Zhou 1992 *Chinatown : The Socioeconomic Potential of an Urban Enclave,* Temple University.

Huping Ling 2004, *Chinese St. Louis: From Enclave to Cultural Community.* Temple University.

歌川龍平『長崎郷土物語』（上下）歴史国書社、一九七九年（一九五二年）

Wai-ki E.luk 2007 *Chinatown in Britain.* Cambria Press.

王維『日本華僑社会における伝統の再編とエスニシティ』風響社、二〇〇一年

『素顔の中華街』洋泉社、二〇〇三年

『華僑的社会空間与文化符号—日本中華街研究』中山大学出版社（広州）、二〇一四年

column

ランタンフェスティバルはこうして生まれた

――王維

一九八六年中華街のシンボルとなる中華門ができ、街自体の整備も進むと、その翌年、観光客を呼ぶためのイベントが中華街振興組合によって計画された。そのイベントは日本ですでに失われていた中国の春節《チュンジエ》と元宵節《ユエンシャオジエ》という伝統にちなんだ春節祭であった。赤い灯籠を飾ることが祭の主題であったため、灯籠祭と呼ばれた。

最初の灯籠祭は一九八七年の春節で開催され、イベントもたいへん簡素なものであった。新地中華街はわずか四〇店舗ほどであり、そのうち約半分は日本人が経営するものであるが、華僑と日本人とを問わず、新地中華街の人たちは一体となり、灯籠祭を自分たちの祭として育て上げていった。

図１　新地湊公園

灯籠祭は、観光客の好評を得て、一九九四年に長崎都市発展戦略の一環として正式な観光の柱として位置づけられ、行政による資金の投入と参画・実行によって、長崎市全体の祭―ランタンフェスティバルに発展していった。ランタンフェスティバルの規模は年毎に拡大し、行政による資金投入も年々増加、二〇〇八年には協賛金と合わせた金額が一億円以上を上回った。二〇〇九年の二週間にわたる祭の期間における集客数は、長崎市全人口の二倍以上にまで増加した。さらに二〇一三年（平成二五年）の長崎ランタンフェスティバルでは史上最大の一〇一万人を集客し、二〇一五年（二月～三月）の長崎ランタンフェスティバルの集客数は、二〇一三年には及ばないが、二〇一四年の八七万人を超えて九二万人となっている。経済効果のみならず、イベントなどを通じて市民に潤いの場を与え、地元の住民、観光者、および参加者の交流が体験できる場の提供、訪問者に対する日常生活では体験できない独特な経験機会の提供、などの様々な社会的効果も生み出している。異文化（中国文化）の活用を通じて、観光客誘致や地域イメージ構築、長崎の新たな都市文化創造などの文化的効果を生み出している点でも意義が大きい。

長崎ランタンフェスティバルの期間中は、長崎市中心部に一万五〇〇〇個のランタンが飾られ、主な観光スポットには大型オブジェも設置される。ランタンや獅子舞、龍踊りなどは新地中華街に住む人々の中国春節に対する想像の産物に過ぎないにもかかわらず、祭りは強い本場志向を持っている。官民問わず、多くの人びとが、長崎ランタンフェスティバルは日本では最も本場志向的（あるいは本場に近い）なものである、と誇りを持って強調する。

祭のコンセプトは、「長崎に息づく異国CHINA再発見」であり、最大の彩りは、言うまでもなく赤を基調に市街地を異国の暖かい風景に仕立て上げるランタンである。主なイベントには、長崎唐人貿易の歴史を語る日本人による伝統的芸能―龍踊り、媽祖《マーズウ》行列、そして華僑と日本人による中国獅子舞があり、中国雑技、京劇、中国音楽の演奏や、長崎各商店街、町内会、学校、その他の各種のサークルなどの演出がある。新たに創られた皇帝パレードは、清朝の皇帝と皇后らしい人物を中心に据えた日本の大名行列を彷彿とさせるようなパレードである。

図2　ランタン期間中の眼鏡橋

図3　ランタン期間中の唐人屋敷門

中華街の建設であれ、それによって生まれた春節祭文化であれ、中国的情緒が濃厚に漂っているにもかかわらず、中国文化そのものではない中国風文化としての位置づけが維持されている。このことは、長崎の地域観光を振興し、より多くの観光客を呼び寄せるために、新しい地域の伝統が創り出されたということにほかならない。この新しい伝統は、四〇〇年の歴史の中で築かれてきた長崎華僑社会、及び長崎とアジア諸地域の歴史的関係を土台にして創り出された新たな観光資源である。長崎ランタンフェスティバルは、まさにこうした特徴を活用した地域文化の創造であり、ローカルをコアとした当該地域の歴史的なチャネルの復活と再構築である。

長崎原爆を伝える

山口　響

はじめに

「長崎原爆を伝える」というテーマは、「長崎原爆とはそもそも何か?」という問いと、『伝える』とはどういうことか?」という問いの二つに分割できる。

ひとつ目の「長崎原爆とはそもそも何か?」という問いに可能なかぎり風呂敷を大きく広げて答えようとすれば、「キノコ雲の上」「キノコ雲の下」「キノコ雲の外」の三つの視点が必要だ。「上」の視点とは、原爆開発や日本への原爆攻撃に至る米国の諸事情や核使用に対する米国内での受け止め方、「下」の視点とは、原爆被災の複雑な実相、「外」の視点とは、日本以外のアジア太平洋地域住民の原爆に対する態度を、それぞれ指している。

しかし、この短い章でそのすべてを扱うことはできないから、ここでは「キノコ雲の下」の問題に主に焦点を当てることにする。

1 長崎原爆の外縁

「長崎の意味」一般については別の章に譲るとして、ここでは、「被爆地・長崎」といった場合、それがどの範囲までを指すのかを考えてみたい。

現在、「長崎」と言えば、文脈によって、「長崎県」「長崎市」のいずれかを意味する。被爆「県」としての長崎に言及されることもあるが、それはかなり限定的な語法であって、「被爆地・長崎」とは長崎「市」のことを指すのが常識だと見てよいだろう。

ただ、この場合の「被爆地・長崎」の境界線は、意外とあいまいだ。一九五七年に原爆医療法が制定されて以来、政府は「被爆地域」を定めている。原爆投下時にこの地域内にいたことが証明できれば、被爆者と認定されて国からさまざまな援護を受けることができる。(1)

「被爆地域」の画定は基準が明確でなく、原爆投下当時の長崎市域とほぼ重なってはいるが、かといって完全に一致しているわけでもない。さらに問題なのは、原爆の被害にあったと訴える人たちが原爆投下当時にいた場所が、法律上の「被爆地域」よりもはるか外側にも広がっているということだ。地図(http://www.city.nagasaki.lg.jp/heiwa/3020000/3020300/p002387_d/fil/9-84.pdf)を見ればわかるように、長崎の「被爆地域」は南北に長い、いび

(1) 被爆者援護法第一条の定める「一号被爆者」のこと。他に、二号被爆者(原爆投下から二週間以内に爆心地近くに立ち入った者。いわゆる入市被爆者)、三号被爆者(救護、死体処理などに従事した者)、四号被爆者(一〜三号被爆者の胎児)がある。

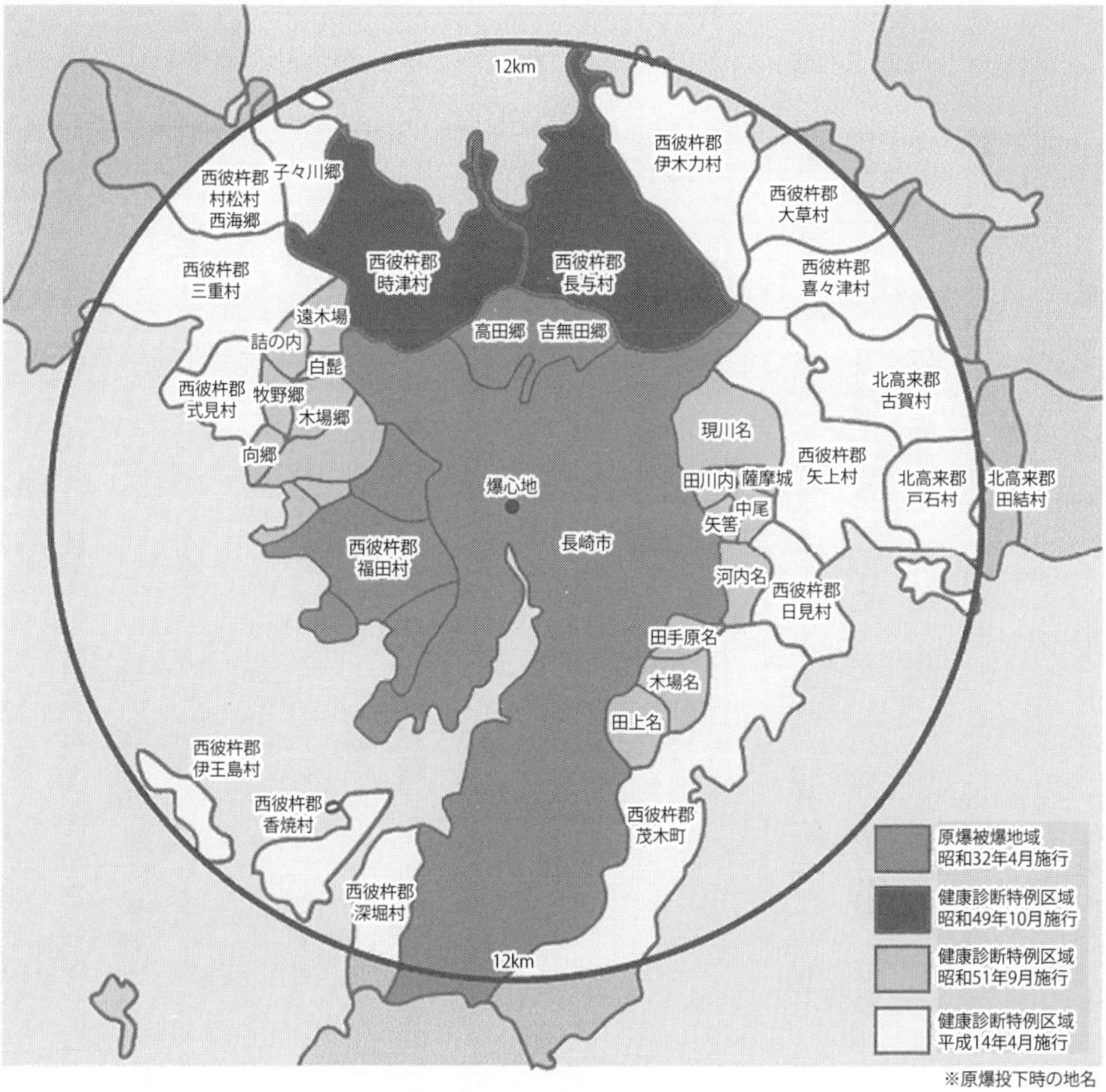

図１　被爆地域図（長崎市のHPより）

つな形になっている。「被爆地域」の外側にいた多くの人びとが現実に身体に不調をきたしているにもかかわらず、政府は被曝（放射線被ばく）がこの原因だとは認めず、法的援護の枠から外している。爆心から半径一二㎞の範囲内で「被爆地域」に入らない場所にいた被災者を、「被爆体験者」というカテゴリーに押し込んで、かろうじてわずかな救済の対象にしているにすぎない。(2)(3)

さらには、原爆投下当時だけではなく、その後の人口移動も考慮に入れねばならない。県北や島原、五島・壱岐・対馬等の離島などの長崎県内は言うに及ばず、長崎県外、果ては日本国外にも被爆者は移住している。長崎で被爆した朝鮮人や連合国軍の捕虜などの生き残りも、その多くが被爆後に祖国に戻っている。長崎原爆のもたらした影響を、「被爆地・長崎」だけを見て語るわけにはいかない。

(2)　長崎県民主医療機関連合会編『被爆体験者証言集』、二〇一四年。

(3)　政府の言い分では、「被爆体験者」は放射線による影響を受けていないので被爆者援護の対象にはならず、被爆の状況を見聞きしたことによる「精神疾患」があると認められる場合に限って、医療費が支給される。ちなみに、「被爆体験者」は長崎だけの制度である。

2　長崎と浦上

逆に視野を絞り込んだ場合に見えてくるのは、「長崎」と「浦上」の対比である。この場合の「長崎」とは「長崎旧市街」のことだ。現在で言えば、長崎市役所～長崎県庁近辺の官庁・企業街、浜の町・銅座などの繁華街、丸山・思案橋界隈、諏訪神社から寺町の一帯、長崎駅周辺から大波止あたりまでが、おおよそ長崎旧市街の範囲である。「長崎くんち」の踊り町が出る範囲と言い換えてもよいかもしれない。

それに対して「浦上」とは、長崎駅以北、おおよそ住吉あたりまでを指す。かつては、浦上山里村や西浦上村など「浦上」の名を冠した地名があったが、現在では「浦上」の名は行政区画からは消滅している。それでも、長崎市近辺にある程度長く住んでいる人なら、「浦上」がだいたいどのあたりを指すのかわかっているから不思議なものだ。

米軍は元々、原爆投下の照準を、中島川にかかる常盤橋付近に定めていた。長崎旧市街のど真ん中である。しかし、原爆を搭載して長崎市の上空に侵入した米軍機B29の眼下に広がっていたのは厚い雲であり、たまたま雲が切れた瞬間を狙って原爆を投下したところ、そこは旧市街からは遠く離れた浦上であった。長崎が原爆攻撃の標的候補に含まれたのが実際の攻撃からわずか二週間前の七月二五日であったこと、八月九日当日の第一目標は北九州の小倉だったが小倉上空の雲も厚く、投下地を長崎に変更したことなどもあわせて考えると、旧市街ではなく浦上が最終的に犠牲地になったのは、「キノコ雲の上」の政治的事情や気象条件による二重三重の偶然であって、意図した結果ではなかった。

日本へのキリスト教伝来以降、この浦上には数多くのカトリックが住んでおり、「浦上=キリシタンの街」のイメージを持つ人も少なくないだろう。占領期に浦上の地から『長崎の鐘』『この子を残して』などのベストセラー作品を全国に放って長崎原爆を世に知らしめた永井隆がカトリックであったことが、こうしたイメージ形成に寄与している。少なくとも戦後の長崎においてキリスト教徒が住民の多数を占めたことなど一度もないが、なぜか、「怒りの広島、祈りの長崎」というキリスト教の含みを持ったフレーズで長崎原爆は認識されている。八月九日の原爆忌翌日の新聞には必ずと言っていいほど、ミサで祈りをささげる老齢の信徒の写真が掲載され（それもなぜか女性であることが多い）、「浦上=キリシタンの街=原爆被災地」というイメージが根強いことをうかがわせる。

図 2　根強いカトリックの街のイメージ

たしかに、原爆の爆風によって半壊し一九五九年に建て替えられた浦上天主堂のある交差点の一角に立てば、次々と目に入ってくるものは「神学校前のバス停」「カトリックセンター」「信愛幼稚園」「天主公園」であり、まるでカトリックたちの生活の息遣いが聞こえてくるようだ（図2）。そこに、「浦上の信徒一万二〇〇〇人中、八五〇〇人が原爆の犠牲になった」という、しばしば言及される歴史叙述が重なってくれば、「浦上＝キリシタンの街＝原爆被災地」という等式はたんなるイメージではなく、動かしがたい現実であるかに思えてくる。

3　浦上と社会的差別

しかも、カトリックの集住するこの浦上は、長崎旧市街から差別を受けてきた地でもあった。そのことから、原爆被災を独特の宗教的ロジックで解釈する傾向が浦上の中に出てくる。

浦上への原爆投下は神の「摂理」であり、原爆死者は神の祭壇に供えられた「燔祭《はんさい》」（犠牲）であり、生存者は神の与えた「試練」に耐えて生きていかねばならない、とする永井隆の論理を、高橋眞司は〈浦上燔祭説〉と名付けた。高橋は同時に、〈浦上燔祭説〉は「原爆が浦上に落ちたのは、諏訪神社を信仰しない浦上への天罰」だとする長崎旧市街の俗信・俗説に対する「切返しの論理」だったと論じている。(4)

〈浦上燔祭説〉に類似するものとして、〈浦上五番崩れ〉言説がある。一八六七（慶応三）〜六九（明治二）年の「浦上四番崩れ」は、浦上の村民三三九四人全員が配流されるという、浦上キリシタンへの最後の大弾圧であった。

ところが、一八七三（明治六）年にキリスト教禁止の高札が撤去されてキリシタンへの制度的差別が解消されて後も、社会的差別はなお続いた。そのことが、浦上のカトリックの一部に、原爆投下を「浦上四番崩れ」に続く〈浦上五番崩れ〉だとする認識を生んだ。カトリックに対する歴年の弾圧・差別の延長線上に原爆被災があるというのである。こうした認識の当否は別としても、(5)それを真実らしく思わせるような社会的差別の現実が浦上を取り巻いていたことは覚えておく必要があるだろう。

浦上のカトリックたちはこうして、原爆被災という未曽有の事態から立ち直り社会を修復するために、原爆被災を〈浦上燔祭説〉という形であえて積極的に意義づけたり、(6)〈浦上五番崩れ〉という形で自分たちの歴史経験にスムーズに接続するような理解を試みたのである。

もっとも、敗戦直後から現在にかけて、浦上の中でも特にカトリックが多いと思われる山里校区にも非カトリックの新住民が流入し、「キリシタンの街」としての性格は次第に薄れている。(7)それに伴って、浦上に対する差別感情も現在ではほぼ解消しているものと思

(4) 高橋眞司『長崎にあって哲学する——核時代の死と生』（北樹出版、一九九四年）。

(5) 〈浦上五番崩れ〉言説に批判的なものとして、篠崎美生子「『浦上五番崩れ』としての原爆」『原爆文学研究』一四号（二〇一五年）。

(6) 四條知恵『浦上の原爆の語り——永井隆からローマ教皇へ』（未來社、二〇一五年）。もっとも四條は、永井の〈浦上燔祭説〉は浦上のカトリック集団に対してのみ支配力を持ち、長崎全体からすれば、その影響力は局所的なものにとどまったと論じている。

(7) 長崎原爆の戦後史をのこす会編『原爆後の七〇年——長崎の記憶と記録を掘り起こす』（二〇一六年）における、深堀繁美さんの証言を参照。

われる。

さて、浦上における差別でもうひとつ忘れてはならないのは、被差別部落であった浦上町の存在だ(8)。長崎旧市街の寺町にあった被差別部落「かわた町」の人びとは一六四八（慶安元）年、長崎と浦上の境界にある西坂に移転を余儀なくされ、さらに一七一八（享保三）年にはそれよりもさらに北方の浦上山里村馬込郷へと移された。位置的には、長崎旧市街とカトリック（当時は隠れキリシタン）集住地域である浦上との中間である。「浦上四番崩れ」の際にこの被差別部落に支配者が与えた役割は、当時は禁制であったキリシタンの監視・弾圧の手先になることであった。長崎旧市街のウチ・ソトを分け隔てる境界線の管理を担わせられることになった部落民は、時としてキリシタンと激しく対立し、憎み合うことになる(9)。典型的な「分断支配」のテクノロジーだと言えよう。

そして、一九四五年八月九日、爆心から一・二キロのところにあった浦上町は壊滅する。原爆当時、部落民の七割が借地だったが、街が灰燼に帰したドサクサに紛れて地主たちは住民らを追い出した。のみならず、「復興」事業の名の下で幅広の道路が部落を貫いて建設されたために、住民らは退去させられた。こうして、原爆被災を利用して部落の存在自体が消し去られてしまったのである。部落民たちは、日本全国に散り散りになった。

しばしば、核兵器は「無差別」兵器だと言われる。しかし、浦上のキリシタンや被差別部落民たちの経験が教えてくれることは、原爆は時として異なった社会集団に「差別的」に作用するということだ。

（8）長崎県部落史研究所編『ふるさとは一瞬に消えた――長崎・浦上町の被爆といま』（解放出版社、一九九五年）、阿南重幸「長崎の被差別部落」高橋眞司・舟越耿一編『ナガサキから平和学する！』（法律文化社、二〇〇九年）。

（9）西村豊行『ナガサキの被爆者――部落・朝鮮・中国』（社会新報、一九七〇年）、九八頁では、かつて差別し合っていた被差別部落民の「お松さん」とカトリックの「ウメさん」がのちに再会したときのエピソードが出てくる（新版の『ナガサキの被爆者――死者の民衆は数えきれない』［社会評論社、二〇一六年］では、九一頁に同じ記述）。

4　ニュータウンに投じられた原爆

ところで、原爆当時の浦上には、新興の住宅地（ニュータウン）や工業地帯としての顔もあった。

長崎港湾周辺には三菱重工長崎造船所を中心として工場が密集し、もはや開拓の余地がなく、浦上方面にあらたな土地が求められるようになった。一九二〇（大正九）年、浦上山里村が長崎市に編入され、一九二六（大正一五）年には都市計画法によって浦上川沿岸一帯が工業地区・住宅地域に指定される。これに先立つ一九一八（大正七）年には、日本で唯一の民間魚雷製作工場として三菱兵器長崎製作所茂里町工場が完成し、翌一九（大正八）年には三菱製鋼所が生産を開始している。これに伴って、浦上川沿岸に下請け工場が次々と進出してきたことは言うまでもない。さらに、三菱兵器製作所は、一九三九（昭和一四）年に約六万坪の土地を買収して大橋工場の建設を開始し、四四年に完了している（現在の長崎大学文教キャンパス）。

下の川（現在の浜口町近辺）までだった路面電車は一九三三（昭和八）年に大橋まで延伸され、市立商業学校（現在のアリーナかぶとがに＝県立総合体育館）、県立瓊浦《けいほ》中学校（現在の長崎西高の校地）、鎮西《ちんぜい》学院（現在の活水《かっすい》中学・高校の校地）など、浦上地区への学校の進出も相次いだ。かつては辺境の地とされていたのが嘘のような賑わいである。

のちに爆心となる松山町やその周辺の岡町・山里《やまざと》町は今でいうベッドタウンとなり、三菱系サラリーマンの家が多かった。松山町は、浦上に流入する膨大な人口の生活を支える商店街となった。松山町の戦時国債の引き受け高が、長崎旧市街で最大の繁華街である「浜の町」に次ぐこともあったという。松山町の商店街は「浜の町二番」と呼ばれるまでの副都心に成長していった。[10] いわゆる「爆心地公園」として整備されている現在からは、想像もつかないことだ。

また、浦上川を挟んで松山町とは反対側（西側）の城山《しろやま》地区も、やはり新興住宅地として整備され、市営住宅が建設された。現在の城栄商店街近くの道路がきれいな碁盤の目状になっているのは、戦前の開発の名残である。人口増に伴って一九二五（大正一四）年に創設された城山尋常小学校は、当時としてはモダンな鉄筋コンクリート造りであった。[11] 企業や官公庁に勤め、城山小に子どもを通わせていた親たちの教育熱は高く、県立中学に進む生徒を大量に輩出していたという。[12]

原爆が襲ったのは、こうしたニュータウンであった。しかしそこは、政治経済の意思決定の中枢である旧市街から地理的に遠いニュータウンであるがゆえに、原爆投下直後の復旧からは取り残されることになる。城山町の警防団長であった杉本亀吉は、壊滅した城山でわずかに生き残った人びとが助けを求めているというのに、原爆投下から三日経っても、市役所や警察署からは誰一人来なかった、と憤りをもって回顧している。[13] また、罹災者に対する生活物資の配給も、城山からは遠い旧市街の配給所まで取りにゆかねばならず、着いた頃には配給品はなくなっていたという。[14]

さらに、連合国軍による占領が始まってすぐの頃の長崎の復興の青写真には、旧市街だけが入っていて、浦上は想定されていなかった。[15]「長崎くんち」は原爆攻撃からわずか二

(10) 調来助編『長崎　爆心地復元の記録』（日本放送出版協会、一九七二年）、八〇―八二頁。

(11) 爆心からわずか五〇〇メートルの城山国民学校（当時）の原爆被災はあまりにも有名だが、印象的な丸窓がはめ込まれた校舎の一部は現在でも平和祈念館として保存され、二〇一六年には国の史跡として指定された。

(12) 朝日ソノラマ編集部編『閃光の下から――昭和二十年長崎城山国民学校の記録』（朝日ソノラマ、一九七〇年）。

(13) 杉本亀吉『原子雲の下に』（一九七二年）、五三頁。

(14) 前掲書、九一―九二頁。

(15) 新木武志「利用／乱用される

カ月後の一九四五年一〇月には早くも再開しているが[16]、そのころの浦上の爆心地ではようやくバラックがポツポツと立ち始めるような有り様であった。往診を頼まれたある医者が「竹の久保［浦上地区の地名］には幽霊がでるから行かない」といって往診を断ったというエピソードがあるぐらい[17]、民衆意識の中でも浦上は疎まれる場所になってしまったのである。

それでもなお、長崎国際文化都市建設計画（一九五一年四月決定）によって爆心地一帯に公園・緑地などが整備されたこと、外地からの引き揚げ者の流入等によって増えた人口を吸収するためにあらたな住宅地が求められたことなどが理由となって、いったんは烏有《うゆう》に帰した浦上も再度開発の対象となることになった。

ただし、土地区画整理に引っかかって建物の移転を余儀なくされる場合でも、移転者には補償費がいっさい支払われなかったという[18]。移転の際は「多くの被爆者が飛換地を割当てられ……区画整理に伴う苦情、異議申し立てが相次いだ」[19]。原爆によってほぼすべてを失いながら、なおも移転を迫られる被爆者らの心情は、察するに余りある。しかもその場所は、家族や友人らとの想い出が詰まった地、原爆によって灼《や》かれた人びとの骨がまだ埋まっているはずの地だったのだ。

5　原爆被災を伝える

こうして、長崎も物質的・経済的な意味では次第に「復興」していった。半壊した浦上

被爆の記憶」『原爆文学研究』三号（二〇〇四年）、同「長崎の戦災復興事業と平和祈念像建設」『原爆文学研究』一四号（二〇一五年）。

(16)　毎日新聞西部本社編『激動二十年――長崎県の戦後史』（毎日新聞西部本社、一九六五年）、一〇五頁。

(17)　『長崎の証言　第四集』（「長崎の証言」刊行委員会、一九七二年）、一四六頁。

(18)　石丸紀興『長崎市の戦災復興計画と事業』（一九八三年）、五二―五三頁。

(19)　調来助編、前掲書、一六五頁。

天主堂の取り壊し[20]が始まった一九五八年は高度経済成長の初期にあたる。六〇年代後半にかけて、長崎の街からは原爆を想起させるものが次々となくなり、もはや他の地方都市と遜色ない情景が浦上にも広がってきた。おそらくそれは、被爆者自身が望んだことでもあったろう。

ところが、「復興」が成って初めて、被爆の実相を伝えようとの強い意思が、長崎市民の間に生まれてくるのである。被爆医師の秋月辰一郎は一九七一年にこう書いている。

長崎市街は復興した。特に市の西北部、即ち原爆地帯の復興は目をみはるほどである。土地の値段は高とうして産をなした者も多い。高層ビルが建ち並び、道路は巾広く縦横に通じ、新型車や大型車が疾駆する。人間の未来の繁栄と進歩の活動が無限に展開していくごとく思われる。

しかし何となく空虚でむなしいのは何故であろうか。

それは私達がこの平和繁栄進歩の最も土台となっている人びとのことを忘れているからである。地上に伸びる物質的繁栄の下に、この繁栄をもたらした土台に死んでいる生命を忘れているからである。[21]

「復興」に対する批判的な意識はすでに五〇年代からあった。福田須磨子《すまこ》が詩「ひとりごと」で、一九五五年八月に完成した有名な平和祈念像について、「何も彼も　いやになりました／原子野に屹立《きつりつ》する巨大な平和像／それはいい　それはいいけど／そのお金で何とかならなかったかしら／〝石の像は食えぬし腹の足しにならぬ〟／さもしいといって

(20) 経緯については、高瀬毅『ナガサキ　消えたもう一つの「原爆ドーム」』(文春文庫、二〇一三年)。

(21) 秋月辰一郎「原爆復元の心」『長崎の証言　一九七一』(「長崎の証言」刊行委員会)。東京電力福島第一原発事故後の福島復興のヒントを広島・長崎の歴史に探ろうと考えている人にとって、秋月のこの一文は強烈なアンチテーゼとなるだろう。

下さいますな／原爆後十年をぎり〳〵に生きる／被災者の偽らぬ心境です」と詠ったのは、あまりに有名である。[22] また、渡辺千恵子も須磨子とまったく同時期に、「戦後、〝ピース・フロム・ナガサキ〟といった美しい言葉、国際文化会館[23]という立派な建物、平和祈念像のような巨大な像が生まれ、長崎は原爆観光都市になったような感じがしてなりません。ただたんなる外面的なもので、真の平和を築くことができるでしょうか」と批判している。[24]

しかし、こうした批判は、五〇年代の時点では、原爆被災を記録に残そうとの組織的な動きに結びつかなかった。まだまだ、被爆者のほとんどが日々の生活に必死であったためかもしれない。

時を経て六〇年代末の長崎では、原爆被災を伝える活動が「被爆証言記録運動」と「爆心地復元運動」という二つの形に結実することになる。

①被爆証言記録運動

厚生省は一九六七年、被爆者調査を基にしていわゆる「原爆白書」を発表する。しかし、そこで出された結論は、健康・生活の両面において国民一般と被爆者の間に著しい格差はない、というものだった。

「そんなわけがないだろう」と憤激した被爆者ら民間の有志は、翌六八年、長崎原爆被災者の実態調査に乗り出した。この時の調査をベースに一九六九年に発行されたのが『長崎の証言』である。この年に発足した「『長崎の証言』刊行委員会」はその後「長崎の証言の会」と改称し、半世紀を経た現在でも、なお被爆証言集の発行を継続している（ちな

(22) 福田須磨子『詩と随想 ひとりごと』（長崎生活をつづる会、一九五六年）。

(23) 一九五五年二月完成。原爆資料が展示されていたが、結婚式場なども入った複合施設だった。開館当初の原爆展示は、五階のワンフロアのみ（『新長崎市史 第四巻 現代編』、一一二二頁）。一九九六年に現在の長崎原爆資料館に建て替えられている。

(24) 『毎日新聞』一九五五年八月六日。のち、渡辺千恵子『長崎に生きる』（新日本新書、一九七三年）、一〇六頁に再録。

みに、筆者はこの証言集の編集長を現在務めている)。

他に、継続的に刊行された被爆記録としては、三菱関係者による『原爆前後』(一九六八～八六、全六一冊)、旧長崎医科大関係者による『忘れな草』(一九六八～八五年、全七冊)、「長崎在日朝鮮人の人権を守る会」による『原爆と朝鮮人』(一九八二～、全七冊)、恵の丘長崎原爆ホームによる『原爆体験記』(一九八二～、全二〇冊)などを挙げることができる。被爆体験は、数ある戦争体験の中でも、最もよく記録されているものだと言えるだろう。

②爆心地復元運動

「爆心地復元」とは、文字どおり、爆心地にあった建物などをそのまま復元していく、という意味ではない。そうではなく、原爆が投下される直前にどこに誰が住んでいたかを追跡し、地図上に落し込んでいく作業のことである。組織的な活動としては広島が先行し[25]、長崎が後を追う形となった。一九七〇年前後から、松山町、浜口・山里地区、駒場町などで、当初は互いの連絡なく同時多発的に活動はスタートしている[26]。

爆心に近い町であればあるほど、作業は困難をきわめた。たまたま町外に出ていて原爆の難を逃れた人びとをのぞいて、ほとんどの住民が死に絶えているのだから、当然のことだ。すでに被爆後二五年が経ち、生き残った住民の記憶も薄れている。しかも原爆当時は戦時中で、地図は一種の軍事機密であったから、復元の基礎となるデータをまずは揃えるところから作業を始めねばならなかった。

昔の地図など作って何になるのか、との意見もあったようだ。しかし、生き残った人びとを復元運動に突き動かしたものは、原爆の一閃によって瞬時に命を奪われた、具体的な

(25) 志水清編『原爆爆心地』(日本放送出版協会、一九六九年)。
(26) まとまった記録として、長崎市山里浜口地区復元の会・高谷重治編『爆心の丘にて――山里浜口地区原爆戦災誌』(「長崎の証言」刊行委員会、一九七二年)。

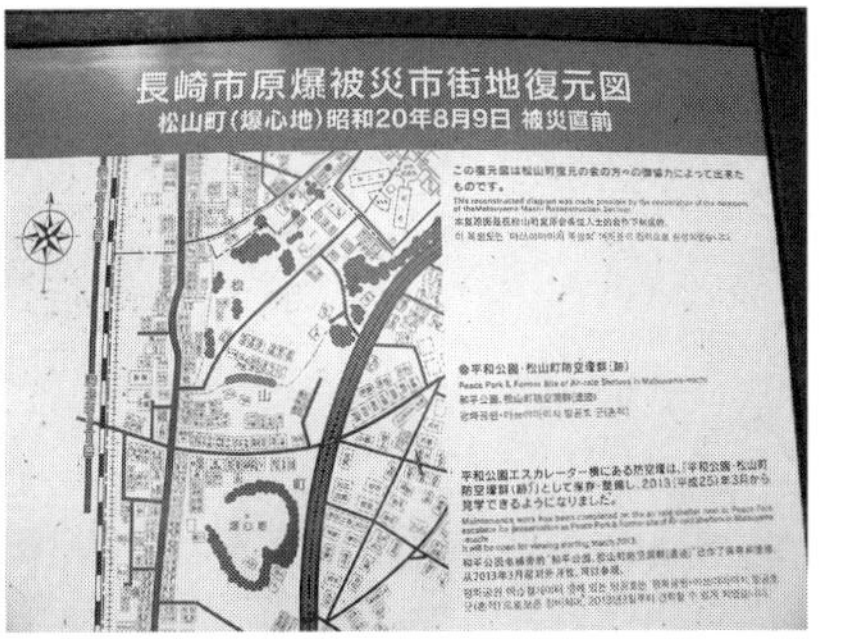

図3　爆心地公園の掲示板

相貌を持つ家族や隣人たちへの執念であった。松山町で復元運動に取り組んだ内田伯《つかさ》は「爆心地帯の住民たちは、毎年めぐりくる平和祈念式典には参加はするものの、どうしてか、心の中をからっ風が吹きぬけていくような空虚さをおぼえるのであった。この空虚さを埋め、さまよえる死者たちとの対話をかわす作業、それこそ復元の営みであった[27]」と語っている。

現在ではたとえば、爆心地公園の原爆落下中心碑の左側にある掲示板（図3）や、原爆資料館エントランスの柱などに、復元された地図を見ることができる。

(27) 内田伯「爆心の丘の暗点をみつめて——原爆復元の理念を追う」『長崎の証言 第六集』、一九七四年。

6　型にはまらない「原爆体験の継承」を

原爆や戦争を体験したことがない世代にとっては、上の世代の体験の継承、のみならず、人類史上他に例を見ないような体験の継承など端から無理な試みのように思えてしまう。そのように考える人は、他人の体験や思い、語り口にいたるまで、すべてコピーできなければ、体験を継承したことにはならないと思い込んでいるのかもしれない。

落語の世界では、師匠が弟子の眼前で実際に噺を演じてみせて、稽古をつける。しかし、弟子が演じるのが師匠の単なるコピーであってはいけない。他の師匠のところに出稽古に行って芸を幅広く吸収し、最終的にはオリジナルなものを作っていくのだという[28]。

「原爆・戦争体験の継承」も、これと似たようなものとして考えることができるかもしれない。他の一個人になりきることなど、初めからできない相談だ。しかし、複数の体験者の語る内容のエッセンスを拾ってまとめあげることならできる。激烈な個人的体験がないことは、ここではかえって強みに転じる。体験者は時として、自分の体験だけに固執することがあるからだ。

しかし、そうではない体験者もいる。被爆者の廣瀬方人《まさひと》はこう書いている。「一九七〇年、長崎の証言運動に加わり、多くの被爆者の方の聞き取りをするようになったとき、一人ひとりの被爆者がそれぞれ口にも出来ないほどの悲惨な物語を背負っていることを実感した。秘められていたそれぞれの物語を聞きながら、わたしは自分が被爆者として深まっていくのを感じた。私も被爆者になっていった」（傍点引用者）[29]。

原爆や戦争の当事者であっても、個人で見聞きできる範囲はたかが知れている。だから、被爆当事者が他の当事者の話を傾聴することを通じて、被爆者になっていくのだ。同じように、非体験者であっても、落語の弟子と同じように、さまざまな「師匠＝体験者」に学び、自分なりの原爆像・戦争像を結んでいけばよいのではないか。

もうひとつ、ヒントになりそうな喩えを出しておこう。宗教学者の西村明はこう語っている。「他人の体験を継承できるかというのは宗教学的にも興味深いなと思っています。仏陀《ぶっだ》から直接聴いた言葉を、弟子たちが『こう聞きました』と語り継いで、あるときに仏典としてまとめ、記録する。それが次の世代に語り継がれ、その言葉が儀礼的に反復的に唱えられる。このプロセスは、戦争体験、記憶の語りと近いのではないか[30]」。

（28）NHKウェブサイト「視点・論点『師匠と弟子』落語家・立川談四楼」http://www.nhk.or.jp/kaisetsu-blog/400/238871.html

（29）廣瀬方人「被爆体験の継承とは――死者との距離を縮めること」『証言二〇一四――ナガサキ・ヒロシマの声 第二八集』、二〇一四年、一一頁。

（30）渡邊直樹編『宗教と現代がわ

個人の語りや思いを聞き、それをまとめていく作業。「戦争体験の継承」がそういうものとして理解されるなら、それは、個人の体験を「人間」の経験として抽象化し、普遍化していく作業だと言えよう。

他方で、ぐっと現実に引き寄せ、より具象化していく方向性も考えられる。この章で考えてきたような、長崎原爆の影響が長崎市や県、日本の境界を越えて拡がっていく様子や、長崎という社会の差別的構造と関連づけながら、長崎原爆を語る方向があってもよいのではないか。

原爆被災のとらえ方にしても、原爆体験の継承にしても、それが単一の枠にはまったものである必要はまったくない。長崎の街を歩いてその来し方を知ることは、原爆とは一見関係なさそうに見えても、「長崎原爆を伝える」営為とどこかで接続してくるはずだ。この本を読んだあなたも、もうすでに「継承者」としての一歩目を踏み出しているのかもしれない。

かる本 二〇一六』（平凡社、二〇一六年）、一〇七頁。

〔他の参考文献〕
『長崎原爆戦災誌 第二巻 地域編』一九七九年
『新長崎市史 第三巻 近代編』二〇一四年、『新長崎市史 第四巻 現代編』二〇一三年
『長崎事典』風俗文化編、一九八二年、歴史編、一九八二年、産業社会編、一九八九年
江越弘人『《トピックスで読む》長崎の歴史』弦書房、二〇〇七年
熊弘人『わが町の歴史散歩（1）』新波書房、一九九三年『同（2）』、一九九四年
長崎文献社編『米軍撮影 長崎被爆荒野』長崎文献社、二〇一五年

column

女性たちの原爆体験

山口　響

原爆は無差別兵器だとよく言われる。たしかに、そうした面はある。しかし、この認識によって覆い隠されているのは、原爆によって攻撃を受ける社会にはすでに差別が存在しており、それが原爆被災のなかで増幅される、という現実だ。原爆の被害はあらゆる人に平等にもたらされるわけではない。ここでは、女性たちの原爆体験を例に考えてみる。

まずは、被弾直後の救援時。今の時代、たとえば震災が起こった時に、特定の集団だけを選別して救護したとしたら、きびしい批判にさらされるであろう。しかし、原爆被災時にはむしろ選別が常態であった。ある被爆者（この場合は男性）は、自分に近づいてきた人たちに救助を頼んだら、「自分達は海軍の救助隊で海軍関係だけを救助するのだ」といって、走り去られてしまったという[1]。海軍の兵士に女性はいないから、これは「女性は助けない宣言」に等しい。戦時にあっては、女の命は男の命よりも軽いものであった。

では、敗戦直後はどうか。ここでもやはり、重荷を背負ったのは女性だった。長崎県・市では、来たる米軍の上陸に備えて、「婦女子」に対して避難するよう通達を発した[2]。女性たちは、米兵にさらわれるとか、犯されるとかいった噂を信じて、農村へ山中へと逃げまどった。林京子の小説「昭和二十年の夏」は、その時の様子を克明に記している[3]。

このような、ある意味では滑稽ともいえる状況が生じたのは、女性が「(男から) 犯される性」であり、同時に「(男から) 守られる性」でもあるからであった。外地で「(女を) 犯す姓」であった日本の男たちは、敗戦・占領によって圧倒的な守勢に回り、今度は「(女を) 守る性」になった。男たちは、主観的には女を「守る」つもりで、避難を通達したのである。

問題は、これが被爆後わずか六日目以降の長崎で起こったということにある（原爆投下は八月九日、敗戦の報を市民が知ったのが八月一五日）。満身創痍になり、初期の原爆症を現しはじめていた女性たちは、それでもなお逃避行に加わらねばならなかった。その中で命を落とした女性も多かったであろうことは、想像に難くない。

と同時に、女性は「他者をケアする性」でもあった。医者は男性、看護婦は女性とはっきり性別で役割分業がなされていた時代。被災者の救護・看護へと臨時に駆り出されたのも、もっぱら、婦人会などに属する女性であった。長崎医科大学（当時）の調来助教授は、看護婦たちから、米軍が来ると「こわいから家に帰して下さい」と懇願され、せっかく設置していた救護所を閉鎖しなくてはならなかった、と振り返っている。[4] 長崎の被爆者がもっとも支援を必要としている時期に敗戦の混乱が訪れたことは、被爆者にとって悲劇的な事態だった。

女性たちの苦難はここで終わらない。戦後に入ってから、被爆者が結婚や就職で差別されたという話はよく聞かれるが、その差別をより多く受けたのが女性であった。

被爆者の下平作江は「(興信所で和文タイプの仕事をしていたとき) この方は被爆者ですかという依頼が多いです。被爆者だってわかると破談になるわけですね。被爆者だというと拒否されましたですね。だから被爆者だということを隠していらっしゃる方が多かったですよ。子どもが生まれて、奇形児が生まれたら大変だというのがご両親の心配じゃなかったですかね」と証言している。[5] 調査対象は女と男のどちらが多かったのかについて下平はここで明確に語っていないが、奇形児に対する心配という発言からして、「産む性」である女性の方が一方的に調査対象になっていたとみて間違いなさそうだ。

しかし、結婚できたからいい、というわけでもない。ある既婚女性は、被爆者であることを理由に保険会社から生命保険への加入を拒否された。しかも社員がそのことを家族に知らせてしまったために姑から差別され、結局離婚させられてしまったという。[6] 逆に、夫が被爆者であることを理由に、妻の側から離縁を申し渡すケースが多かったとは思われない。ここでも、一方的に詰め腹を切らされているのは女性の方である。

ただ、最後に急いで付け加えておかねばならないことは、女性たちは単に原爆の「犠牲者」であっただけではなく、日本の行ってきた戦争や植民地支配に加担した側面もあった、ということだ。戦時中、長崎の銃後の女性たちは、本土決戦に備えて、女性ならではの武器である出刃包丁を手に「出刃包丁隊」をつくっていたという。(7) 女性もまた「国防精神の発揚」に一役買っていた、というわけだ。

また、諫早で被爆者の救護に従事したある女性による次の発言は見逃せない。「人数はわからんですね。講堂は一杯どころじゃなか。あがだけの人はとても数えてなおんさらんですよ。道にもひっくるどっと（ころがっている）やから。朝鮮人も多かったですよ。『あいごー、あいごー』ていうて、かえって甘えよらしたですね。日本人の方は気の毒さにして、歩ける人は肩を借りて歩いていきよらした」(8)（傍点引用者）。

非常時だからこその差別意識が顔をのぞかせている。誰が差別者で誰が被差別者か必ずしもはっきりしない社会の現状の中に、原爆被災のありようを読み解いていく作業が、これからもなお必要だ。

〔注〕

(1)『長崎の証言 第四集』（長崎の証言刊行委員会、一九七二年）、二二頁。
(2) 調来助編『長崎 爆心地復元の記録』（日本放送出版協会、一九七二年）、一七五頁。
(3)『日本の原爆文学③ 林京子』（ほるぷ出版、一九八三年）所収。
(4) 調来助『長崎医科大学原爆被災復興日誌』（長崎大学医学部原爆復興五十周年医学同窓記念事業会、一九九五年）、三七頁。
(5) 長崎原爆の戦後史をのこす会編『原爆後の七〇年——長崎の記憶と記録を掘り起こす』二〇一六年、二〇三頁。
(6)「長崎原爆被災者実態調査報告」一九六八年、九頁（『長崎の証言』一九六九年の付録）。
(7) 毎日新聞西部本社編『激動二十年——長崎県の戦後史』（毎日新聞西部本社、一九六五年）、一三頁。
(8)『長崎の証言 第六集』（長崎の証言刊行委員会、一九七四年）、一五六頁。

国境の島・対馬のいま

――山口華代

はじめに

対馬は北端をやや東に傾けた南北約八二㎞・東西約一八㎞の細長い島で、中央部にあるリアス海岸の浅茅湾《あそう》をもって上島と下島に分けられる。面積は約七〇九㎢と長崎県にある離島ではもっとも大きく、車を用いても一日で島をまわることは難しい。日本本土から島へのアクセスは、長崎空港及び福岡空港からの空路と博多港からの高速船・フェリーによる航路の二つがある。県庁所在地である長崎市よりも福岡方面との利便性が高いため、長崎県に属しながら福岡とのつながりが深い（図1）。

近年対馬は、隣国・大韓民国から多数の観光客が島を訪れていることで注目されている。

図1　対馬の位置

韓国人観光客の増加は、島内の飲食業や宿泊業などに経済的恩恵をもたらす一方、マスコミで「対馬が危ない」「対馬が乗っ取られる」など日本の国境地帯の危機といった論調で取り上げられることも多くなった。大勢の韓国人が街なかを闊歩《かっぽ》する様子を目の当たりにすると、まるで韓国に来てしまったかのような錯覚に陥ってしまう。

対馬と韓国との間は距離的に近く、わずか五〇kmほどの海峡が横たわるのみである。平和で安定した時代には多くの人びとや文物が行き交い島に豊かさをもたらす反面、有事の際には緊張が高まり防衛の最前線となる。有史以来、海峡を挟んで緊張と緩和を繰り返しながらも、一貫して国境として機能し、国内の政治情勢や国際関係の変動が直接的なかたちで表れてくる場所が対馬であった。

本稿では、対馬の歴史についての説明は他の章に譲り、国境を体感できる史跡や遺構の紹介、前近代から続く島の暮らしやヒトの往来など対馬の特質についてふれる。さらに、近年島に劇的な変化をもたらしている韓国との関係にもスポットをあてている。国境の島である対馬の今を読み解くための一助としていただきたい。

1　対馬の暮らし

対馬は対外交流の窓口であり、先進的な文物や文化にいち早く接する――という見方は対馬のある一面を示すものであって対馬のすべてを表わしているわけではない。島の人びとは海岸沿いに点在する集落において、自給自足の暮らしを強いられてきた。歴史的・文化的な先進性と絶海の孤島という閉鎖性とが共存する島であった（図2）。前近代からつづく対馬の半農半漁の暮らしを紹介したい。

図2　対馬の複雑な海岸線

対馬は島全体の九割近くを山林が占める。平地が少なく土地も痩せているため農耕には適していない。島外から移入する米では不足するため、わずかな耕作地での畑作や「木庭作《こば》」と呼ばれる焼畑が行われていた。木庭作は山を切開き草木も燃やした灰を肥料にして、ムギ・ソバ・アワなどの雑穀類やマメ・イモなどを作付する。山地は地味《ぢみ》が薄いため一五～二五年周期で山を変えなければならず、そのたびに傾斜地を切開き水を確保するなど、島民は苦労しながら作物を育てた。

次に、漁業をみると対馬近海が好漁場として脚光を浴びたのは近代に入ってからである。動力船の導入により博多・関西などの大規模市場への出荷が可能となったことで、はじめて漁業は島の主要産業となった。漁穫としてはイワシ・アジ・サバ・イカ・ブリなどが多く、なかでも昭和四〇年代に最盛期を迎えたイカ釣りは、集魚灯の光いわゆる漁火《いさりび》で島の沿岸を埋め尽くすほどの活況を呈した。現在では往時に比べると漁獲量が落ちているもののイカ・ヨコワ・ブリなどの漁がなお盛んである。とくにアジ・アナゴ・アカムツなどは、地域ブランド化を図り付加価値をつけることで収益性の高い漁業の確立に努めている。そのほか大正年間から、穏やかな浅茅湾を利用した真珠養殖が続けられている。最近では浅茅湾でのマグロ養殖も行われ対馬ブランドとして島外へ出荷されている。今なお漁業は対馬の基幹産業といえる。

近代以降の漁業の活況によって対馬の人口は増加の一途をたどり、昭和三五年（一九六〇）には約七万人に到達した。厳原の中心街には、離島には珍しいほどの歓楽街が形成され、好景気に沸いた。しかし、社会構造の変化や就学・就職で島を離れる若者が増加するなどの社会的要因によって、平成二九年（二〇一七）四月末現在では約三万二〇〇〇人にまで減少し、ピーク時の人口の半分にも満たない。長崎県や対馬市はさまざまな振興策を打ち出し、人口減少に歯止めをかけようとしている。

2　国境の島・対馬

朝鮮半島と国境を接する対馬は、古代には国境警備のために防人《さきもり》が配置されるなど国防の島としての歴史が古い。そのことを現代に伝える歴史的遺産も数多く遺る。いくつかを紹介したい。浅茅湾奥にある標高二七六・二mの城山《じょうやま》（美対馬町）には国特別史跡「金田《かねだ》城跡《じょうあと》」がある。金田城は七世紀に百済救援のため朝鮮半島へ派兵したものの戦いに敗れ、唐・新羅からの報復を警戒した中央政権によって造られた朝鮮式山城で、自然の断崖や谷を巻き込んで石塁や城門が取り囲む。城を築き、また防衛線として維持するにあたって、中央から膨大な資本が投入されたことが容易に想像される。国家防衛の最前線であることを実感できる雄大な史跡である（図3）。

図3　特別史跡「金田城跡」にのこる城壁

近代の軍事遺構も豊富である。日本の西端に位置しアジアに近い長崎県には、明治一九年（一八八六）に佐世保に鎮守府が置かれ、対馬には竹敷に海軍要港部が設置された。浅茅湾の内奥に位置する竹敷は、風待ちの港として古代の歌集である万葉集にも詠まれた要衝であり、現在は対馬海上自衛隊の駐屯地となっている。明治三四年（一九〇一）、帝国海軍は竹敷から対馬の東水道へ抜けるために万関瀬戸（久須保水道）を開削した。日露戦争時には竹敷から水雷艇が万関瀬戸を通って出撃しロシア艦隊との日本海海戦に参戦、日本の勝利に貢献した。そのほか、豊砲台跡（上対馬町豊）や姫神山砲台跡（美津島町緒方）などの砲台跡も見所のひとつである。

次に対馬をめぐるヒトの交流についてみていきた

い。明治新政府が樹立され外交権が移ると、それまで対馬藩が独占していた朝鮮関係の利権が失われた。日本各地から多くの企業や資本家が新天地での経済活動を求めて朝鮮半島へ進出したが、同時に対馬の人びとも広い土地や商機を求めて朝鮮へ渡っている。なかには厳原出身商人の大池忠助のように朝鮮半島での成功者も輩出している。

一方で、明治以降に対馬へやってきた人びともいたことを忘れてはならない。戦後すぐに対馬を踏査した民俗学者の宮本常一は、その著作『忘れられた日本人』に厳原町浅藻《あざも》の古老からの聞取りを収録している。浅藻は明治初年に山口県大島郡久賀《くが》の漁師たちが新たに開いた集落である。宮本の聞取りには、漁師たちが巨大な岩を沖合いまで運び捨て自力で港を開いていく様子が記録されている。

朝鮮半島から対馬への移住者もあったことにもふれておきたい。明治末期から終戦頃まで朝鮮半島から森林資源豊かな対馬に移り住み木炭生産に従事した人びとがいる。彼らの多くは山中に炭焼き窯を造り、そこで炭焼きを行っていた。また、韓国・済州島からはアワビやサザエなどを獲るために海女《あま》が出稼ぎに来ていたという。浅藻を開いた久賀の漁師同様、対馬の豊富な水産資源がヒトの往来を促した。ところで、ここで紹介した朝鮮からの移住者については記録に残されておらず、彼らの生活や労働の実態をほとんど把握されていない。当時を知る六〇代以上の島民の方々の記憶に残るのみである。

3　日韓新時代の対馬

二〇〇〇年代以降、日本と韓国との関係は大きく変容した。経済分野では韓国との交流がいち早く進んでいたが、韓国の音楽・ドラマなどがいわゆる「韓流」として広く日本社会に受け入れられると、日本人の韓国に対する認識がずいぶんと変わり、互いの国に対する関心が高まった。平成一四年（二〇〇二）のサッカーワールドカップ日韓共同開催や平成一八年（二〇〇六）の韓国人のビザ免除措置など、両国の人的・文化的交流を促す環境が整えられていく。こうした流れのなか、韓国から対馬への観光客が次第に増加していった。

対馬にある二つの国際港・比田勝《ひたかつ》港と厳原港からは、およそ一〜二時間程度で韓国との往来が可能である。そのため韓国人にとって最も手軽な海外旅行コースとして人気を博している。団体客は大型バスで島内を観光しながら、トレッキングなどの自然体験や免税店・スーパーマーケットでの買い物を楽しんでいる。近年ではレンタカーで自由に島内をめぐる個人旅行者も増えており、韓国人による対馬の楽しみ方も多様化している。平成二八年（二〇一六）、統計を取り始めた一九九九年以降、対馬を訪問する韓国人の数が初めて二五万人を越え（二〇一七年一月一七日付長崎新聞朝刊）、その勢いは衰えることを知らない。観光客の増加をうけて免税店の出店や大型ホテルの開業が相次いでおり、対馬の姿は大きく変わりつつある。しかし、飲食店へのキムチの持ち込みや宿泊施設で夜遅くまで騒ぐなど韓国人観光客のマナー問題に対して苦情も寄せられており、島民の韓国人に対するまなざしも決して一様ではない。

国境に位置する対馬の特色を活かした各種イベントも島内各地で行われている。いくつか代表的なものを紹介すると、平成八年（一九九六）から始まった「対馬ちんぐ音楽祭」は、日韓両国のミュージシャンが参加する音楽イベントである。「ちんぐ」とは韓国語で「友達」という意味である。毎年七月に上対馬町で開催される「国境マラソンIN対馬」は、日本や韓国から参加した市民ランナーが起伏の激しい島のコースを駆け抜ける。毎年八月に厳原町で開催される「いづはら港まつり」は、メインイベントの一つとして朝鮮通信使の行列が再現されている。いずれも韓国との交流を打ち出すことで単なる地域イベントに終わらず、国際性あふれる対馬を国内外へアピールするとともに、地域振興にもつながっている。

また、「日本遺産（Japan Heritage）」の第一号として、平成二七年（二〇一五）に「国境の島　壱岐・対馬・五島～古代からの架け橋～」が認定された。日本遺産とは地域の歴史的魅力や特色を通じて日本の文化・伝統を語るストーリーを文化庁が認定するものであり、長崎県では海外交流の拠点であった壱岐・対馬・五島の三つの離島部の魅力を「国境」をキーワードに国内外に発信しようとするものである。対馬では先述した金田城跡のほか、対馬宗家の菩提寺である万松院《ばんしょういん》や朝鮮通信使の行列絵巻のほか、亀甲を焼いて吉凶を占う「亀卜《きぼく》習俗」や古代米である赤米を祀る「豆酘《つつ》の赤米行事」などが構成文化財となっている。

そのほか、日韓両国にのこる朝鮮通信使の記録を、ユネスコの「世界記憶遺産（世界の記憶、World of Memory）」へ登録しようとする活動が続き、平成二九年（二〇一七）十月にようやく登録された。平成七年（一九九五）に対馬市で発足した朝鮮通信使縁地連絡協議会と財団法人釜山文化財団の日韓二つの民間団体による取組みで、日本側からは通信使が通行した沿路に伝わる漢詩文集や遺墨、朝鮮外交に精通した儒者・雨森芳洲《あめのもりほうしゅう》の著書などが、韓国側からは通信使の日記である使行録などが構成資産としてあげられている。朝鮮通信使関係資料の世界記憶遺産の登録によって、通信使による善隣外交の歴史が広く伝わることとなり、対馬の果たした役割も評価されることだろう。

ところで、対馬の歴史や文化に根ざした活動の根幹ともいうべき文化財に対する盗難事件が続発している。平成二四年（二〇一二）一〇月に発生した盗難事件では、対馬の寺社から仏像など指定文化財が盗まれた。その後、韓国人窃盗グループが逮捕され、盗まれた仏像二体が韓国で発見された。二体のうち一体は所有者に戻されたものの、「観世音菩薩坐像」（長崎県指定有形文化財）は未だ返還されておらず、韓国で所有権をめぐる裁判にまで発展している。事件の影響は日韓交流イベントにまで及んだ（コラム「朝鮮通信使行列」で詳述）。長期的視野にたてば、日韓両国が互いに不信感を抱き、正常な文化的・学術的交流が妨げられることは両国民にとって不利益となる。盗難仏像事件の一刻も早い解決が望まれる。

おわりに

日本政府は「観光立国」とうたい、二〇二〇年までに訪日外国人観光客を四〇〇〇万人まで増やすという具体的な数値目標を掲げた。人口減少が進む日本にとって外国人観光客の招致は、国内経済を活性化させる方策のひとつであろう。こうした政府の掛け声に先んじるかたちで、対馬は韓国人観光客を受け入れてきた。最も韓国に近い比田勝港国際ターミナルには、連日のように多くの韓国からの観光客が降り立っている（図4）。言語や習慣の異なる人びとを受容することは一筋縄ではいかないが、スーパーマーケットや飲食店では韓国語の案内板やメニュー表を設置し、身振り・手振りで意思疎通を図っている。

さて、平成二九年（二〇一七）四月から一〇年間の時限立法で有人国境離島法が施行されている。東アジア地域で国境をめぐる国際間の軋轢《あつれき》が生じるなか、国境に接する離島地域を保全し、地域社会の維持を図り人口定着を図ることを目的とした法律である。具体的には「特定有人国境離島地域」に指定された地域については、国によって船や航空運賃の一部負担や漁業経営のため財政措置などがとられるものであり、対馬市でも四月から船や航空機の運賃が下がり、島民は恩恵を受けている。有人国境離島法がどのようなかたちで対馬の今後に影響を及ぼしていくのか注視していかなければならない。

図4　韓国人観光客でにぎわう比田勝港ターミナルの様子（2016年2月撮影）

以上、対馬の今を理解するため、前近代から現在にまで至る経緯を、いくつかの事例を紹介しながらまとめてみた。冒頭でも述べたように、朝鮮半島と隣接することから国内外の政治・外交の動きに連動する部分が多く、今では訪日外国人観光客の受け入れ先となっている。人口減少や過疎化など抱える課題は多いが、官民あげて対馬を活性化させるためのさまざまな方策がとられている。混沌とする東アジア情勢のなか、国境の島である対馬のこれからが注視される。

〔参考文献〕

宮本常一『対馬漁業史』宮本常一著作集二八、未来社、一九八三年
宮本常一『忘れられた日本人』岩波文庫、一九八四年
小倉紀蔵編『現代韓国を学ぶ』有斐閣選書、二〇一二年
永留史彦・上水流久彦・小島武博編『対馬の交隣』交隣者出版企画、二〇一四年
長崎県対馬振興局編『つしま百科』(二〇一六年、長崎県庁ホームページhttp://www.pref.nagasaki.jp/object/koho-object/kennohakkobutsu/235558.html)

column

朝鮮通信使行列

山口　華代

対馬市厳原《いづはら》町では、毎年八月の第一土曜・日曜の両日に「いづはら港まつり」が開催される。祭りのなかで披露される江戸時代の外交使節を再現した朝鮮通信使行列は、華やかな時代衣装が異国情緒を醸し出し、祭りを代表するイベントとなっている。

図1　厳原の街を練り歩く朝鮮通信使行列（2015年8月）

朝鮮通信使行列の参加者は、対馬高校の生徒たちも含めた地元・対馬の市民を主体に、総勢三〇〇～四〇〇名にものぼる人びとで構成される。日本人参加者は武士の扮装をして、通信使の案内役・護衛役を勤めた対馬藩士役を演じる。なかには江戸時代に善隣友好を唱えた儒学者・雨森芳洲《あめのもりほうしゅう》役もいる。実際の通信使は外交使節団であるために女性は含まれていなかったが、祭りで再現される通信使行列には韓国の民族衣装であるチマ・チョゴリを着た女性参加者が華を添える。もちろん朝鮮の官人や武人役も日本人が演じている。行列そのものに参加せずとも、沿道から見物して見慣れない朝鮮官人の服に身を包んだ友人・知人を見つけ出すことは通信使行列の楽しみ方のひとつである。日本人参加者にくわえて、韓国からの多数の参加者も忘れてはならない。通信使の正使役や副使役には対馬市と姉妹縁組を結んでいる釜山市影島区長や通信使の子孫の方など、毎年韓国からゆかりのある多彩なゲストを招聘する。さらに韓国の女性民俗舞踊団も参列し、観客たちの目を楽しませる。行列はドラやラッパを鳴らしながら、祭りのメイン会場のある厳原港まで街中を練り歩く。会場に設けられた特設舞台上で日本側代表である宗対馬守役と通信使の正使役とによる国書交換式が執り行われ、クライマックスを迎える。

韓国と友好関係を象徴するイベントとしてマスコミ等で取りあげられることの多い朝鮮通信使行列であるが、元々は、厳原で衣料品店を営んでいた庄野晃三朗氏が、自らの店の店員をメンバーとして通信使行列を再現し、昭和五五年(一九八〇)の厳原港まつりに参加したことに端を発する。韓国に近い島であることをアピールする目的で、国内観光客の誘致を強く意識したものであったという。庄野氏のはじめた通信使行列は次第に厳原の人びとの賛同を得て、通信使行列を広く公開することを目的とした朝鮮通信使行列振興会が設立されると、厳原港まつりの恒例イベントとしてその地位を確立していった。

図2　韓国舞踊団による舞い

こうして昭和五五年(一九八〇)の港まつりに初めて登場した朝鮮通信使行列であるが、昭和六三年(一九八八)には「いづはら港まつり・アリラン祭り」と祭りの名称が変更され、祭り自体が韓国との関係性を強く意識したものとなっていく。通信使再現行列のインパクトが大きく、島の内外から注目を浴びた結果であろう。村上和弘氏は厳原港まつりにおける朝鮮通信使行列について、当初は国内向けに観光客誘致を目的とした通信使行列が、時代の趨勢によって、日韓交流の象徴という新たな価値が「上書き」されていったと評価している(村上和弘「朝鮮通信使行列と〈日韓〉交流」〔永留史彦・上水流久彦・小島武博編『対馬の交隣』交隣舎企画出版、二〇一四年〕参照)。

ところが、平成二四年(二〇一二)一〇月に起きた韓国人窃盗団による文化財盗難事件と、その後の仏像未返還問題によって対馬市民の対韓感情が著しく悪化した。それをうけて、翌平成二五年のいづはら港まつりでは朝鮮通信使行列が中止されるという事態にまで至った。平成二七年（二〇一五）には通信使行列は復活したものの、それまで併記されていた「アリラン祭」の名称が削除された。

朝鮮通信使行列の再現イベントは、日韓交流の象徴として対馬から国内外へ広まっている。韓国釜山市では毎年五月に朝鮮通信使行列が再現され、対馬市からも日本人武士団として参加するなど、対馬と釜山との国際交流に一役買っている。そして平成二九年（二〇一七）一〇月には、日韓の民間団体が共同で取り組んでいた朝鮮通信使関連資料のユネスコ世界記憶遺産「世界の記憶」への登録がついに実現した。日韓友好の象徴としてこれまで以上に朝鮮通信使の重要性が高まると予想され、朝鮮通信使行列の再現もまた活躍の機会が増えるだろう。

長崎を観る

葉柳和則

はじめに

都市を観光するにせよ、イベントを参与観察するにせよ、博物館や図書館で資料を閲覧するにせよ、私たちは「見る」という行為を中心にして、都市の現在に触れ、過去の出来事について知識を得る。しかし、たとえば再現された街並みを見て、たとえ精緻なものであっても、いやそれゆえにこそ、そこにリアリティを覚えることができないという経験をしたことはないだろうか。過去の惨禍に関する資料を読みながら、ふと手を休めて、「もしこの災害が起きなかったら」という仮定の物語を思い描いたことはないだろうか。あるいは、最新の展示技術を使った博物館の動線に、それが不可視化しているものの存在を感じることはないだろうか。

長崎[1]を旅したり、調査したりする際には、このような違和感へのこだわりや、視覚で捉えられない領域への想像力がとりわけ重要である。長崎は、人類史においてほとんど類例を見ない出来事を経験してきた。しかもそのいくつかは徹底的な破壊を本質としている。狭隘な土地に比して過剰な人口を抱えていることと相まって、いわば過去の〈上書き〉を繰り返すことで現在の長崎の町が形成されてきた。それだけに、町を歩いていて目に映るものと過去との結びつきは、多くの場合、明示的ではない。それでもなお多くの旅行者や研究者を引きつけている長崎という都市を経験し、それについて書くための一つの補助線を、都市を「見る」際に覚える「何か違う」という感覚を手がかりに提示したい。そこでは「観る」というもうひとつの知覚のあり方が鍵語となる。

(1) 本章では「長崎」とは現在の長崎市を指す。より広義・狭義の〈長崎〉の意味で用いる際には、必要に応じて明示する。

1 見えないものへの想像力

いかなる都市であろうと、現在を形作る街並みや風景は表層であり、その下には、実体としてであれ、記憶としてであれ、上書きされたいくつもの出来事の層が重なっている。その意味で、文化的遺産をめぐる旅とは、目に映るものの背後にある出来事について学び、想像することである。長崎の場合も例外ではない。しかし、この都市においては、見えるものと見えないものが、「積み重なる」という地層の比喩では捉えられない、緊張をはらんだ関係を作り出している。

二つ例を挙げてみたい。臨済宗の寺院、春徳寺の山門の脇に、「トードス・オス・サントス教会／コレジョセミナリオ跡」の碑が立っている。この場所には、もともとは廃寺があったが、キリシタン大名大村純忠の家臣、長崎甚左衛門が、一五六九年（永禄一二）に修道士、ガスパル・ヴィレラに与え、長崎における最初の教会として増改築された。一五七四年（天正二）に焼き討ちに遭うが、まもなく再建される。一六一四年（慶長一九）に禁教令が発布され、教会は破壊され、一六四〇年（寛永一七）、代官所の意向で、別の場所に建立されていた春徳寺が移築された。禁教令以前のカトリック信仰の痕跡としては、古井戸と大理石の断片が残されているに過ぎない。

原子爆弾によって徹底的に破壊された旧浦上天主堂は、広島の原爆ドームと並んで原爆被災を想起させるモニュメントたりえたはずだが、結局は同じ場所に現在の浦上天主堂が新築された（高瀬 二〇〇九）。鐘楼や石像の残骸が現在も残されており、壁の一部は浦上天

図1　トードス・オス・サントス教会／コレジョ・セミナリオ跡
16世紀末に「小ローマ」と呼ばれていた時代の教会の跡地は多数確認されているが、可視的な痕跡はわずかしか残されていない。本格的な発掘と公開が行われているのは、サント・ドミンゴ教会跡（現・桜町小学校敷地内）のみである。

図2　浦上天主堂遺壁
もともとは爆心地の北東約500メートルの場所に位置していたが、1958年の天主堂再建の際に爆心地公園に移設された。背景左に見える黒い方形が爆心の碑。同心円は放射能の広がりを表現している。

主堂遺壁として爆心地公園に移設されている。しかし、長崎の原爆被災とそこからの復興を象徴するものとして、イメージが広範に流通しているのは、被災の傷痕ではなく、「世界恒久の平和の使徒となること[2]」の決意をシンボライズした平和祈念像である。

軍艦島に関する人文社会系アプローチの第一人者である、社会学者、木村至聖は、この島に向けられた、「負の遺産」、「産業遺産」等のまなざしが、「まなざしのヘゲモニーをめぐる葛藤」の場を作り出していることを指摘している。この「葛藤」は、軍艦島だけではなく、歴史的な出来事の痕跡をどのように可視化／不可視化するのか、どのように意味づけるのかという問いが必然的に生み出す表象の政治としてある。

美術評論家、多木浩二は、文化人類学者、今福龍太との対談の中で、「ぼくらは、遺跡の上におおいかぶさった政治学的想像力のモニュメントに目を奪われて、遺跡を見るための通路を失いつつあるんじゃないか」という今福の問いかけに、次のように答えている。

> 直接の知覚ではなにもえられないし、考えないとなにも見えないのです。いったい、何があったのか？　どうしてそんなことが起こりえたのか？　たんに見るだけでは理解できないことを、知ろうとしはじめるのです。（多木一九九六、一二三頁）

軍艦島のような近代の産業遺産であっても、島で生活していた人びとの記憶を、私たちは間接的にしか知ることができない。ましてや、近世におけるカトリックの布教と弾圧、「潜伏」といった出来事に関してはなおさらそうである。長崎の記憶は、それを抹消する意図をもって幾重にも上書きされ、痕跡はわずかしか残されていない。しかしそれでもな

（2）平和祈念像が建立された一九五五年（昭和三〇）年当時の長崎市長、田川務の言葉。

お、目に見える痕跡を手がかりにして、いま―ここには存在しないものを感受し、想像し、あるいは、それらの歴史的、社会的意味について考えることが、この都市を単に網膜上の像として「見る」のではなく、自らの感性と思考の総体を通して「観る」ことなのである。(3)

2 可能的なものへの想像力

長崎出身で長崎大学で学び、長崎市の職員として働き、現在は原爆資料館の館長を務めながら小説を発表している青来有一は、デビュー作「ジェロニモの十字架」で第八〇回文學界新人賞を受賞している。その受賞の談の中に次の一節がある。

> 長崎には至るところに過去への穴が開いていて、時に僕はうっかり足を踏み入れてしまいます。そこでは幾多の死者がうずくまり、ひそやかにつぶやきを漏らしています。
> そのつぶやきを盗み帰り、丹念に繋いでみること。それが僕が試みたことのすべてです。（青来 一九九五、二一二頁）

図3　原爆資料館（提供：長崎市）
左側に見える天窓を有した半地下構造の建物が原爆資料館。前身の長崎国際文化会館付設の原爆資料センターの老朽化に伴い1996年に新築された。右側の煉瓦壁の建物は長崎平和会館。

(3)　本章では、「見る」が眼前にあるものを積極的に客体化する働きであるのに対して、「観る」は「感じる」、「聴く」といった受動的な知覚と相即的に生起すると定義する。

現在の風景の下に広がる不可視の廃墟へと降りていった青来が出会うのは死者たちである。殉教による死者たち、原爆による死者たち。彼らの声を聴き取り、表現へともたらすことが青来の仕事の核心にある。

原爆による死者たちのひそやかなつぶやきを、視覚的イメージとして表象する青来の試みが、小説『てれんぱれん』[4]（二〇〇七）である。語り手「わたし」は、清掃会社で働く五三歳の女性で、長崎大学の清掃を担当している。回想の中で「わたし」は父親とともに浦上川の岸辺を歩いている。

まもなく浦上川の川岸の葦の中に立ち尽くしている白ヌキのひとの姿がぽつぽつとみえてきました。彼らは何をするというわけでもなく、ただ、ぼんやりとしてなにかが飛んでくるのを待つように空を仰いでいるのです。（中略）
「あれ、なん?」
「前におしえたろうが……。ここで死んでしまった子どもたちがお父ちゃんやお母ちゃんが迎えに来るのを待っているうちに神さまになってしまったんだなあ。」（青来 二〇〇七、四九—五〇頁）

近代世界は視覚を中心にして編成されており、主体としての人間は客体としての自然を見る＝理解する（see）ことによって、自身を世界の中心に定位する（高山 二〇〇二）。それゆえ、客体は明確に見えることによって、世界における存在を認証される。ここでは死者が再び世界に姿を現すことは、ありえないこととして否認される。それでもなお、死者が

（4）「てれんぱれん」は、九州方言で、「ぶらぶらと時を過ごす」という意味である。

眼前に現れたとき、私たちの自我と世界観の自明性は激しく動揺する。それゆえ私たちはそれを幻覚として片付ける。しかし、『てれんぱれん』の「わたし」は「白ヌキのひとたち」の出現を否認しようとはせず、自分の存在と地続きのものとして受け入れている。

「てれんぱれんさん」は、原爆によって命を失った子どもたちが「神さま」として「わたし」の日常の中に姿を現したもので、「白い霞がかかったような、にじんだような（中略）ひとのかたち」をしている。その視覚像が示唆しているように、日常の現実と非在の領域との間《あわい》が「てれんぱれんさん」の存在の場である。

「てれんぱれんさん」は「お父ちゃんやお母ちゃんが迎えに来るのを待っている」。つまり、彼らは現実化しなかった可能性を求めて姿を現すが、視覚的にはあいまいなままであり、声を発することもなくうずくまっている。しかし、彼らは自らの存在の承認を求めており、それゆえ、「わたし」は「[彼らは] 確かにわたしを見ていると感じました」と述べる。

「てれんぱれんさん」の出現の仕方は、ドイツの思想家、ヴァルター・ベンヤミンの「思想的遺書」と呼ばれる「歴史の概念について」（一九四〇）の第二テーゼを思い起こさせる。

過去はある秘められた索引を伴っており、この索引によって過去に救済への道が示される。じっさい、かつて在りし人びととの周りに漂っていた空気のかすかな気配が私たち自身をそっとかすめてゆくことはないだろうか。私たちが今耳を傾けてい

図4　浦上川
簗橋から鎮西通り橋を望む。爆心地から最も近い区間であり、原爆投下直後に多くの被災者が水を求めて、あるいは火災から逃れようとしてこの川に飛び込み、折り重なるようにして倒れていった。

るさまざまの声の中に、今では鳴りやんでしまった声のこだまが混じってはいないだろうか。（中略）もしそうだとすれば、かつての諸世代と私たちの世代との間にはある秘密の約束が存在していることになる。だとすれば、私たちは彼らの期待を託されてこの地上に在るのだ。（ベンヤミン 一九四〇、平子訳 二〇〇五、五頁）[5]

ベンヤミンにとって、過去を救済するとは、現実化した可能性、すなわち実際に起きた出来事を掘り起こし、歴史学的に叙述することではない。人間は多様な可能性を内包しているが、同時に時間の中を生きる存在である以上、それぞれの瞬間において、ひとつの可能性を現実化していくより他ない。生にはいくつかの決定的な瞬間があり、それが現実のあり方を強く規定する。したがって、私たちは、過去を振り返るとき、単に出来事の経緯を辿るのではなく、「もしあのとき、別の進路を選んでしていたら」、「もしあの事故が起きなかったら」という仮定法（≠接続法二式）で、現実化しなかった可能性に思いを馳せる。事実としての過去ではなく、むしろ、それが生起したがゆえに現実化しなかった別様の可能性を思い描くことがベンヤミンの言う過去の救済なのである。多木の言葉で言えば、「これまでの歴史が起こったことだけをとりあげてきたのに対して、起こらなかったことを含んで成り立つ人類史」（多木 一九九六、一二七頁）を思い描くのである。

「秘められた索引」、「空気のかすかな気配」、「今では鳴りやんでしまった声のこだま」といった言い換えが示唆しているように、可能態としての過去は、近代的な知覚には感受し難いものである。「てれんぱれんさん」が「わたし」と父親にしか見えなかったのは、彼ら自身が「てれんぱれんしとる」存在、つまり、近代の枠組みからどこか外れた存在だっ

（5）既訳の批判検討に基づく平子友長の訳と解説を踏まえて、筆者が試訳した。

たからである。それゆえ二人は、過去からの呼びかけをあらかじめ排除したりせず、むしろ、「てれんぱれんさん」との「秘密の約束」を引き受ける。青来は可能態としての長崎を、表層の長崎に重ね合わせることで、「過去の穴」で観た死者たちのつぶやきを現在へともたらそうとしているのである。

おわりに――大学的ガイドブック

第一節では、「見えるもの」と「見えないもの」は、都市空間の中で表層と深層という関係を形作っており、それゆえに「見えないものへの想像力」を働かせることが必要であること、とりわけ長崎の地理的、歴史的特徴がこれを必要としていることに触れた。第二節では、ある可能性が現実化したこととの必然的な結果として、現実化しなかったいくつもの可能性が不可視の領域に堆積していることを確認し、それらを現在へともたらすための接続法的想像力について考えた。

このような「見えないものへの想像力」はどのようにすれば身に付くのだろうか。『てれんぱれん』の「わたし」のように、近代の視覚中心の認識の外側に出て、可能的存在を観る巫女（medium）的な能力を持っている人もいるだろう。しかし、そうではない私たちが、「目に見えないもの」へと想像力を飛翔させ、それを観るためには、何らかの媒介（medium）が必要である。

通常それは、案内人あるいは案内書という意味での〈ガイド〉である。予備知識なしに

図5　ベデカー・スイス編

スイス編はベデカーの中で最も多くの版を重ねた。貧しい山岳地帯だったアルプス地方が、ツーリストの「聖地」へと意味変容していく際に、旅行ガイドブックにおけるアルプス表象が果たした役割は小さくない。左はドイツ語版（1895）、右は英語版（1887）。

浦上の爆心地周辺を歩いても、不可視の領域への入り口としての痕跡を私たちは見落としてしまいがちである。網膜には映っていたはずの「秘められた索引」を感受し損ねるのである。しかし、長崎の平和案内人の方たちと一緒に浦上を歩き、彼らの語りや説明を聞きながら、被爆の痕跡を目にするとき、私たちの眼前にも不可視の領域が広がってくる。あるいは、あらかじめ長崎に関するガイドブックを参照したり、長崎を舞台にした小説を読み、映画を観たりすることで、実際に街を歩く際の知覚の感度を上げることができる。さらに、ガイドブックや小説・映画のリファレンスとしてのより専門的な長崎研究をひもとくことで、想像力が作り出すイメージをいっそう確かなものにしていくこともできる。

しかし、ここにはひとつの危険がある。それは、〈ガイド〉が前提とする、価値付けの枠組みに囚われてしまうことである。これは、近代的なツーリズムが始まると同時に起きた現象である。たとえば、夏目漱石の俳句の弟子で物理学者でもあった寺田寅彦は、「案内者」と題されたエッセイの中で、イギリスを旅行中、当時世界で最も信頼の高かったガイドブック、「ベデカー」を同行者たちが肌身離さず携帯している様子を皮肉を込めて描いた後、ベデカーの記述が「不思議なこだわりの網を私のあたまの上に投げかけるように思われて来た」と書いている（寺田［一九二三］一九六三、二七七頁）。何かに価値を見出すことは、何かを周縁化することと表裏一体の関係にある。このことを意識しておかないと「不思議なこだわりの網」からこぼれ落ちてしまうものが見えなくなってしまうのである。小説や映画はもちろんのこと、客観的な記述を規範としている学術的な論文であっても、このメカニズムから自由ではない。

ガイドのおかげで私たちは「見えないもの」を見るための手がかりを手にすることができる。しかし、ガイドに頼ることで、それが周縁化しているもののそばをそれと気づかずに通り過ぎてしまっているかもしれない。このことに自覚的であること、自分の五感とガイドの説明との間にあるズレに敏感であること、ささいな違和感を大切にすること。別様の説明の可能性を考えてみること、可能ならば検証し、それにもとづいて新しい文脈を、新しい見方を提示すること。このような過程を通して大学的ガイドブックが作られるのではなかろうか。

〔参考文献〕（直接引用していないものを含む）
木村至聖「文化遺産イデオロギーの批判的検討――近代西欧の廃墟へのまなざしを手がかりに」『ソシオロジ』第五一巻三号、三―一五頁、二〇〇六年
――『産業遺産の記憶と表象――「軍艦島」をめぐるポリティクス』京都大学学術出版会、二〇一四年
青来有一「受賞の言葉」『文學界』第四九巻六号、二二頁、一九九五年
――『てれんぱれん』文藝春秋社、二〇〇七年
青来有一・田崎弘章・田中俊廣「鼎談「長崎」を超えて」『敍説』第二号、三七―六六頁、二〇〇一年
高瀬毅『ナガサキ――消えたもう一つの〈原爆ドーム〉』平凡社、二〇〇九年
高山宏『表象の芸術工学』工作社、二〇〇二年
多木浩二・今福龍太「遺跡が未来になるとき」『大航海』第八号、一一〇―一二七頁、一九九六年

寺田寅彦「案内者」『寺田寅彦随筆集　第一巻』岩波書店、二七五—二八七頁［一九二二年］、一九六三年
葉柳和則編著『長崎——記憶の風景とその表象』晃洋書房、二〇一七年
ヴァルター・ベンヤミン「歴史の概念について」平子友長（訳・解説）「ベンヤミン〈歴史の概念について〉——最初の六テーゼの翻訳について」『立命館国際研究』第一八巻一号、一—二二頁、一九四〇＝二〇〇五。
ただし野村修訳（一九九四年）、浅井健二郎訳（一九九五年）も参考にした。

浦上天主堂（正式名称：カトリック浦上教会）は、キリシタン迫害と原爆被災というふたつの歴史的出来事を経験した浦上地区に位置している。1895年（明治28）に起工し1925年（大正14）に完成した旧天主堂は、原爆によって倒壊したが、1959年（昭和34）に再建された。現在、約7000人の信徒を有する日本最大規模のカトリック教会である。

被災した旧天主堂全体を保存し、原爆のもたらした惨禍を想起する場としようとする動きもあったが、結局は、被災の痕跡をとどめた石像、壁の一部、鐘楼などが残されたに過ぎない。そのひとつが「被爆マリア像」である（撮影可能なのは礼拝堂入り口のレプリカ）。像の前でしばし立ちどまり、その眼に映った被爆直後の浦上の風景について想像をめぐらせるのもまた「長崎を観る」旅のひとつのかたちである。

column

いろんなガイドブックを開いてみよう

葉柳和則

旅行ガイドブックという言葉を聞くと、国内旅行用なら『るるぶ』や『まっぷる』を、海外旅行用なら『地球の歩き方』を思い浮かべる人が多いのではなかろうか。これらのガイドブックにはそれぞれに特徴があり、筆者も初めての土地に行くときは旅行鞄に忍ばせている。それどころか、『るるぶ』や『まっぷる』の表紙を表象のポリティクスの場として講義の中で取り上げたり、『地球の歩き方』を海外旅行のあり方の変容を確認するための資料として考察の対象にしたりすることもある。そういう意味で、これらのガイドブックにはずいぶんお世話になっている。

しかし、一九九〇年代以降欧米で盛んになってきたガイドブック研究、とりわけ、近代西欧においてツーリズムが大衆化していった時代のガイドブックに関する研究を読んでいると、「ここでの議論は『るるぶ』や『地球の歩き方』にはあまり当てはまらないな」という印象を抱くことが多い。というのは、近代西欧のツーリズムを支えた、ドイツの「ベデカー」やイギリスの「マレー」といったガイドブックは、現在の言葉で言えば「地域研究」の学術的成果に基づいて編集されていたからである。各地域の記述は、地理学的、歴史学的、民族学的な知見に裏打ちされており、巻末には学術書さながらの参考文献リストが付いていることもある。たとえば「マレー」の日本編は、一八八一年（明治一四）当時のオリエンタリズム的な日本研究の成果を土台としている。『るるぶ』や『地球の歩き方』のスタイルに慣れている者が手に取れば、記述の大半を占める客観的な記述に強い違和感を覚えることだろう。

事情は近代日本においても同じで、「西洋に追いつき追いこせ」をモットーにしていた日本の鉄道院は、東ア

『るるぶ』2009年版から2018年版の長崎表象

年版	中央に配置されたスポット	メインコピー	中国関連スポットの位置
2009	大浦天主堂	和華蘭米の長崎　3つの港町めぐる	左中・孔子廟
2010	大浦天主堂、龍馬像	国境と時代をクロスする和華蘭　タイムスリップ	右中・孔子廟、中華街
2011	大浦天主堂、龍馬像	開国の先駆け　エキゾチック　港町	左下・孔子、中華街
2012	大浦天主堂	ハイカラ　エキゾチック街歩き	左下・孔子廟、中華街
2013	ハウステンボス	異国情緒　満喫　さんぽ	下・孔子廟、中華街
2014	ハウステンボス	異国情緒を満喫　さるく	下・孔子廟
2015	ハウステンボス	異国が薫る　坂の街散歩	右下・中華街
2016	ハウステンボス、大浦天主堂	異国情緒を満喫　坂のまち浪漫	中下・孔子廟
2017	オランダ坂、大浦天主堂	エキゾチック　街歩き	左中・孔子廟
2018	ハウステンボス、南山手	ぶらぶら　さんぽ	左下・中華街

ガイドブックの表紙を地域イメージの生成装置として捉えるなら、長崎県に関して、「西洋」との結びつきがもたらす「異国情緒」というステレオタイプが反復的に提示されている様、「中国」との結びつきを周縁化している様を見て取ることができる。

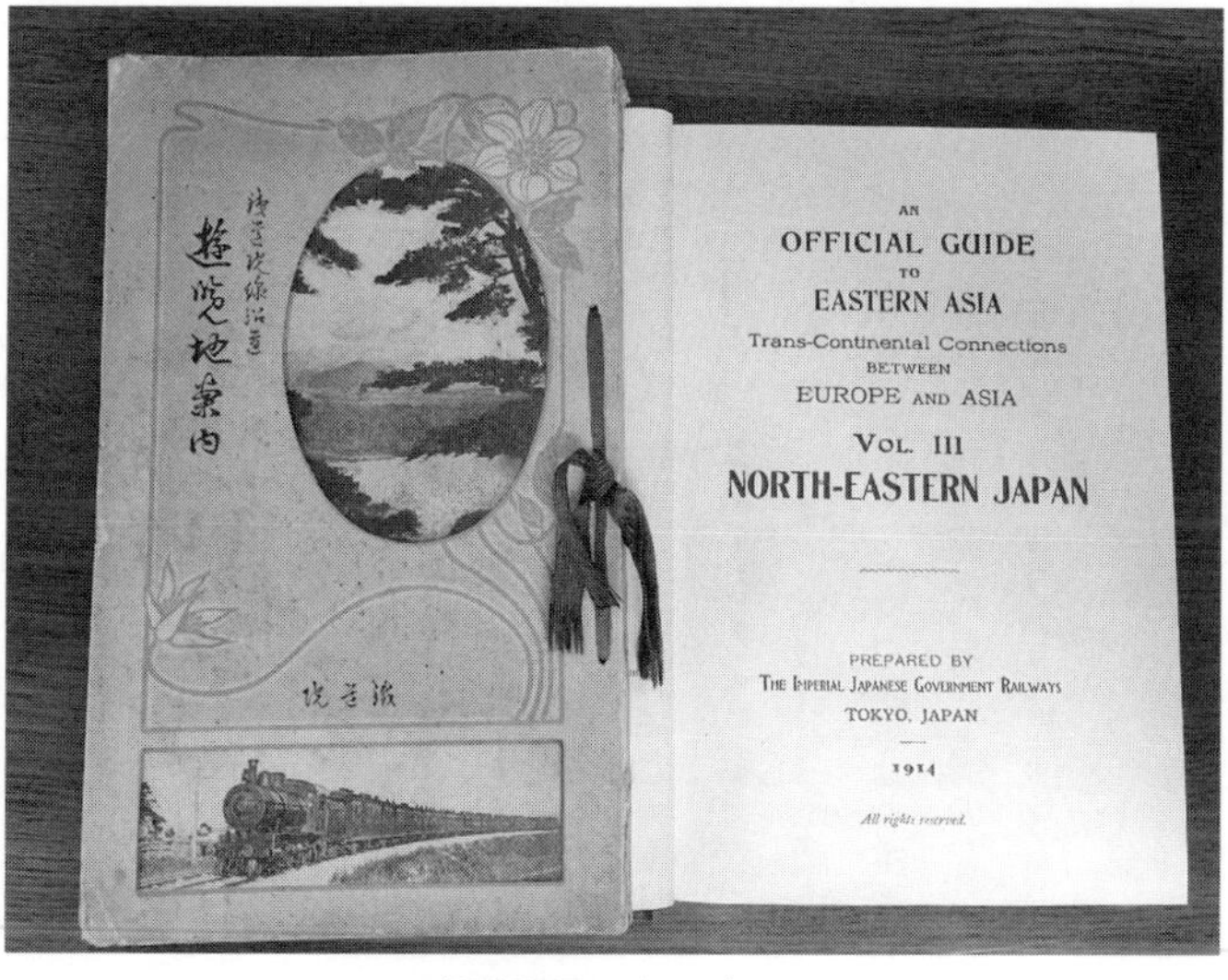

鉄道院編のガイドブック

日露戦争終結後、日本政府は観光産業の振興に着手し、鉄道院が主体となって本格的なガイドブックが出版された。左は日本語版の嚆矢『鉄道院線沿道遊覧地案内』(1910)、右は *An Official Guide to Eastern Asia* 北東日本編（1914）のとびら。

ジア全域をカバーし、学術水準において「ベデカー」を凌駕する英文ガイドブック*An Official Guide to Eastern Asia*（『東アジア公式案内』）を出版するために、現在の通貨に換算して約二〇億円もの国費を投入して「地域研究」を行っている。鉄道院の後継組織である鉄道省が編集した『日本案内記』シリーズの背景にもそれぞれの地方に関する学術研究がある。その意味で、――出版社としては鉄道省にルーツを持つとはいえ――スペクタクルと買い物と食事に特化した『るるぶ』や――最近は客観的な記述が増えてはいるが――個々の旅行者の主観と体験に基づいた『地球の歩き方』は、近代のガイドブックの直系とは言いがたいのである。

このことは現在、欧米で刊行されているガイドブックを手に取るとよくわかる。今なお存続している「ベデカー」日本編の長崎の項を開くと、緯度経度に始まり、歴史、気候、交通、病院、（礼拝のための）教会の場所等の情報がまんべんなく記されている。「ミシュラン」、「ロンリー・プラネット」においても、濃淡の差はあれ、地理的空間と歴史的時間の中に長崎を位置づけるという方向性は共有している。

欧米人読者を想定しているので当然かもしれないが、欧米のガイドブックにおける「長崎とカトリック」との関係についての記述の詳しさは、『るるぶ』や『まっぷる』の比ではない。記述の視点と内容という点でとりわけ際立っているのは「ロンリー・プラネット」である。筆者の手許にある二〇一〇年版は、「長崎市の原子爆弾による壊滅の悲劇は、その彩り豊かな交易の歴史の物語を曇らせてしまう」という一文で始まり、主要観光スポットの紹介も含めて、記述の四割を原爆関連の情報が占めている。それどころか三菱の軍需工場の存在と原爆投下の関係という、日本のガイドブックではおそらく決して言及されない事項をコラムの中で指摘している。

日本と海外のガイドブックにおける長崎の紹介のされ方を比較したり、あるいは戦前のガイドブックと現在のガイドブックにおける長崎の記述とを比較したりするだけで、私たちが抱く「長崎」イメージが現代日本固有のフレームによって切り取られたものであることに気づくだろう。それは別様の長崎ガイドを作成するための最初の一歩なのである。

第2部

近代長崎とその遺産

長崎の近代化世界遺産

東條　正

はじめに

二〇一五年（平成二七）、世界遺産に「明治日本産業革命遺産」が指定されたが、その中心は長崎、福岡などの高島、端島《はしま》（軍艦島）、三池などの炭坑、長崎造船所、八幡製鉄所など長崎県、福岡県の産業遺産が中心である。なぜ、長崎や福岡が「明治日本産業革命遺産」の中心になったのか、疑問に思ったことはないだろうか。

よく知られているように、産業革命とは、イギリスで一八世紀後半から一九世紀前半の約一〇〇年間に発生した急速な工業化の過程を指す。綿紡績業や製鉄業において機械制工場での生産が開始され、後半では蒸気機関車、蒸気船等による交通革命も発生している。

技術的に言うとその中心は蒸気機関の発明である。工場の機械も蒸気船や蒸気機関車も蒸気機関の蒸気の圧力によって動く。蒸気を発生させるためには水を沸騰させなければならない。そのためには燃料が必要である。かってのイギリスには、広大な森が拡がっていたが、工業の発展と共に、燃料となる木が切り倒されて森が消滅していった。では、木に代わる燃料をどうしたのか。それがイギリスの地下に埋蔵されていた石炭の活用であった。

このように、英国の産業革命以降、世界は、蒸気機関とその燃料の石炭が、産業発展にとって必須の時代になった。世界中の国々が英国を見習って、産業革命をめざしたが、そのためには石炭が絶対に必要であった。しかし、石炭は世界のどこでも産出されるわけではない。幸いなことに、わが国では、輸送の容易な九州北部の海岸部にある、長崎県の高島（端島を含む）や福岡県の三池に、高品質で大量の石炭が埋蔵されていた。

さらに、近代的大量輸送手段の中心になった蒸気船（汽船）を修理、製造できる本格的な造船所が長崎に造られ、筑豊の石炭産地を近くに持つ北九州に八幡製鉄所が建設されたことも、長崎や福岡が日本の産業革命の中心となったもう一つの理由である。

1　鎖国の崩壊

長崎を、歴史的に見た場合、誰もがまず、思い浮かべるのが、江戸時代（近世）の「出島」と、第二次世界大戦末期の「原爆投下」であろう。そこで本稿では、普段あまり注目されることの少ない明治時代以降大正、昭和前半期の長崎に焦点を当てて、長崎の近代を眺めていきたい。

鎖国時代、日本の唯一の海外への窓口として繁栄していた長崎の街、ところが、長崎の繁栄の基盤であった「鎖国」が崩壊する契機となる事件が発生した。

一八五三年（嘉永六）の米国ペリー艦隊の下田への来航（黒船来航）である。ペリー艦隊来航以降を、幕末と呼び、「尊皇攘夷」運動が発生して明治維新の契機となった。そして、ペリー艦隊来航をきっかけに安政五か国条約が結ばれ、一八五九年（安政六）の開国によって、鎖国制度は崩壊し、海外貿易独占による長崎の繁栄の基盤が失われることとなった。

ところで、「黒船」とは「蒸気船」のことである。浦賀への米国のペリー艦隊の来航で、風もないのに動く黒船（蒸気船）や、さらに将軍への献上品としてペリー艦隊が持参した蒸気機関車の模型を見せられた日本人達はカルチャーショックを受けた。どうして蒸気船や蒸気機関車は動くのか。魔法でも使っているのか。やがて、わかってきたのは、蒸気船・蒸気機関車が動くのは魔法ではなく、蒸気機関を動力として動くらしいことと、そして、その蒸気機関を動かす燃料としては石炭が必須だということであった。

2　イギリスの工業化（産業革命）

ペリー来航で日本人が認識した欧米と日本の技術の大きな格差、それは「工業化」に起因するものだった。世界で初めての「工業化」はイギリスで発生した。イギリスでは一八世紀後半から紡績業や製鉄業を中心にいわゆる「産業革命」が発生、つまり、一八世紀半ば以降、イギリスにおいて綿織物業、製鉄業を中心に工場制機械生産が発生した。

ところで、先に見たように、英国の産業革命期の最大の問題点は燃料不足であった。このため燃料の調達が諸工業発展の最大の課題となってきた。この問題への対応として、燃料に、薪に替わって、イギリスの地下に豊富に埋まっている石炭を燃料として使おうという試みが行われた。

しかし、石炭の利用には二つの大きな問題があった。一番目の問題は、石炭採掘に伴う湧水である。つまり、石炭を採掘するため、地面を深く掘っていくと地下水が湧いてきて水没してしまうのが湧水問題である。二四時間湧いてくる水を人力で排水することは非常に困難だった。こうした状況の中で、蒸気機関は、最初この湧水問題を解決する排水ポンプとして発明された。具体的には、トーマス・ニューコメンが発明した蒸気機関（揚水機）である。ニューコメンの蒸気機関は蒸気による真空状態を利用した上下のピストン運動で水の汲み上げを行い、湧水に悩む炭鉱夫達にとって最大の助けとなったので「鉱夫の友」との呼称も受けた。

このニューコメンの蒸気機関を改善したのがジェームス・ワットの蒸気機関だった。一七六九年ワットは蒸気機関の特許を取得した。ワットの蒸気機関は、ニューコメンの蒸気機関の効率を良くし、さらに上下のピストン運動から回転運動へ発展させたものだった。ワットの蒸気機関は回転運動が可能になったため、機械の動力源としての蒸気機関を使用できるようになった。

石炭利用の、二番目の問題は、石炭の輸送問題だった。石炭は重量があってかさばるため、採掘した石炭を、使う場所までどうやって運ぶかが大問題だった。特に内陸部の産炭地から需要地までの石炭の輸送は大きな問題だった。初期の運炭には、川での舟運や、川のないところでは運河を掘って使用していた。

ところが、蒸気機関の回転運動を、乗り物(輸送機関)の動力に応用して、蒸気機関車が発明され、蒸気機関車による鉄道が石炭の輸送問題を解決した。石炭に関する「排水」と「輸送」という二つの大問題が、蒸気機関で一気に解決した。

3 蒸気機関による交通革命の進展

産業革命の後半期、蒸気機関の発明と改善によって交通革命(蒸気船と、蒸気機関車による鉄道)が発生した。蒸気機関は、まず、河川での蒸気船に応用され、一八〇六年にフルトンが米国のニューヨークのハドソン川で蒸気船の運航を開始した。

一方、陸上では、一八二五年、英国で蒸気機関車を使った初の公共輸送機関としてストックトン・アンド・ダーリントン鉄道が敷設された。さらに、一八三〇年、工業都市マンチェスターと港湾都市リバプールを結ぶマンチェスター・リバプール鉄道も開通した。その後、鉄道は一八三〇年代、四〇年代に英国全土に網の目のように路線網を拡げていき、それはベルギー、フランス、ドイツとヨーロッパ全土や米国にも拡がっていった。

河川での運航から開始された蒸気船だったが、やがて海上でも使われ始めた。しかし、一八二五年以降本格化した蒸気機関車の急速な普及と較べて、海上、特に遠洋航海では蒸気機関の運転に不可欠な真水や燃料の石炭が補給できない蒸気船は、沿線の各駅で真水と石炭を補給できる蒸気機関車による鉄道の発展に、結果的には後れをとることになった。

このため、蒸気機関車と蒸気船のその後の展開を比較すると、蒸気機関車による鉄道が一九世紀半ばまでには欧米で広く普及したのに対して、海上では、一九世紀半ばまでは、一八四〇年代に出現したクリッパー型の快速帆船のほうが実用性においては遥かに蒸気船に優っていた。

これは、初期の蒸気船は、石炭庫やボイラー室のスペースが大きく、それが船内容積の多くを占めて、乗客や積み荷の搭載スペースを奪ってしまう結果、船体内が空洞で貨客を多く積める快速帆船のほうが、遠洋航海の一般の貨物輸送においては優位性を持ったためである。一方、定時性を必要とし、かさばらない貨物で、しかも各国政府の多額の補助のある郵便物の輸送等（それらは郵船事業と呼称された）においてのみ蒸気船が優位性を発揮した。

しかし、その蒸気船も、一八六〇年代の復水器や複式ボイラー等の船舶用蒸気機関の改良により、海上においても帆船より経済的優位性を持ち始めた。[1] つまり、一八六八年（明治元）のわが国の明治維新の時期は、蒸気船が帆船を凌駕できる技術レベルに到達して、「蒸気船の時代」が出現した時期と重なっていた。逆に言えば、「蒸気船の時代」が到来しつつあったからこそ、欧米との距離が時間的に短縮され、ペリー艦隊が来航し、開国を余儀なくされ、その結果、尊皇攘夷運動が惹起されて、明治維新が発生したとも言えるであろう。この後、蒸気船は、国を超えた移動においては「飛行機の時代」が到来する第二次世界大戦後まで、長距離・大量交通の中核となっていった。

（1）　船舶用蒸気機関の発達については L・T・C・ロルト『ヴィクトリアン・エンジニアリング』（鹿島出版会、一九八九年）を参照されたい。

4　ペリーの来航航路とその背景

初期の蒸気船は、真水や石炭を補充できない大洋を蒸気機関の力だけで一気に横断することは困難で、石炭や真水を補給できない外洋では帆走することも多く、そのため一九世紀後半まで蒸気船は帆走のためのマストを備えているのが通常だった。

このため、前述の、ペリー率いる米国艦隊の蒸気船も、米国西海岸から直接太平洋を横断して浦賀に来航したわけではなく。米国東海岸ヴァージニア州ノーフォークを出港し、マディラ諸島、ナポレオンが流され終焉の地となったセントヘレナ島を経て大西洋を横断し、アフリカ南端を回ってケープタウン、セイロン、シンガポールに寄港する東回りの航路をとって、各寄港地で石炭や真水を補給しながら、帆走を交えて約四ヶ月半かかって東アジアに到達し、香港、上海に滞在した後、琉球を経て浦賀に至っていた(2)。

ペリーが持参した米国大統領の徳川幕府宛の親書には「蒸気船の燃料のための石炭貯蔵場所を提供して欲しい」と書かれていた。ペリー艦隊を日本に派遣した米国の意図の一つは、アメリカ・メキシコ戦争（一八四六〜四八年）の結果、カルフォルニア等を入手し、米国領土が太平洋岸に到達して、太平洋国家となった米国は、米国西海岸とアジアとの交易が視野に入ってきた。つまり、米国は、石炭の供給があれば二〇日余で太平洋を横断してアジアに達することができる最短の蒸気船航路の開設の可能性を考え始めていたことがうかがえる。この太平洋横断の蒸気船航路が開設されれば、米国は、地中海、中東、インド

（2）ペリー艦隊の航海および日本での行動についてはM・C・ペリー『ペリー提督日本遠征記 上』（角川文庫、二〇一五年）を参照されたい。

を経てアジアに到達する航路を使う英仏などのヨーロッパ諸国より遥かにアジアに近くなる。それには、蒸気船の燃料である石炭や真水を補給、貯蔵できる中継点が必須で、その最有力候補地の一つが日本だった。

5 ヨーロッパからアジアへの東回りの蒸気船定期航路

英国のP&O社（ペニンシュラ アンド オリエンタル スチーム ナビゲーション カンパニー）は一八四〇年に設立された蒸気船会社で、社名のペニンシュラ（半島）及びオリエンタルは、イベリア半島と中東を指し、英国からアジアへの蒸気船航路開設をめざして設立された。P&O社は、さらに、英国政府の郵便輸送のための補助金を受け（このような船会社を郵船と呼ぶ）、英国からの東回り航路で、地中海を経由し、スエズ地峡を陸路で繋ぎ、紅海を経て、一八四二年にはインドのカルカッタ（現コルカタ）までの航路を開通させ、さらに、一八四五年には香港まで郵船業務の定期航路を開設し、その支線を上海まで延ばした。[3] この東回りの蒸気船航路ではヨーロッパから中国まで三ヶ月近くかかったが、しかし、それ以前は、「帆船時代」では、ヨーロッパから中国まで行くのに、数ヶ月を要していたし、ヨーロッパからアジアまで、往復するのに一年以上かかっていた。このため一般の旅行者がヨーロッパからアジアまで行くことは困難だった。つまり、蒸気船の発達によって、「世界の距離が縮んで」、他の大陸に「旅行」することが可能となった。

（3） P&O社については後藤伸『イギリス郵船企業P&Oの経営史 一八四〇－一九一四』（二〇〇一年、勁草書房）を参照されたい。

6　米国からの西回りの蒸気船定期航路の開設

これに対して、米国から太平洋を横断して中国に達する西回りの蒸気船の定期航路を米国の太平洋郵船会社が開設した。太平洋郵船会社は、一八四七年にニューヨークで設立され、一八四八年からパナマ地峡部分を地上で経由しニューヨーク・サンフランシスコ間を約三〇日強で結ぶ航路を開設した蒸気船会社で、明治維新前年の一八六七年（慶応三）、米国政府の郵便輸送の補助金を受けサンフランシスコ・横浜・香港航路と、その支線として横浜・神戸・長崎・上海航路を開設した。その第一船が、コロラド（一八六四年製造、木造外輪船、三七五〇トン）で、サンフランシスコを一八六七年一月一日（太陰暦：慶応二年一一月二六日）出港、同月二四日（太陰暦：慶応二年一二月一九日）に横浜に入港した。コロラドは、当時としては最大級の新鋭蒸気船で、太平洋を横断するのに充分な真水や石炭を搭載でき、しかも、多くの貨客も積載可能であった。同船は、蒸気機関の力だけで太平洋を横断して、船客、貨物、郵便を積んで横浜に入港し[4]、翌二五日、横浜を出港、同月三一日に香港に到着した。サンフランシスコから香港までちょうど一ヶ月間の航海だった。大西洋の倍近い距離のある太平洋を横断する太平洋郵船会社航路のアジアへの到達は、太平洋横断航路を確保するというアメリカの長い間の夢が実現した歴史的な出来事だった。また、長崎との関係で言えば、同社の支線として設定された横浜・神戸・長崎・上海航路には二〇〇〇トンクラスの外輪木造船が就航した。

（4）　西岡淑雄「太平洋郵船と英学史」（日本英学史学会『英学史研究』第二五号、一九九二年）を参照。

図1　1866年3月　風頭山からの長崎湾の遠望（長崎大学附属図書館蔵）

幕末に独占的海外貿易権を失った長崎であったが、このように、当該期、世界を一周することになった蒸気船の国際定期航路において、横浜、神戸と並ぶ寄港地として再生することになった。しかも、長崎には横浜や神戸にない利点があった。それは、長崎港外に位置し、その後、アジアで最大の石炭供給地となっていった高島炭坑の存在だった。このため長崎港には燃料の石炭を積み込むため、民間の蒸気船だけではなく、アジア各地に駐屯する欧米各国の軍艦も頻繁に寄港した。このようにして長崎の街は賑わいを取り戻し再生することになった。

7　三菱の創業

この「蒸気船の時代」に、近代交通機関の中心となりつつあった蒸気船に着目して、日本国内で蒸気船による海運会社を創立したのが、幕末から長崎で活動していた旧土佐藩士岩崎弥太郎である。明治初期、蒸気船の定期航路は、国内航路も国外航路も、英国のP&O社や米国の太平洋郵船会社などの外国蒸気船会社が握っていた。明治政府にとって、定期的な大量輸送が可能な近代的交通手段の中心である蒸気船航路を、日本の手に取り戻すことが大きな課題だった。それを担ったのが、土佐（高知）藩出身で郵便汽船三菱会社を創立し、旧土佐藩から無償で払い下げられた蒸気船による海運業を始めた岩崎弥太郎であった。

明治政府が立てた交通インフラ政策は、蒸気機関車の鉄道を国内にくまなく敷設するには膨大な資金と年月がかかるので、当面は国内の長距離の輸送は横浜・神戸・長崎の三大港を蒸気船で結んでそれでまかなう。最大の都市で首都でもあった東京（新橋）と横浜港は鉄道で結び、関西では最大都市の京都・大阪と神戸港間を鉄道で結び、アジア（上海、香港、朝鮮、ロシアなど）への蒸気船航路の拠点は長崎港とする、というものであった。(5)

三菱は、明治新政府の保護を受け、外国の蒸気船会社を日本の蒸気船航路から駆逐し、国内における独占的な蒸気船会社になると同時に、一八七八年（明治一〇）に発生した西南戦争における兵員・軍需物資の輸送において巨額の利益を獲得した。その後、「明治一四年政変」と呼ばれる大隈重信と薩長閥との政争に巻き込まれて、一転して薩長藩閥政府に敵視された三菱は、政府の保護を受けた共同運輸会社との運賃を中心とした競争を繰り広げ、その後、三菱と共同運輸の、お互いの潰し合いを企図した熾烈な死闘は明治一六年、一七年と続き、三菱も存亡の危機に陥ったが、両社の共倒れを恐れた政府の仲介もあって、一八八五年（明治一八）両社は和解して、合併し、日本郵船が設立され、その後、現在に至るまで日本を代表する海運会社となった。(6)

一方、三菱は当初の蒸気船による海運事業から多角化を開始し、一八八一年（明治一四）に、当時、蒸気機関の燃料として不可欠なアジア最大の石炭を産出する高島炭坑を買収し

（5）日本の明治初期の交通政策については小風秀雅「明治前期における鉄道建設構想の展開」（山本弘文編『近代交通成立史の研究』法政大学出版局、一九九四年）を参照されたい。

（6）三菱の発展については三菱社史刊行会『三菱社誌』（東京大学出版会、一九七九–一九八〇年）等を参照。

て経営に着手、さらに一八八四年（明治一七）官営だった長崎造船所の払い下げを受け、蒸気船の修理、建造をめざした。また、岩崎家名義で日本郵船の筆頭株主となると共に、明治一〇年代後半から日本にも幹線鉄道会社（日本鉄道会社、山陽鉄道会社、九州鉄道会社、筑豊興行鉄道会社など）が創設され始めると、岩崎家はいずれの幹線鉄道会社でも筆頭株主となり、日本の主要鉄道会社をも支配した。

つまり、三菱は、わが国における、イギリスの産業革命の後期に発生した「交通革命」で出現した蒸気機関を用いた海（蒸気船）と陸（蒸気機関車による鉄道）の近代交通機関全体を支配していった。その後、三菱は石炭業（三菱鉱業）、造船業（三菱重工）、金融（三菱銀行）、商社（三菱商事）、保険（東京海上、明治生命）やその他の産業に多角化を進め、それぞれの産業で中核的存在となり、財閥化していった。

図2　創設時の三菱長崎製鉄所　飽の浦機械工場（長崎大学附属図書館蔵）

長崎に関して言えば、高島炭坑は、その後、三菱の利益の源泉となり、その利益を長崎造船所の設備投資に注ぎ込んだ結果、明治四〇年代に至ると、長崎造船所も本格的な大型汽船を建造できるようになり、同造船所はわが国重工業の雄となると共に、三菱財閥の製造業部門の中心となっていった。

さらに、海運業では三菱のもう一つの中核企業である日本郵船が一九二三年（大正一三）から長崎港と上海を丸一日強の時間で結ぶ上海航路を開設し、中国を中心とするアジアへ

図3　三菱長崎造船所第一船渠（長崎大学附属図書館蔵）

の交通網の中核となっていった。当時の長崎市民にとって旅券が不要な上海は「下駄履きでいける外国」と言われるほど身近な存在となっていった。さらに上海航路の連絡船の入港時に連絡船と連絡を図る目的で長崎駅から上海航路の汽船が発着する岸壁まで鉄道が延長され、一九三〇年（昭和五）三月に出島岸壁の隣接地に長崎港駅が開業した。また、長崎県島原市の雲仙温泉は高度差のため温度が低く避暑地に向いており、この上海航路によって、上海の夏の暑さを逃れたい西洋人にとって絶好の避暑地となり、外国人旅行客も増え、雲仙は一九三四年（昭和九）に日本初の国立公園に指定された。

昭和時代に入って、長崎造船所を母体とした三菱重工は、広島の呉海軍工廠と並んで軍艦製造の中心ともなっていき、特に呉海軍工廠が当該期世界最大の戦艦である戦艦大和を建造したのに対して、三菱長崎造船所は姉妹艦の戦艦武蔵を建造すると同時に、三菱重工は三菱零式戦闘機（ゼロ戦）をも製造して日本海軍の軍備製造の中心となっていった。

最後に、コラムで取り上げる高島炭坑（端島炭坑：通称軍艦島を含む）を除く明治日本産業革命遺産に指定された長崎の各施設を紹介したい。

小菅修船場跡

長崎市南部の小菅《こすげ》町にあり、一八六八年（明治元）一二月に完成した日本初の西洋式ドックである。日本最古の蒸気機関を動力とする船の曳揚げ装置を装備し、設置されたレール上の船を載せる台がそろばん状に見えたため、通称「ソロバンドック」の名で親しまれている。幕末外国から蒸気船を多く買い入れた薩摩藩が蒸気船修理のため計画したもので、薩摩藩家老の小松帯刀がグラバーの手を借りて企図し、実務は薩摩藩士で後に大阪商法会議所会頭となる五代友厚らが担当して造られた。翌年、明治政府が買収し長崎製鉄所の付属施設となった。初代所長平野富二は後に築地印刷所を創業し、わが国の活版印刷の祖としても有名である。後に三菱に払い下げられた。

三菱重工　長崎造船所　第三船渠（ドック）

長崎造船所では明治時代に三つのドックが開設されたが、そのうち唯一現存する一九〇五年（明治三八）に竣工した全長二二二メートル、建造能力三万トンの大型ドックで、壁面は石積みで造られ、竣工当時は東洋最大規模だった。現在も三菱重工業長崎造船所のドックとして稼働中である。

三菱重工　長崎造船所　ジャイアント・カンチレバークレーン

長崎造船所内にある一九〇九年（明治四二）竣工した英国製の吊上げ能力一五〇トンの電動のカンチレバークレーン（片持ち梁構造のクレーン：片持ち梁は梁の一端が固定され他端は動くことができる構造）で、日本で初めて設置された大型カンチレバークレーンで、現在も長崎造船所内で稼働中である。

図4　三菱長崎造船所　電動150トンハンマーヘッド起重機（長崎大学附属図書館蔵）

三菱重工　長崎造船所　旧木型場

長崎造船所内にある一八九八年（明治三一）に建造された煉瓦造り二階建ての木型場（木型場とは、鋳物製造用の鋳型を作るためにあらかじめ木で模型を作る作業場）、長崎造船所の現存する建物の中でも最古のものである。現在は長崎造船所の資料館として、造船所の歴史の変遷や技術の進歩を物語る機械や資料などの品々が展示されている。

三菱重工　長崎造船所　占勝閣

一九〇四年（明治三七）に落成した木造洋館で、設計者は旧唐津藩出身で工部大学校（東京大学工学部の前身）を卒業し、三菱に入社して丸の内ビル街の設計などに参加した曽禰達蔵である。長崎造船所構内の丘の上に、当時の長崎造船所所長荘田平五郎の邸宅として建設されたものであるが、予定されていた所長邸宅としては使用されず、迎賓館となり現在まで使用され続けている。一般見学は不可である。

旧グラバー住宅

長崎市内大浦地区の観光施設グラバー園の中にある。小菅修船場や高島炭坑の経営など、近代技術の導入を通じて日本の近代化に関わったスコットランド出身の実業家トーマス・グラバーの邸宅である。江戸時代の一八六三年（文久三）に建設された日本最古の木造洋風建築で、イギリスのコロニアル様式と日本の伝統技術が融合した形となっている。主屋と附属屋の二棟が国の重要文化財に指定されている。

column

高島炭坑（端島：通称軍艦島を含む）

東條　正

高島炭坑

イギリスでの産業革命の中心的発明の蒸気機関の燃料は石炭であった。欧米各国がアジアに進出していく中で、蒸気船が大きな役割を果たしたのは本文で見た通りである。しかし、石炭は世界中のどこでも産出されるわけではなかった。そこで、イギリスは植民地などの諸港に常時石炭を貯蔵していた。たとえばイギリスの蒸気船会社のP＆O社は石炭をヨーロッパ、インド洋、東南アジア、中国の諸港に貯炭していた。しかし、石炭の特に地球を半周する東アジアへの石炭の輸送コストは大きなものがあった。しかも、一八五四年クリミヤ戦争が勃発して、貨物船が一斉に戦時動員され、東アジア海域への石炭運搬コストが大幅に跳ね上がった。また一八五六年〜一八六〇年にはアロー号事件を受けて第二次アヘン戦争がおこなわれて、英仏軍が出兵し、兵員・軍需物資の輸送需要は急増したと考えられる。

さらに、明治時代に入ると、各国政府の補助金を受けた英国のP＆O社やフランス帝国郵船会社、米国の太平洋郵船会社も、東回り、西回りでの蒸気船での郵船事業を開始した。このように蒸気船による民間定期航路が拡張され、蒸気軍艦や民間蒸気船の東アジアへの来航が増加すると共に、東アジア海域での蒸気船の燃料である石炭の需要が高まっていった。この海域の炭坑としては華北、台湾、セブ島、ボルネオ島北部などに良質の炭層が知られていた。しかし、それらの炭鉱は海岸から奥地にあるため、輸送のためには鉄道建設が必要であったが、当該期、東アジアのどこにも巨額の資金と技術の必要とする鉄道は敷設されておらず、搬出が困難であった。このため、良質な石炭が産出され、しかも海岸部にあって、採掘した石炭をすぐに船で運送することが可能な、長崎の高島炭田が注目を浴びることとなった。

一方、日本国内の状況を見ると、江戸時代から、筑豊等の炭田地帯では、地元の住民による、表面に近い炭層部分を掘って石炭を燃料にする「狸掘り」（狸がねぐらとして掘る穴に似ているのでこう呼ばれた）と呼ばれる石炭採掘が行われていた。しかし本格的な石炭の採炭は行われなかった。なぜなら、先に本文の記述でも見たイギリスの事例でも分かるように、鉱脈を深く掘って石炭を本格的に採炭しようとすると、水が湧いてきて水没してしまう。また、内陸部の炭田では、採掘した石炭の輸送手段がなかったためである。

高島（端島＝軍艦島を含む）は長崎港から一〇キロ余の島嶼部と海底に鉱脈が存在するため、採掘後、そのまま船舶による輸送が可能であり、江戸時代、対岸の野茂半島深堀の領主深堀鍋島家（佐賀藩家老）が所有し、小規模な採炭を行っていた。しかし、本格的な採炭のためには蒸気機関を用いた西洋式の近代的な採炭方法の採用が必要であった。

高島炭鉱南洋井坑（長崎大学附属図書館蔵）

明治時代になって佐賀本藩は、グラバーの協力で、外国人技師を招いて、日本初の西洋式竪坑（北渓井坑）で石炭採掘を開始した。具体的には、蒸気機関による排水や巻揚げ機械の運転、さらに軌道を使っての石炭の運び出し等であった。その後、外国人による鉱山支配を危惧する明治政府の鉱山政策もあって明治七年一月官営となったが、明治七年一一月政府は、征韓論後、下野して実業に転じていた後藤象二郎（旧土佐藩参政・参議）へ高島を払い下げた。また、後藤象二郎所有となった高島炭坑では、販売面は、アヘン戦争の黒幕と言われ、中国における英国系外国商人の中心であったジャーディン・マディソン商会に握られていた。同商会の目的は上述のように逼迫していたアジアに進出した蒸気船の燃料であった良質の石炭の確保にあった。高島の石炭は、蒸気船で中国の上海の石炭市場に輸出され、アジアの石炭市場の中心石炭となっていった。その後、一八八一年（明治一四）後藤象二郎の所有から三菱（岩崎弥太郎）所有に転じ、その後の三菱財閥形成の資金的源泉の中心となった。

端島炭坑

端島は高島の南西約二・五キロに存在する島で、高島炭坑と同じ石炭鉱脈の上にある。一八九〇年（明治二三）に三菱の所有となった炭鉱の島で製鉄用原料炭に適した良質な石炭を産出する炭坑となった。もともとは瀬であったが炭坑開発とともに周りの岩礁や砂州を埋め立てて拡張された人工島で、大正期以降に多くの鉄筋コンクリート造りの高層住宅が建設され、遠目が軍艦の艦橋のように見えたことから軍艦島の異名が発生した。国の史跡に指定。一九七四年（昭和四九）に閉山したが、多くの旧生産施設、旧住宅、護岸等が残っている。老朽化のため立入禁止となっていたが、二〇〇九年（平成二一）から見学施設内に限り見学可能となり、現在は多くの観光客で賑わっている。

〔参考文献〕

三菱鉱業セメント株式会社高島炭礦史編纂委員会編『高島炭砿史』三菱鉱業セメント株式会社、一九八九年
石井寛治『近代日本とイギリス資本――ジャーディン＝マセソン商会を中心に』東京大学出版会、一九八四年

国際通信発祥の地・長崎と世界

森川裕二

はじめに

インターネットに代表される通信技術は、「距離の死」という言葉の通り、人々の暮らしにおいて、時間と空間の感覚を著しく短縮しグローバル世界をより身近なものとした。日本の国際通信は、一九世紀の後半、日本の近代化とともに長崎の地から始まった。日本の近代化は海外からの制度の導入と技術移転という国際化の歴史であり、その国際化を支えたのは蒸気船に代表される交通と電信技術だった。

明治維新を経て近代化に踏み出した日本は、平和で安定した世界を予兆させるような国際環境にはなく、ヨーロッパの帝国主義がアジアの国際関係を特徴づけるグレート・ゲームの渦中にあった。「近代の入り口」としての日本における国際通信の誕生と、その舞台となった長崎を知ることは、「世界とアジアの中の日本」を語ることでもある。これからのアジアといかに向き合い、共生すべきかについて得られる示唆は少なくない。

長崎から始まった国際通信の夜明けを、海底電信ケーブルをめぐる国際政治とも関連づけて振り返り、「世界の中の日本」と「アジアと共に生きる日本」のありようを考えてみたい。

1　大北電信と日本の国際通信

一八七一年八月一二日、長崎―上海間の海底ケーブルを敷設したデンマーク国籍の大北電信会社（The Great Northern Telegraph Co.）によって、日本の国際通信は第一歩を印す。

電信とは、文字や符号を電気信号として伝送する通信方式のことである。使用する符号は、「トン・ツー」といわれ、「・」「―」の組み合わせで単語を表現するモールス信号であった。音声、動画像、テキストデータを大量に送受信する現在のインターネット通信に比べると、極めて原始的な通信方式である。


「そちらの受信状態はいかがか」

「これが読みとれたら、そういって下さい」

「はい」

「信号はいかがですか」
「そちらで受信していますか」
「VとBの信号を受信してください」
「信号はいかがですか」

（石原藤夫『国際通信の日本史』より）

ドーバー海峡をつなぐ大西洋横断ケーブルが一八五七年に開通した頃、このような短い電文のやりとりも伝送品質が悪いために一日がかりの大イベントだった。それほど長距離の海底ケーブルの実用化は困難を極めた。ケーブルの防水技術、海底に敷設する技術のいずれにおいても当時の最先端技術を要したためである。通信の運用技術も未熟であったため、世界で最初の国際海底ケーブルとされる、英仏海峡を結ぶケーブル（英仏ケーブル）は四〇〇通の電報を扱った後にわずか二か月でサービスを停止し、実用化までにさらに一五年の歳月を要した。アメリカの南北戦争（一八六一―一八六五年）の報道やリンカーン大統領暗殺といった大ニュースが船便で伝えられたのは、国際電信網の実用化の後れたためであった。

海底ケーブルを応用した国際電信に先立ち、欧米を中心に陸上線による電報サービスは急速な普及をみせていた。一八三九年に英国パディントン駅―ウエスト・ドレイン駅間に世界で最初の電報サービスが開始し、一八六一年にはワシントンとサンフランシスコを結ぶ米国横断電信線がサービスを開始した。

国際通信においては、当時の世界の覇権国、大英帝国は植民地を結ぶグローバル規模の

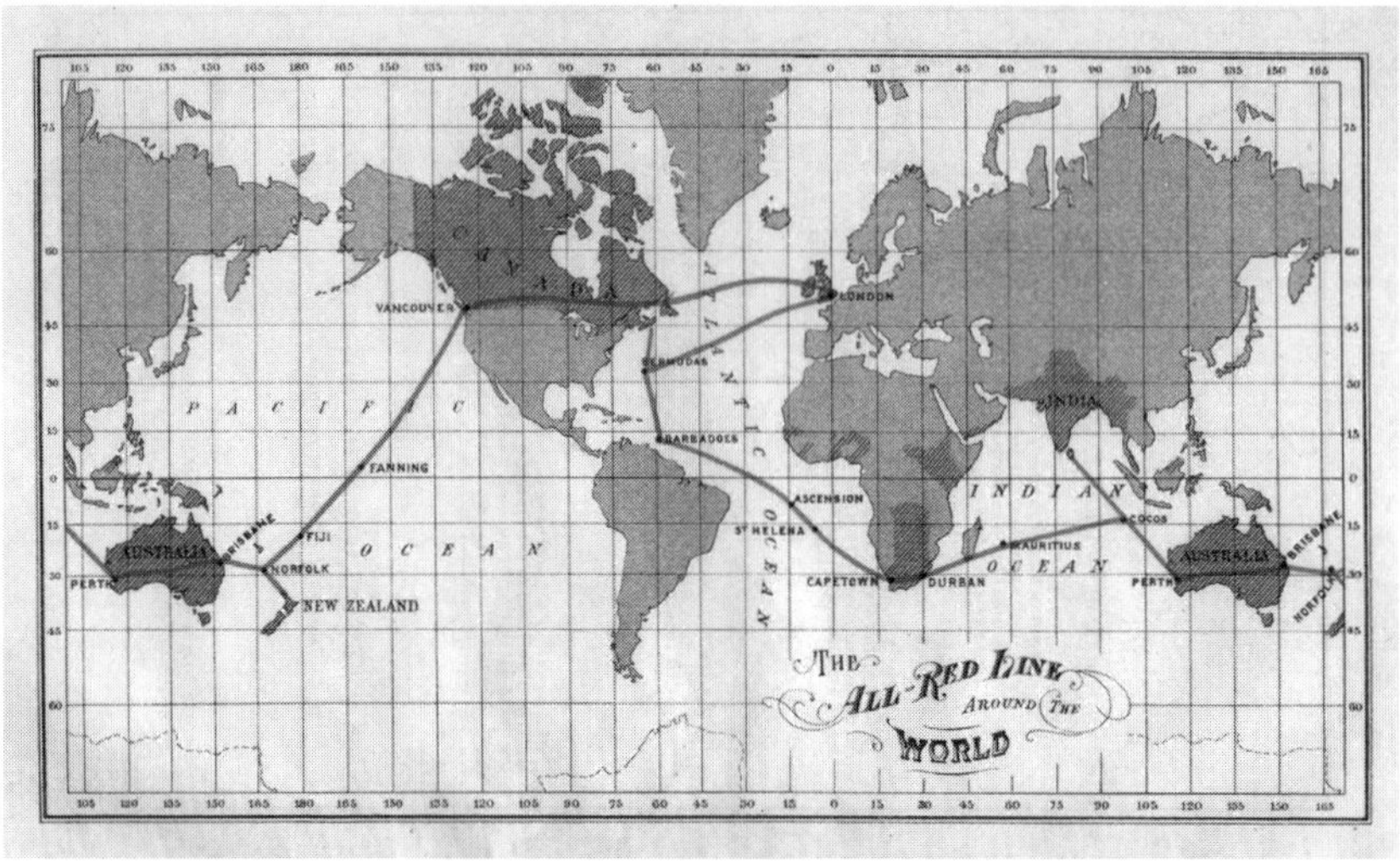

図1　英国のオール・レッド・ルート

英国の国際通信ケーブルは赤色で地図上に引かれ、上海―長崎、ウラジオストック―長崎など多数の支線網が敷設された。

電信網の建設を目指していた。英国単独で全世界の電信網を敷設する構想はオール・レッド・ルート(All Red Route)と呼ばれた。大英帝国の版図を結んだ国際海底電信網が、英国電信会社の世界地図上に赤線で示されていたことから、英国の世界通信網を「Red-Route Cable」、英国単独で基幹回線網を敷設する行為を「All Red -Route」と呼んでいた。一九世紀の英国政府が、国際電信網を単独で拡張する戦略に強く固執する一方、他方では各国が英国の基幹ルートとの非対称(不平等)な契約条件で相互接続を実現していた。こうした英国の国際海底電信網に各国が相互接続を志向していた傾向を、背後の英国の政治力と関連づけて「a virtual fetish」(架空のものに対する信仰）と、羨望と警戒の視線が投げかけられていた。長崎に陸揚げされた長崎―上海海底ケーブルも英国のオール・レッド・ルートを担う重要インフラであったわけだ。世界とアジアとの情報のゲートウエイとして、長崎市千本に海底ケーブルが陸揚げされ、長崎―上海間の電信サービスが始まる。これを機に大北電信はさらに海底ケーブルを上海から香港に延伸し、シンガポール―スエズ運河と地中海を経由して欧州に接続し、大西洋横断ケーブルで米国と接続することで長崎から全世界をカバーする国際通信を実現していった。

2　長崎起点のケーブル―英国支配の電信網

長崎に陸揚げされて始まった日本の国際通信には次の四つの特徴があった。①デンマーク国籍の民間資本である大北電信会社が運営主体であったこと、②大西洋横断ケーブルの運用開始からわずか六年後に日本の国際通信が始まったこと、③日本から欧州大陸のルートは、長崎―上海を起点に香港―シンガポールを経由するアジア海域ルートと、長崎―ウラジオストックを起点にシベリア横断ケーブルと接続するユーラシア大陸ルートの二つのルートがあったこと、④一八八二年に大北電信会社に対して国際電信独占権を付与した結果、海底ケーブルの敷設、料金設定の自由について制約を受けた「不平等条約」的な約定を強いられていたこと―の四点である。

世界制覇の第一歩は海底ケーブルの制覇にあり―。

英国が支配した国際通信網のオール・レッド・ルートは政府直営ではなく民間資本で敷

設し実用化された。海底ケーブル敷設船の投資、ケーブルの補修、敷設中・敷設後の切断といった事業中止の可能性など、巨額投資リスクに政府・議会が迅速に対応できないとの事情もあり、国営事業ではなく、政府の補助を受けた旗艦的事業者が担当する形態が支配的であった。

国際電信網をリードした英国は、世界の海底ケーブルの三分の二を占有し、植民地・軍事戦略上の電信ケーブルと、英国に対して中立国の領域へのケーブル敷設を最優先にし、次いで、商業貿易に配慮したケーブルを敷設するという「二重化戦略」を鮮明にしていた。英国と英国の旗艦的事業者が牽引する形態で、一九〇二年までに全世界の主要なケーブル網を単独で築き上げ、英国を中心に国際電信は海底ケーブルの全盛期を迎える。長崎に陸揚げされた電信ケーブルも日本の近代化を象徴する重要インフラであると同時に、大英帝国の地政学的な戦略を担った重要な戦略資源でもあった。

では、長崎―上海ケーブルが、なぜデンマーク国籍の民間資本に頼り、敷設から運営までの通信事業を委ねたのか。

この疑問の背景には、当時の国際電信ケーブルの地政学的な状況がある。

第一の理由が、幕末から明治維新にかけて、日本にとっての最重要な国際関係の相手国であった米国が、オール・レッド・ルートを政治理念に掲げた英国との国際電信網敷設競争にことごとく後塵を拝したことである。米国の太平洋の電信網拡張は、英国勢との闘いでもあった。英国は国際的雄図の下に、東アジアに海底ケーブル網を拡大し、米国は後れを余儀なくされていく。

英国覇権の優越性は、産業技術と海軍力の双方でいかんなく発揮されていた。英国は産業化においては先進国であり、海底ケーブル製造で防水・絶縁のために使用する樹脂として不可欠なガタパーチャ（Gutta Percha）の生産と販売を独占していた。ガタパーチャは、英国の植民地であったマレー（現在のマレーシアとボルネオ）の現地で生活資材として使用されていた材料である。加工度が高く、水中での耐久性に当時、最も優れていた植物性樹脂であった。防水のための被覆する材料にはゴムが多用されていたが、海水中での耐久性に問題があって使用できなかった。電磁誘導の法則で知られる英国の科学者、ファラデーが、このガタパーチャの耐海水性を検証して以来、英国は東南アジアの植民地で広大なガタパーチャのプランテーション栽培と独占販売権を取得していた。その結果、全世界の海底ケーブル供給を英国が一手に手掛けることができたのである。

英国はそうした産業技術の優位性を武器に世界の国際通信網を建設していくが、米国にも太平洋を横断という壮大な野心を抱く実業家が存在した。

米国人コリンズ（Macdonough Collins）は、ベーリング海峡を横断し、シベリアと北米を海底ケーブルで接続する計画を立案し、米国、ロシア双方が計画実現に向けて邁進した。

米国側からウエスタン・ユニオン電信会社（Western Union Telegraph）が建設に着工し、国際電信網の獲得に野心を持つロシアも一八六六年にはシベリアのキャフタまで陸線の敷設を進めた。しかし、同年、大西洋海底ケーブルの開通によって、シベリアと米国アラスカを結ぶ計画は膨大な投資負担から計画を断念する。この計画は、ユーラシア大陸と北米を結ぶ雄大な内容であり、シベリアに陸揚げされたケーブルは中央アジア、インドを経由し欧州と連結する壮大なものであった。計画は断念されたものの、この時にロシアによってシベリアにまで敷設されたケーブルは、後にウラジオストックと海底ケーブルによって

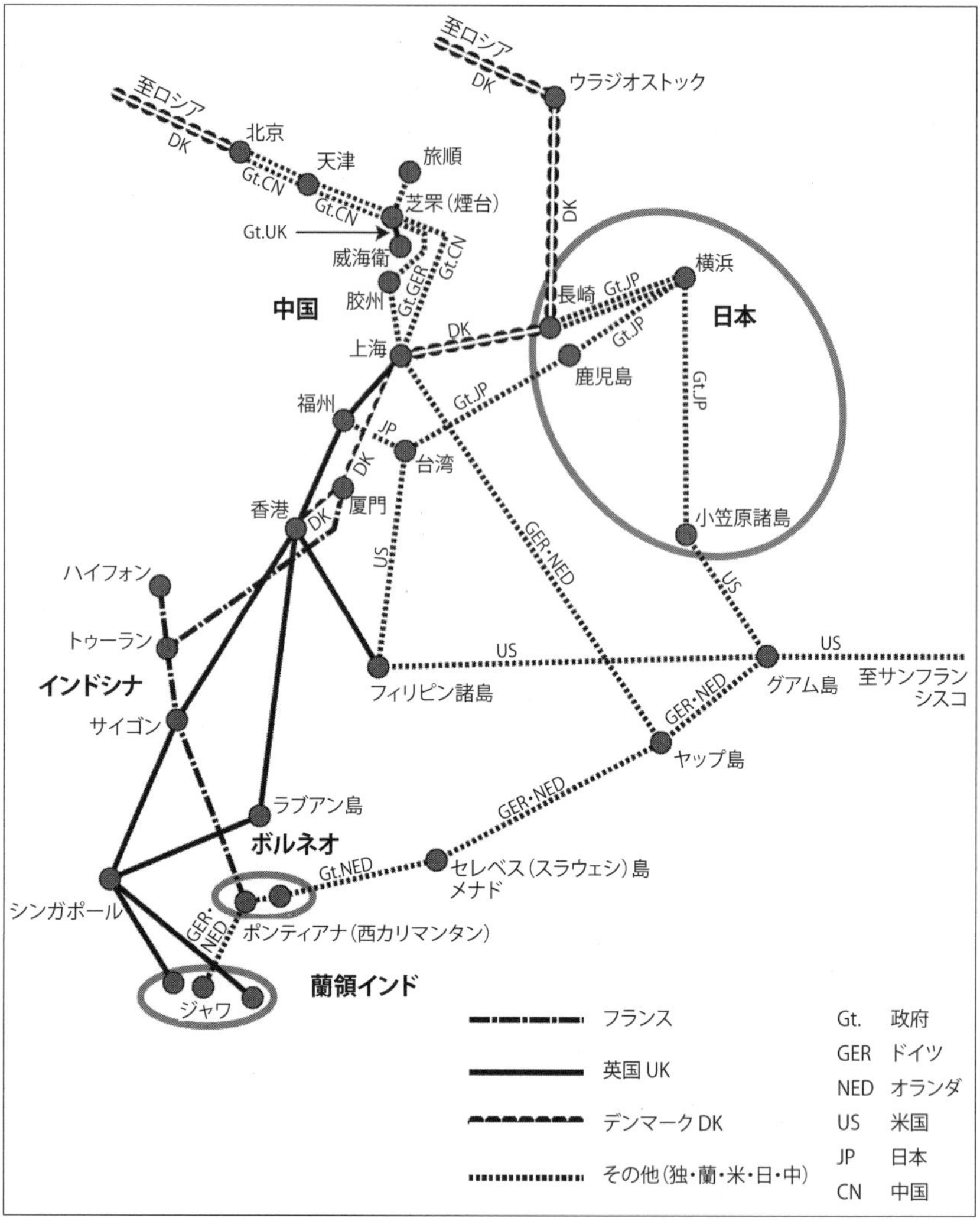

図2　東アジア国際電信網(19世紀末)

東アジアのこれらの国際電信網は、一部の例外をのぞき英国の勢力の下に置かれた(筆者作成)。

長崎を結ぶことになる。

アジアへの勢力圏拡大と国際電信網の延伸を模索していたロシアと、ユーラシア・ルートによって、海域アジアルートによる国際電信網の「二重化」を図ろうとする英国の双方の思惑は一致した。長崎に視線が注がれる地政学的な理由がここに見出せる。

大西洋海底ケーブルが開通し米国資本による太平洋横断ケーブル構想が中止を余儀なくされた一八六六年、国際電信の空白地帯・アジアとその玄関口として長崎に着目したのが、デンマーク・大北電信会社だった。それまでは、どの国も日本の近くまで電信線で伝送されてきた情報を手紙にして長崎に蒸気船で運ぶという、実に非効率な手法にコミュニケーションを委ねていた。大北電信会社は、帝国主義国同士の植民地獲得のための闘争の中で、欧州諸国に対し後衛の位置を余儀なくされていたデンマーク資本の民間会社である。これに英国資本が参加し、コペンハーゲンに設立した、いわば多国籍事業者であった。デンマーク王室とは縁戚関係にあったロシア皇帝自身が、大北電信会社の主要な出資者でもあった。

ロシアは、長崎・ウラジオストック線と接続するシベリア・ユーラシアの架空線（電柱線）を大北電信が建設した後、支配権をロシアが掌握することを前提にウラジオストック・長崎間の海底電信線の陸揚げを大北電信会社に認めた経緯がある。建設関連の技術はすべて英国が独占し、大北電信会社自身にも英国が出資する。大北電信会社はつまり帝政ロシアと密接な関係をもつ、英国系の電信会社であった。

3 格闘する帝国

大北電信会社は一八六九年、ロシアとシベリアを海底ケーブルで接続する陸揚げをめぐり、英国資本と激しく競争を繰り広げた。大北電信会社は北欧を中心にロシアと欧州地域で共同事業の実績があり、デンマーク・ロシア両王室の密接な関係を売りにして、ついに権利を獲得する。権利取得後の大北電信会社は機敏に、英国系資本の東方拡張通信社(Eastern Extension Australasia and China Telegraph Co. 別称・大東電信会社)との間の談合の末、業務範囲を、上海を起点に南側を大東通信会社、以北を大北電信会社という利益配分で合意した。したがってデンマーク資本といえども、ウラジオストックと長崎間に敷設したケーブル事業は大英帝国のオール・レッド・ルートに完全に組み込まれた、「帝国の道具」としての性格を帯びていた。

英国の世界覇権と国際電信網の関係の深さを物語るエピソードとしてインドシナ半島で勢力圏の拡張でしのぎを削ったフランスやオランダ、フィリピンを植民地化したアメリカの国際電信網の事例がある。

英国以外の国際海底ケーブル建設の主体も事実上、この世界通信網に従属的な接続を余儀なくされていた。フランスはインドシナに敷設した植民地電信網を、英国の影響力下にある大北電信会社経由で国際電信幹線網に接続し、オランダも英国系の大東電信会社の幹線ケーブル網を用いてシンガポールを拠点経由し蘭領インドとの国際通信を実現させていた。一八八九年にハワイを併合し、フィリピンを植民地として獲得した米国は一九〇三年、商業太平洋ケーブル社（The Commercial Pacific Cables: CPCC）によってサンフランシスコからハワイ・グアム経由でフィリピンに海底ケーブルを接続した。さらに一九〇六年には、日本（グアム・横浜）、中国（フィリピン・上海）への陸揚げによって、アジアの国際通信網を構築している。しかし、商業太平洋ケーブル社は、英国の世界電信網の延伸を事業化してきた大東電信グループが五〇%、大北電信会社が二五%をそれぞれ出資してできた、経営の実態は英系子会社であった。

現代の海底ケーブル事業は、陸揚げする国家が使用する回線容量に応じて出資する共同事業の形態をとっている。通信費用も発信国側が自主的に決定し、通信事業料収入は国際的な取り決めにしたがい折半し、発信超過した国家は、余分にインフラを使用したという発想からあらかじめ決められた計算料金に応じて受信国に事業収入を支払う国際協調の仕組みである。

英国のオール・レッド・ルートでは、英国の影響下にある民間事業者はこれらの一切の権限を掌中にしていたのである。ロシアのアジア進出の野心と英国の世界戦略が組み合わさった大北電信会社のアジア通信事業によって、押し開かれた長崎をアジアの玄関口とする国際通信も一世紀の歳月にわたってこの制約から逃れるために苦悩し続けることになる。

「長崎―上海―福州―香港」、「ロシア―北京（将来、敷設する陸線ルート）―長崎ルート」。国際政治の力が背後に働きながら、この二つのルートの電信網を接続する契約が、デンマーク資本の大北電信会社と日本との間で交わされていたのである。

4　通信主権をめぐる攻防

大北電信会社による長崎発国際電信ケーブル陸揚げ権の当初の契約期間は七〇年。大北電信会社の日本進出に関しては、英国はもちろん英国のオール・レッド・ルートによるアジアの国際通信によって経済的恩恵を享受するオランダ、ドイツといった西欧列強諸国が中立国として支援していた。もちろんデンマーク政府の強い後押しがあった。世界の覇権を握る大国が築いた国際秩序に、各国が対外関係のコストを軽減しながら利益を獲得する。いわゆるバンドワゴン（勝ち馬）戦略にデンマーク政府と各国事業者が都合よくのっかっていたことになる。

大北電信会社との契約期間の間、日本は既存の国際通信網の運用はもちろん、新規の国際海底ケーブルの敷設も大北通信社に委ねることになる。しかし、明治政府は、中国や英国の植民地だったインドのように英国のオール・レッド・ルートを無抵抗に受け入れてきたわけではない。ちなみに長崎からの電信と接続する「上海―厦門―香港」ルートの中国沿岸ケーブルについても、大北電信会社は、自国で施設運営する意欲のみられない清国政府との間でほとんど折衝もないまま敷設権を獲得し、正式許諾もないまま強引に敷設していた。明治政府は大北電信会社の意図とその背後にあるロシアの野心と英国のパワーポリティックスの所在を読みとり苦闘を続けた。

とりわけ東京―長崎間の国内伝送路の死守は、自国の通信主権を維持するという国家安全保障上の観点からも重大な外交課題でもあった。

大北電信会社は明治政府との交渉に先立つ一八六八年、子会社として「大北・支那・日本拡張電信会社」を設立した。実態のないペーパーカンパニー（偽装会社）である。大北電信会社がデンマーク国王使節を通じて要求してきたのは「長崎―ウラジオストック」と「長崎―上海」の海底ケーブル陸揚げ権だけではなく、函館、新潟、横浜、神戸、長崎の五開港間の電信線敷設権であり、瀬戸内海を通じて海底ケーブルで結ぶことであった。外洋に敷設される海底ケーブルは安定しており事故はほとんど発生しない。瀬戸内海のような浅海では、自然事故、人為的な事故が多発し、その保全のために外国の軍艦が派遣されるのはこの時代には通例であった。

図3　国際電信発祥の地
長崎全日空ホテルの敷地内。「長崎電信創業の地」、「南山手居留地跡」の石柱とともに並んでいる。上海―長崎ケーブルは長崎電信局で日本の国内電信線と連絡した。ここから先はすべて大北電信会社の権利下にあり、日本の管理の外にあった（撮影：平成29年9月、長崎大学・白波宏野）。

外務大輔の寺島宗則らの粘り強い交渉の末、最終的には瀬戸内海の通過ではなく横浜―長崎間の海底ケーブル敷設権に決着がつき、翌七一年には「日本政府により横浜―長崎間の伝送路が整備された場合、大北電信会社は権利行使しない」という約定をデンマーク国王使節に認めさせることに成功した。日本の国際通信の幕開けは外国の資本と技術力に多くを依存したのは確かなことだが、国際通信における国家の主権的権利すなわち通信主権は死守したのである。明治政府が大北電信会社に賦与した国内伝送路の権利は、海底ケーブルの長崎・横浜の二港だけの陸揚げ権であり、独占権は与えてはいなかった。加えてこの海底ケーブルのうち上海―長崎ルートに関し「買収可能」という項目を入れさせることに成功した。一九世紀のアジアの国際通信のゲートウエイとしての長崎の歩みは、このように帝国主義的な攻勢をいかに回避するかという外交努力から始まった。

しかし、日本が帝国主義の後発国として朝鮮半島に版図を拡大する国際情勢下で、国際電信の状況も変わってくる。

壬午事変《じんごじへん》が一八八二年に勃発すると、激動する朝鮮情勢に対し、日本―朝鮮半島間の国際電信網の建設が軍事戦略上、急務となってくる。自前の海底ケーブル敷設技術と資本不足のため、大北電信会社に国際電信ケーブルの独占権を与えざるを得なかった。独占権付与についての内容は六項目にわたるが、ポイントは三点である。①長崎―釜山ケーブル敷設と引換えに大北電信会社に二〇年間の日本（長崎）―アジア間の海底ケーブル敷設・運用の独占権を与えた。②関連政府（ロシア、清国）が認める場合、独占期間が延長される。③大北電信会社が保有する長崎―横浜間海底ケーブルの敷設権を取り消す。

とくに②に関しては、「大北電信会社は、日本におけるアジア大陸や朝鮮半島の対外通信の独占権を得る。また、アジア大陸およびその周辺の台湾・香港・フィリピンなどの島々に独自に海底ケーブルを敷設する権利を放棄し、さらに大北電信会社以外に上記権利を与えない」（石原『国際通信の日本史』一七四頁）と、主権的な権限の完全放棄に等しい内容であった。大北電信会社の独占権はその後一〇年間、延長される。清国および中華民国も一九一二年に独占権を大北電信会社に与えており、これによってアジア全域に及ぶ国際通信の植民地化が決定的となったのである（例外もあった。日露戦争中に敷設した佐世保—大連間の軍事用ケーブルが一般利用に開放されている）。

一八八四年の長崎—釜山ケーブル（長崎—呼子—壱岐—対馬。ただし長崎—呼子間は国内線の位置づけ）の開通以降、日露戦争後の一九〇六年まで、日本の国際伝送路は、一八九八年に清国から買収した台湾—福州ケーブルを除き、大北電信会社が所有する長崎—上海ケーブル、長崎—ウラジオストック間のケーブルのみであった。欧州との通信は、ウラジオストックからシベリアケーブル経由、または上海から香港経由で英国のイースタングループ（The Eastern and Associated Telegraph Companies）の主要会社である東方電信会社（The Eastern Telegraph Co.）および東方拡張電信会社（The Eastern Extension Australasia and China Telegraph Co.：大東電信会社）の回線を経由した。米国との間は欧州経由で接続し、アフリカ、大洋州との間は香港経由であった。

一九〇六年にようやく商業太平洋海底電信会社（The Commercial Pacific Cable Co.）のケーブルと日本政府のケーブルが小笠原で接続され、グアム—ハワイ経由で米国本土との通信が可能となる。これは太平洋をつなぐ国際通信新時代の幕開けでもあった。

5　二一世紀、アジア太平洋の時代に

通信技術革新によって、国際通信では二〇世紀前半までに「トン・ツー」の電信から電話に主役が交代し、日本の国際伝送路も太平洋をつなぐ光ファイバーが海底に張り巡らされ、インターネットのバックボーン回線として提供されている。大北電信会社は長崎における国際電信ケーブルの陸揚げ権をケーブル敷設から九九年後の一九六九年まで保持し続けた。陸揚げ権は、現在では一般に語られることの少ない、些細な権利のようにも思えるが、一世紀にわたって日本と日本人のグローバル・コミュニケーションを制約してきた。大北電信会社の陸揚げ室は長崎の千本（当時は小島であり現在は埋め立てにより消滅している）に保存され、日本の国際通信の一切を受発信し続けた大北電信会社長崎支社は記念の石碑が残るのみである。〝兵どもの夢の跡〟の様相を呈しているが、大北電信会社とともにアジアにおける国際通信の繁栄を象徴する主要な施設の跡である。太平洋に国際伝送路が集中する現在、日本の国際通信ケーブルは長崎に代わって千葉県の房総半島、千倉の海岸に陸

図4　長崎・千本の陸揚げ室

海から陸に挙げた海底ケーブルを陸上の電信線につなぐ施設。ここから長崎支社に専用電信線で送られた（撮影：平成29年9月、長崎大学・白波宏野）。

揚げされている。

長崎を舞台にした国際電信ケーブルをめぐる対外折衝の歴史は、日本が明治維新を経て近代化を進め、東アジアのグレート・ゲームに乗り出す歴史でもあった。帝国としての覇権を目指し没落の道を突き進んだ歴史ともいえる。そして現代東アジアは国際秩序の激動期を迎え、世界経済の成長センターとしても多くが注視する。長崎を起点とした電信の世界の盛衰は、日本の近代化、アジアの拡張的軍事戦略に連動しながらフローのネットワークが没落し太平洋に拠点を移していく過程でもある。二一世紀のアジア太平洋の平和と繁栄にとって長崎の国際電信の跡は多くの教訓を残している。

〔参考文献〕

石井寛治『情報・通信の社会史：近代日本の情報化と市場化』山川出版社、一九九四年
石原藤夫『国際通信の日本史—植民地化解消への苦闘の九十九年—』栄光出版社、二〇〇八年
大野哲也『国際通信史でみる明治日本』成文社、二〇一二年
花岡薫『海底電線と太平洋百年』日東書房、一九六三年
Ahvennainen, Jorma (1981) *The Far Eastern Telegraphs*, Helsinki: Suomalaine Tiedeakastemia.
Headrick, Daniel R. (1981) *The Tool of Empire: Technology and European Imperialism in the Nineteenth Century*, New York: Oxford.

column

国際法からみる長崎

石司　真由美

「国際法と長崎？」——主として国と国の関係を規律する規範である国際法と、地方の一都市である長崎とを並べて語ることに、違和感をもたれた読者もおられるのではないだろうか。しかしながら長崎は、その長きに渡る国際色豊かな歴史性ゆえに、国際法との接点を数多く有する特異な都市なのだ。長崎の地に残る国際法の足跡の一片をたどってみよう。

長崎は外国だった？——「岬の教会」跡

長崎県庁（長崎市江戸町）の庁舎前に佇む石碑は、この地が長崎開港の翌年に建てられた「岬の教会」（被昇天の聖母教会）、そしてイエズス会本部の跡地であることを示している（図1）。「岬の教会」の建設から九年後の一五八〇年、時の領主・大村純忠は、長崎六町と茂木をイエズス会に寄進し、長崎は教会領となった。寄進状によると、行政司法権及び役人の任命権等もイエズス会に譲与されている。長崎が教会領であったのは秀吉が長崎を天領とするまでの八年ほどに過ぎなかったものの、長崎には、異国との玄関口としての歴史だけでなく、長崎の地そのものが「異国」とされ、外国法が適用されていた時代があったのである。

図1　イエズス会本部跡

高陞号《こうしょうごう》事件と国際法―旧長崎英国領事館

一八九四年、東郷平八郎が艦長を務める軍艦浪速が英国船籍の商船である高陞号を砲撃した、いわゆる「高陞号事件」は、当時の開戦・交戦に関する国際法の解釈を巡って国際的に大きな議論を呼び起こすとともに、日本の国際法秩序への台頭を知らしめる事件となった。この事件の取調及び審理が行われたのは、国の重要文化財として現存する旧長崎英国領事館（長崎市大浦町）に設けられた、長崎英国海事裁判所であった（図2）。

また、本事件の解決には、鳴滝塾を開いたことで知られるドイツ人医師フィリップ・フランツ・フォン・シーボルト（一七九六～一八六六）の長男であるアレクサンダー・フォン・シーボルト（一八四六～一九一一）も、日本の外交官として英国側との交渉の任を執った。父に伴われ一二歳で初来日を果たしたアレクサンダーは、長崎の本蓮寺や鳴滝塾跡に滞在した後江戸に向かった。条約改正交渉等の日本の外交実務に携わるようになった後にも長崎を再訪している。

図2　旧長崎英国領事館（写真提供：長崎市教育委員会）

結びにかえて

これらの史跡の他にも、長崎は国際法ひいては近現代の国際的な諸問題を考える上でも、多くの示唆に富んだ地である。枚挙にいとまがないが、イカルス号事件と日英外交、浦上という小さな村にもたらされた信教の自由や大量破壊兵器をめぐる世界史上でも重要な史実、西日本唯一の入国者収容所となった大村入国管理センターと出入国管理の現代的な課題等が例として挙げられるだろう。

ぜひ読者には自らの足で長崎に立ち、この地が織りなしてきた歴史と現代の私たちへのメッセージを感じていただきたい。

戦艦「武蔵」の誕生
——長崎で建造された大和型戦艦——

林　美和

はじめに　～戦後七〇年をこえて、発見された戦艦「武蔵」～

二〇一五年（平成二七）三月二日、マイクロソフト社共同創業者であるアメリカの実業家ポール・アレン氏がツイッター上で日本海軍の戦艦「武蔵」を発見したことを世界中に報告した。「武蔵」は一九四四年（昭和一九）一〇月、レイテ沖海戦に参戦し、フィリピンのシブヤン海で沈没した日本の戦艦である。沈没海域の水深が約一〇〇〇メートルもあることから、船体の発見は難しいだろうと考えられていた。その「武蔵」の船体が七一年ぶりに白日の下に晒《さら》され、新聞・テレビ等のマスメディアにも大きく取り上げられたことは我々の記憶に新しい。

図1　戦艦「武蔵」行幸記念写真

1943年（昭和18）6月24日、戦死した山本五十六司令長官の遺骨を運んで帰国した「武蔵」に昭和天皇が行幸された折の記念写真、前列中央が昭和天皇、左は高松宮殿下、昭和天皇の希望により実現した行幸であった

その一方で、マスメディアが伝える「武蔵」発見のニュースとその盛り上がりについては、現代の若者たちには理解しがたいものだったのかもしれない。七〇年以上前に日本が関わった戦争のこと、その戦争の切り札として建造された戦艦が「武蔵」であったこと、「武蔵」が長崎で極秘裏に建造されたこと等、現代の一〇代・二〇代の若者が「武蔵」が辿った歴史をどれだけ知っているのだろうか。

おそらく、一番知名度の高い日本海軍の軍艦は戦艦「大和」であろう。映画やドラマの題材として頻繁に取り上げられる「大和」は、「一億総特攻のさきがけ」として沖縄に向けて水上特攻を実施し、一九四五年（昭和二〇）四月七日、坊ノ岬沖で沈没した。その悲劇的な最期を迎えた「大和」であるが、ともすれば、「大和」という艦名ですら平成生まれの若者にはなじみが薄いかもしれない。時間の経過とともに、戦争の時代にリアリティを感じる機会は年々減り、記憶の風化は急速に進んでいる。

本稿で取り上げる「武蔵」は、前述した「大和」と同型艦であり、この二隻は大和型戦艦と呼ばれる。大和型戦艦は厳重な機密保持の下で建造されたため、戦時中の日本でこの二隻の存在を知る人はほとんどいなかった。戦後になって日本国民は大和型戦艦の存在を知り、神話化されたのである。そして、太平洋戦争における悲劇の象徴的存在として、日本人の歴史観に刻み込まれていった。

大和型戦艦一番艦の「大和」は海軍の官営造船所である呉海軍工廠で建造され、二番艦の「武蔵」は長崎市飽ノ浦《あくのうら》にある三菱重工長崎造船所（以下、長崎造船所と略記）で建造された。「大和」と「武蔵」は起工（建造着工）から竣工（完成）まで、だいたい半年ほどの時間差があるが、ほぼ同時期に建造されたといってよい。大和型戦艦の建造に際し、長崎造船所に白羽の矢が当たった理由は後述するが、民間造船所において機密漏洩を防ぎつつ、基準排水量六万五〇〇〇トンという未曾有の巨大戦艦を建造することは苦心惨憺の連続であったと推察する。そこで、本稿では長崎造船所で建造された「武蔵」誕生までの経緯を概略するとともに、造船技術と戦争について考えていきたい。

1　大和型戦艦の建造計画　～誕生までの経緯～

一番艦「大和」、二番艦「武蔵」と命名された大和型戦艦は、昭和天皇みずから艦名を選定し、天皇家ゆかりの国名が名付けられた。第三次海軍軍備補充計画（マル三計画）、第四次海軍軍備充実計画（マル四計画）により、大和型戦艦は各二隻、計四隻が建造される予定であったが、一九四〇年（昭和一五）に起工した三番艦「信濃」は対米開戦と戦局悪化の影響により、建造中断と航空母艦への計画変更を余儀なくされ、四番艦の一一一号艦に至っては、起工して一年後には建造中止となり解体された。最終的に、完全なる戦艦の姿をなして生まれた大和型戦艦は「大和」と「武蔵」の二隻しかなく、現在においても世界最大の四六センチ砲を携えた戦艦として、唯一無二な存在感を持ち続けている。そこで、大和型戦艦が誕生するまでの過程について説明していく。

一九一四年（大正三）に勃発した第一次世界大戦の影響により、列強国は軍拡の一途をたどっていた。日本もその潮流の中で、一九二〇年（大正九）に戦艦八隻と巡洋戦艦八隻の建造を計画した（八・八艦隊計画）。しかし、第一次世界大戦の長期化で疲弊した世界情勢と戦後経済不況により国際情勢は一変、軍拡から軍縮へと大きく転換された。第一次世界大戦の戦勝国（米・英・仏・伊・日）を中心に、一九二二年（大正一一）にワシントン海軍軍縮条約が締結され、建艦競争に終止符が打たれたのである。軍縮条約のおもな内容は、①戦艦建造の一〇年間凍結、②新造艦は主砲一六インチ以下、排水量三万五〇〇〇トン以下というものであった。日本への直接的な影響として、保有戦艦一〇隻の維持は認められたものの、戦艦「陸奥」以降の戦艦建造休止が決定し、新主力艦の建造ができなくなった。ワシントン海軍軍縮条約調印以降、各国は海軍休日（ネイバルホリディ）と呼ばれる期間に入り、一九三〇年（昭和五）のロンドン海軍軍縮条約によって、さらに五年間延長された。

海軍休日が一〇年以上続いたことにより、しだいに日本海軍は自国の建艦能力やその維持に懸念を抱きはじめた。そこで日本海軍は軍縮条約の失効を見越して、新主力艦の建造を検討することにしたのである。一九三四年（昭和九）から一年一〇ヶ月をかけて、海軍高等技術会議で新主力艦の艦型を検討し、主砲を四六センチ（＝一八インチ）砲とする艦型（大和型戦艦）が決定した。新主力艦に四六センチ砲を採用した理由は、①各国の主力艦主砲が最大で四〇センチ（一六インチ）砲であったこと、②米国戦艦の防御甲鉄は厚さが一八センチ（七インチ）あり、それを打ち抜くための大型砲が必要であったこと、③工業力・経済力の点からみて、日本は隻数で米国を上回ることはできないため、単艦の威力を最大限に強化する必要があったこと、この三点が挙げられる。つまり、日本は米国との資源力格差を乗り越えるため、「量より質」という考え方で対抗しようとしたのである。

四六センチ砲の搭載を基本路線として大和型戦艦の建造計画は進行していくが、もちろんそれに伴う課題も多かった。船体には主砲発砲時の爆風圧力に耐える安定性能と防御力が求められるため、大きく設計せざるをえない。しかし、船体の表面積が広いと被弾する確率は上がり、幅が広くなると水の抵抗を受けて速力が出なくなる。船体が大きければ強いだろうと思われがちであるが、実は船体が巨大になるほど戦力的には不利に働く。大和型戦艦は基準排水量六万五〇〇〇トン、全長二六三メートル、最大幅は三八・九メートルもある世界一の大きさを誇る戦艦であるが、船体の大きさはむしろ弱点でしかなく、この弱点を克服するための技術革新が必要だったのである。設計に際し、最小限の船体で安定性と速力を維持できるように配慮しつつ、結果として、速力よりも安定性能と防御力を優先させることにした。大和型戦艦は球状艦首（バルバス・バウ）を最初に採用した戦艦であるが、船体抵抗を和らげるための技術導入が率先して実施されている。また、防御面においても火薬庫や機械室、罐室等損傷すると致命傷となる箇所が艦中央にまとめられ（バイタルパート＝主要防御区画）、該当区画は最大厚四一センチの甲鈑で覆うことで強靭な防御力を備えたのである。

大和型戦艦誕生の背景には、軍縮条約によって鬱積した日本海軍の不満と焦りが色濃く反映している。とくに海軍内の造船技術者たちは、建艦能力の維持と向上を図りたいという想いが強く、世界に類を見ない主力艦を設計することを第一の目標とした。それは、戦争の勝敗という概念を飛び越え、造船技術者たちによる自己顕示の表れでもあった。

2　三菱長崎造船所への建造内示

大和型戦艦一番艦は海軍の官営造船所である呉海軍工廠で建造された。呉海軍工廠は唯一製鋼部が設置された工廠であり、東洋一の造船所といわれる規模を誇る。一方で、二番艦を建造することになった長崎造船所は、一八六一年（文久元）に江戸幕府が開設した長崎製鉄所を起源とし、日露戦争以降になると日本海軍の軍艦・艦艇を多数建造した造船所である。民間造船所で建造された日本初の国産戦艦「霧島」（神戸川崎造船所で建造された同型艦の戦艦「榛名」と同日竣工）など、日本海軍の主力艦建造に貢献した歴史を持つ。ここでは長崎造船所が二番艦を建造するまでの経緯について説明していく。

一九三五年（昭和一〇）五月上旬、長崎造船所の渡辺賢介鉄工場長は海軍艦政本部の招電を受けて上京し、海軍から長崎造船所にある第二船台の建造可能最大寸法などの説明を求められた。続いて同月二六日には海軍艦政本部総務部長豊田貞次郎少将が長崎造船所を訪問、立神地区副所長室にて海軍側と三菱側による懇談の場が設けられた。席上で海軍側は「Ｂｅｒｔｈノ幅ハ124ｆｔマデ建造デキヌヤ」（Ｂｅｒｔｈは船台のことを指す）と要望したが、この発言には長崎造船所の第二船台において、大和型戦艦の主要寸法が建造可能か否かを海軍側は確認する意図があったと思われる（一二四フィートは大和型戦艦の最大幅の数値に近い）。また、この懇談以前に大和型戦艦建造に向けての伏線があり、当時、第二船台は海軍の補助金によってガントリークレーンの設置工事を実施していた。海軍は大和型戦艦の建造に向けて、内々で長崎造船所の設備拡充を図っていたことを示している。

図2　現在の三菱重工長崎造船所第二船台

一九三六年（昭和一一）一二月二六日、長崎造船所に大和型戦艦二番艦の建造注文が内示されると、造船所内における設備拡充が本格化する。まず、二番艦を建造する第二船台の船首部が六〇メートル延長され、船台後半部は進水

図3　香港上海銀行長崎支店
1929年（昭和4）、手前中央が香港上海銀行、対岸中央が向島岸壁

図4　遮蔽用の2階建て木造倉庫
1957年（昭和32）頃、倉庫の手前にあるのが英国領事館

時の荷重に耐えるよう鋼パイルで強化した。次いで、ガントリークレーンを長さ三二三・三メートル、幅四五メートル、高さ三六メートルに拡張し、この他にも大量の図面作成に対応するため、第二船台そばに現図場と木工場を新設している。内示後、長崎造船所は大和型戦艦建造という一大プロジェクトに向けて準備を着々と進めていくが、このプロジェクト最大の課題は、前代未聞の巨艦を極秘裡に、造船所近隣の住民にも知られることなく建造するということであった。そこで、造船所対岸や背後の丘陵地帯、住宅地から船台が見えないようにするため、①グラバー邸の買収、②香港上海銀行長崎支店の買収、③英国領事館・米国領事館前を埋め立てて、市営の目隠し倉庫を建設する等の諸対策を講じた。また、第一・第二船台をトタン板と棕櫚《シュロ》縄簾で覆い、船台を隠蔽するための徹底した望見防止策が進められた。

一九三七年（昭和一二）三月には渡辺鉄工場長が技師二名を帯同して呉海軍工廠に赴き、起工前の一番艦建造準備を見学したいと申し出るも、海軍は機密保持を理由に断っている。長崎造船所側が大和型戦艦の情報収集に着手することができたのは、正式発注前の同年六月二三日、馬場熊男技師ほか製図工員一〇名が呉海軍工廠に派遣され、現図を録写した時であった。馬場技師の回想録によると、呉海軍工廠工員と同様の服装を身に付けて外来者と判別できないようにし、録写作業をおこなったという。おそらく海軍側は呉海軍工廠の工員たちに対して、二番艦が同時期に建造されることを隠蔽していたものと思われる。その後、二年半の長期にわたり、長崎造船所から呉海軍工廠へ技師と製図工が派遣され、一番艦の工事用図面の作成に協力する形をとりながら、写し取った大和型戦艦の図面を長崎へ送付する任務を担ったのである。

二番艦の建造準備が概ね整い、起工に向けて具体的な段階に差し掛かると、建造に関わる長崎造船所従業員は、海軍が派遣した造船監督官の前で機密保持を約束する宣誓書に署名・捺印をするように求められた。長崎造船所が所蔵する資料「八〇〇番艦戦艦武蔵建造日誌」の冒頭には、渡辺鉄工場長をはじめ、主要関係者や技師たちが次の宣誓書に署名したことが記録されている。宣誓書の文章をここで抜粋する。

今般当造船所ニ於テ建造ノ第二号艦ニ関スル業務ニ干与〔ママ〕セシメラルルニ当リ之ガ重要ナルコトヲ認識シ、其ノ機密保持ニ附テハ最モ注意シ同艦ノコトニ関シテハ事情ノ如何ニ拘ラズ肉親交友ニ対シテモ一切漏洩スルガ如キコトナキヲ宣誓仕リ候　依テ若シ万一些少ニテモ右宣誓ニ反スルガ如キコトアリタル場合ハ貴社又ハ海軍ニ於テ適当ト認メラルル処置ヲ執ラルルコトニモ異存無之候宣誓書には、二番艦建造にあたって機密保持の徹底を強く求め、家族や友人にもその情報を漏らしてはいけない旨が記されている。宣誓を破った場合は、三菱または海軍によって適当な処置（罰則）がなされることが示されており、処置内容はあえて明記はされていない。機密保持に関わる出来事として、吉村昭の小説『戦艦武蔵』の中で、建造中に発生した図面の紛失事件が紹介されているが、憲兵や警察による過酷な事情聴取、緊迫した造船所内の様子、その後の顛末について詳細が描かれている。

3　戦艦「武蔵」の誕生　～起工から竣工まで～

一九三八年（昭和一三）三月二九日、長崎造船所において大和型戦艦二番艦の起工式が執り行われた。起工式とは船が無事に建造できるように祈願する儀式である。「八〇〇番艦戦艦武蔵建造日誌」によると、起工式には海軍側から造船造兵監督官平田周二大佐が出席し、約四五分程度で終了したと記録されている。この起工式では、式自体を秘匿するために鋲打ちの儀式を略して簡素化された。

起工時、海軍の指示により二番艦の竣工は一九四二年（昭和一七）一二月二八日とされていたが、建造が始まると再三の繰上げが要望され、五回にわたって変更された。これは対米戦へと進んでいく海軍の動向が関係しており、太平洋戦争開戦によって納期が半年繰り上げられた。呉から長崎へ送られた現図は一万九一三枚に及び、それを基に工事用図面二万四五五枚が作成されたが、その図面の枚数は大和型戦艦の規模とその複雑さを物語っ

図5　公試準備中の戦艦「武蔵」
1943年（昭和17）6月、呉軍港にて

図6　旋回公試中の戦艦「武蔵」
27ノット（全力公試）の速度で旋回性能公試運転中

ている。戦局の推移に翻弄されながら、長崎造船所従業員は一五九一日に及ぶ期間、大和型戦艦を生み出す一大プロジェクトに邁進したのである。

起工から約二年半経った一九四〇年（昭和一五）一一月一日、二番艦は進水式を迎えた。進水式とは、船が初めて水に入る儀式であり、同時に命名書が読み上げられる。船の誕生日とも言われる進水式であるが、起工式と同様、極秘裏に執り行われることになった。

機密保持対策とともに、長崎造船所の懸念案件となっていたのが進水作業である。二番艦は船渠（ドック）ではなく、船台上で建造しているため、巨大な船体を滑走させて進水させなければならない。建造されている第二船台から浪ノ平の対岸まで六三五メートルの距離しかないため、進水時の船体停止位置を緻密に計算し、研究実験を重ねていた。船体が対岸へ衝突するのを避けるため、所定位置に停止させるための五二〇トンの制動用の錨鎖が取り付けられ、入念な準備と警戒態勢の下で進水式を迎えたのである。

進水式当日八時三〇分、伏見宮軍令部総長が見守る中、及川古志郎海軍大臣が次の進水命令書を読み上げた。

戦艦武蔵、昭和一三年三月工ヲ起シ、今ヤ船体成ルヲ告ゲ、茲ニ命名ノ式ヲ挙ゲ、進水セシメラル

大和型戦艦二番艦が「武蔵」と名づけられた瞬間である。長崎造船所の小川嘉樹所長が「武蔵」に繋がれた支綱を切断すると巨大な船体は海面に向かって滑走を開始し、五〇五メートルほど走って停止した。進水時、長崎港の水位は一時的に上昇し、対岸である浪ノ平では床上浸水が発生した。この異常な水位上昇に、周辺住民たちは驚いたことであろう。また、進水式に際して長崎港の船舶出入りが禁止され、「武蔵」が向島岸壁に係留されるまでの間は交通を遮断するなど、市民生活にも一時的に影響が及んでいる。

進水後の「武蔵」は呉海軍工廠から運ばれた諸兵器の取り付け、佐世保海軍工廠第七船渠での渠中工事を経て、一九四二年（昭和一七）五月二〇日、運転公試のために呉軍港に向けて長崎を出港した。「武蔵」の運転公試は長崎港外海で実施される予定であったが、太平洋戦争開戦により敵機来襲を警戒し、呉軍港に程近い伊予灘へと変更されている。この出港後、「武蔵」は長崎に戻ることはなく、同年八月五日に呉海軍工廠で竣工式を迎えたのであった。

おわりに

一九四二年八月五日、「武蔵」は呉海軍工廠で竣工式を迎え、その艦尾には軍艦旗が掲

揚された。これは海軍への引渡しを意味しており、「武蔵」は長崎造船所の手を離れ、海軍の管轄下に入った。「武蔵」は民間造船所で建造された軍艦であるため、建造費には三菱側への企業利益が考慮されている。官営造船所で建造された「大和」とは違い、「武蔵」は長崎造船所の造船技術を集約させた、いわば「商品」であった。海軍へ納品された「武蔵」は、建造された長崎港には二度と戻ることはなく、八一二日間という短い艦齢を終えることになる。

竣工式翌日には艦籍は横須賀鎮守府と定められ、姉妹艦の「大和」とともに第一戦隊を編成した。海軍省や軍令部と地理的に近い横須賀鎮守府所属となったことは、連合艦隊旗艦を務めることを意味していた。「武蔵」竣工の直前、日本海軍はミッドウェー海戦で米国に大敗を喫しており、戦局が悪化していく中、一九四三年（昭和一八）二月一一日に「武蔵」は連合艦隊旗艦となった。しかし、心血を注いで建造した「武蔵」が竣工した時、すでに世界は航空戦力の時代に突入しており、活躍の機会はすでに失われていたのである。

図7　戦艦「大和」（左）と戦艦「武蔵」（右）
1943年（昭和18）4月ないし5月頃、トラック泊地に並んだ「大和」と「武蔵」

一九四四年（昭和一九）一〇月二四日、レイテ沖海戦に出撃した「武蔵」は午前一〇時頃からシブヤン海上で米軍機の猛攻撃を受ける。世界最大の火力を誇る戦艦と航空機による戦いは次のような結果であった。

一〇時二五分　爆弾一発、至近弾四発を受け、艦首水線下に進水
一〇時二七分　魚雷四本、爆弾二発、至近弾五発を受け、主砲旋回不能
一二時一七分　魚雷一本、至近弾三発を受ける
一二時二三分　後檣付近の左舷に至近弾
一二時五三分　魚雷四本、爆弾四発を受け、速力は二二ノットに低下
一四時四五分　魚雷一一本、爆弾一〇発以上、至近弾六発以上を受け、速力は六ノットに低下
一九時一五分　傾斜一二度、一九時二〇分に総員退去命令
一九時三〇分　傾斜三〇度を超え、艦内で二回連続爆発し沈没

官民の造船技術が結集して建造された「武蔵」は二年半にも満たない生涯を閉じた。「武蔵」沈没は艦隊決戦に固執し、時代の変化に対応できなかったことが主因であり、これは海軍による運用の落ち度に他ならない。所詮は使い方次第なのである。戦争は人間による愚行でしかない。しかし、「武蔵」を設計した人々、建造に関わった人々、乗艦した人々、それぞれが抱える想いは否定されるべきものでは決してない。

長崎で生まれた「武蔵」の軌跡を知る手がかりは、今も長崎市内に幾つか点在する。三菱重工業長崎造船所史料館には「武蔵」の進水斧や工作機具、第二船台ガントリークレーンの鉄骨などが展示されており、建造当時の実物資料を間近に見ることができる。さらに

戦艦「武蔵」　年表

年	月日	
1938年(昭和13)	3月29日	三菱長崎造船所で起工
1940年(昭和15)	11月1日	進水
1941年(昭和16)	7月1日	佐世保海軍工廠へ回航、1ヶ月後に長崎帰着
1942年(昭和17)	5月20日	呉海軍工廠へ回航
	8月5日	呉海軍工廠にて竣工 海軍に引渡し、軍艦旗掲揚
	8月6日	横須賀鎮守府所属となる
1943年(昭和18)	1月15日	連合艦隊主隊に編入
	2月11日	連合艦隊旗艦となる
	5月17日	トラック島から山本五十六連合艦隊司令長官の遺骨を護送
	6月24日	横須賀港で昭和天皇行幸
1944年(昭和19)	3月29日	連合艦隊司令部が陸上に移り、将旗を降ろす
	4月10日	呉海軍工廠第4船渠に入渠、損傷修理と対空兵装強化工事を実施、27日に出渠
	5月20日	「あ号作戦」（マリアナ諸島での米艦隊迎撃作戦）下令
	6月15日	「あ号作戦」発動
	6月19日	「マリアナ沖海戦」開始
	6月24日	柱島錨地に帰投、以後「捷号作戦」出撃準備
	10月22日	「捷一号作戦」（フィリピン方面での米艦隊迎撃作戦）で、レイテ湾に向けてブルネイ出撃
	10月23日	「レイテ沖海戦」開始
	10月24日	シブヤン海において数次に亘り米軍航空機の空襲、魚雷攻撃を受けて沈没（戦死者数1039名）

は、歴史的景観としてグラバー園や鍋冠山公園から対岸を眺めると、「武蔵」が建造された第二船台や向島岸壁を一望することができるので、是非足を運んでいただきたい。

〔注記〕

本稿の掲載写真はすべて、「個人蔵」である。

〔参考文献〕

牧野茂、古賀繁一監修『戦艦武蔵建造記録　大和型戦艦の全貌』アテネ書房、一九九四年

松本喜太郎『戦艦大和　設計と建造』アテネ書房、二〇〇〇年

吉村昭『戦艦武蔵』新潮社、一九六六年

吉村昭『戦艦武蔵ノート』図書出版社、一九七〇年

出撃する戦艦「武蔵」(個人蔵)
1944年(昭和19)10月22日、ブルネイを出港しレイテ湾を目指す「武蔵」

攻撃を受ける戦艦「武蔵」(個人蔵)
1944年(昭和19)10月24日、シブヤン海で米軍機の攻撃を受ける「武蔵」

column

戦艦「土佐」——軍艦島と呼ばれた由来——

林　美和

二〇一五年(平成二七)に登録された世界文化遺産「明治日本の産業革命遺産　製鉄・製鋼　造船　石炭産業」の構成遺産の一つである軍艦島(正式名称は端島《はしま》)、この通称は、横から見た島の外観が三菱重工長崎造船所(以下、長崎造船所と略記)で建造された戦艦「土佐」に似ていることが由来だと言われている。端島が「軍艦とまがふ」と形容されたのは、一九一六年(大正五)の『大阪朝日新聞』が最初であるが、戦艦「土佐」の姿と酷似しているとして「軍艦島」という通称を用いられたのは一九二一年(大正一〇)の『長崎日日新聞』による報道が初出である。島全体を囲んだ灰色の塀、密集する高層アパート群、この島を遠巻きにして眺めると、まさに軍艦と見紛う景観である。島の形を表現するために引き合いに出された戦艦「土佐」であるが、そもそも「土佐」とは長崎の人たちにとって、どのような存在だったのだろうか。

「土佐」は加賀型戦艦の二番艦として長崎造船所で建造された。一九二〇年(大正九)二月一六日に起工し、完成すれば世界最高水準の戦艦となるはずであった。起工後まもなく、皇太子時代の昭和天皇が造船所を見学に訪れ、「土佐」の鋲打ちを自らの手で実施している。このエピソードから、当時の「土佐」に向けられた期待の高さが理解できる。そして、「土佐」の建造を担当する長崎造船所にとっても、創業者岩崎彌太郎の出身地土佐国(現在の高知県)を艦名の由来とする戦艦を建造することは誉れであり、会社の威信をかけた事業でもあった。

日本海軍による八八艦隊計画の主力艦として建造され、進水を直前に控えていた「土佐」の運命を大きく変える出来事が起こる。世界各国による軍拡競争を抑制するため、一九二一年(大正一〇)一一月から開始されたワシントン会議の中で海軍軍縮問題が取り上げられ、主力艦保有数の制限について討議されることになったのであ

図1　長崎造船所の戦艦「土佐」（個人蔵）

図2　戦艦「土佐」進水絵はがき（個人蔵）
完成予想図が描かれており、長門型戦艦によく似た形をしている

る。建造中である「土佐」は、この会議の内容次第によっては廃艦となる可能性があるため、長崎造船所をはじめ長崎の街中で「土佐」の先行きを心配する声があがり、新聞等のメディアもこの案件を大々的に取り上げた。同年一二月一八日に「土佐」は進水式を迎え、長崎市内は空前の賑わいをみせたという。式場において長崎造船所所長の斯波《しば》孝四郎は、ワシントン会議の結果によっては予定の工事ができなくなることを示唆しつつも、「土佐」を納期までに海軍に引き渡す覚悟で建造を進めていくことを宣言した。この言葉を受け、海軍艦政本部の山本開蔵造船中将は世界情勢に翻弄されつつも、条約締結前に「土佐」の進水にこぎつけた長崎造船所職員たちの努力をたたえ、感謝の念を伝えている。

一九二二年（大正一一）二月五日、ワシントン海軍軍縮条約が締結され、「土佐」の建造中止が決定した。船体部分は最上甲板より下部は完成していたが、艦橋や煙突などは未成のまま海軍に引渡されることになった。同年七月三一日、「土佐」の引渡式で読まれた斯波所長の式辞を一部抜粋する。

本艦が、完成に先だち廃棄の運命に遭ふ、我等が生涯を通じて最も重大なる事業の一つなりと信じ、心身の力を秘め、熱血を絞りたる事業が成果を見るに至らず中止するの止むなきに至り、然も廃棄の運命に遭ふ事、

我等の遺憾悲痛の情真に比ふるに物なく、断腸の思ひ手足を切らるゝより尚苦しき感なくんばあらず

長崎造船所の開所以来、当時最も大きな造船事業であった「土佐」建造が中止となったことを受け、斯波所長は「手足を切ら」れると形容するほどの悲痛な思いを式辞に込めた。

「土佐」の廃艦は長崎造船所職員のみならず、長崎の人たちにも大きな悲しみを与えた。のちに小説『長崎ぶらぶら節』の主人公のモデルとなった丸山町の名妓・愛八は、「土佐」への名残りを惜しみ、海軍士官たちを目の前にして次の唄を披露した。

土佐は好子《よいこ》じゃ　此子を連れて　さつま大隅富士で曳く
鶴の湊に旭はさせど　わたしゃ涙に呉みなと

（要約…「土佐」は素晴らしい艦になるはずだったのに、未完成のまま軍艦「富士」によって、鹿児島の大隅海峡を経由して呉軍港へと曳航される。長崎港には朝日が差し込んでいるが、私は「土佐」の行く末を思い涙にくれている。）

引渡式を終えた「土佐」は呉軍港へ曳航され、標的艦として射撃実験に従事、その実験成果は大和型戦艦の防御設計や徹甲弾の開発に活かされた。一九二五年（大正一四）二月九日、一連の実験を終えた「土佐」は艦名の由来となった土佐沖で海没処分された。数奇な運命をたどった「土佐」であるが、艦上の艤装が未着手のまま、艦橋も作られていなかったため、横から見た姿はたしかに島のような形をしている。端島を見て「土佐」の姿に想いを馳せる、それだけ長崎の人たちにとって、「土佐」は思い出深い艦なのである。

キリスト教の受容と展開
——世界遺産への道のりをたどる——

才津祐美子

はじめに

長崎県は、キリスト教と関わりが深い土地である。街中や島々に点在する教会は、独特の異国情緒を醸し出し、多くの人々を惹きつける観光資源にもなっている。長崎県では、二〇〇〇年からこれらの教会群を世界遺産に登録しようという運動が展開されており、次の世界遺産候補として二〇一七年二月に「長崎と天草地方の潜伏キリシタン関連遺産」の推薦書がUNESCOに提出された。ただし、この世界遺産候補の構成資産一二件で知ることができるのは、長崎県におけるキリスト教の歴史の一部にすぎない。本章では、長崎県におけるキリスト教の受容と展開の歴史的経緯を概観した上で、改めて世界遺産への道のりをたどってみようと思う。そうすることで、この世界遺産候補をまた新たな視点で見ることができるようになると考えている。

1　キリスト教の布教

長崎県におけるキリスト教の布教は、フランシスコ・ザビエルが平戸にやってきたことからはじまる。一五四九年に鹿児島に上陸したザビエルは、一五五〇年に平戸を訪れた。この年はじめて平戸に入港したポルトガル船が自分宛の手紙を運んでくるとわかっていたからである。当時平戸を治めていた松浦隆信《まつうらたかのぶ》は、ポルトガルとの貿易を進めるため、ザビエルに平戸での布教を許した。長崎県におけるキリスト教の布教は、南蛮貿易とともにはじまったのである。こうした傾向は、九州の諸領主に共通するものだった。ただし、戦国大名・領主だけでなく、財政的裏付けのなかった宣教師たちもまた、ポルトガル船の援助を必要としていたのである。

平戸での布教の結果、多くのキリシタン(1)が生まれたが、その際仏教寺院が教会に変えられ、仏像が焼かれたこともあった。これには仏教側から抗議が起こり、松浦隆信はこの時に平戸で布教していた宣教師を追放している。教会も破壊された。また、一五六一年には「宮の前事件」(2)が勃発した。そこで宣教師とポルトガル船は新たな入港先を探し、一五六二年に西彼杵《にしそのぎ》半島や長崎を治めていた大村純忠《おおむらすみただ》と開港協定を結んだ。開港されたのは大村領の横瀬浦（現西海市）である。横瀬浦には教会が建てられ、一五六三年には領主の大村

（1）　キリシタンとはポルトガル語のchristaoがそのまま日本語になったものである。キリスト教そのもの、およびそれを信じる者（信者）を指す。

（2）　平戸の七郎宮の前で、商取引を巡ってポルトガル船員と日本人が揉めて、ポルトガル人一四人が殺害された。

純忠も横瀬浦で洗礼を受けた。日本初のキリシタン大名の誕生である。ただし、翌一五六四年に横瀬浦は焼き討ちに遭い、ポルトガル船の寄港地は平戸にもどった。しかし、宣教師たちの松浦隆信への不信から、貿易港はまもなく大村領の福田浦（現長崎市、領主は大村純忠の家臣・福田左京亮兼次）や大村純忠の実兄である有馬義貞《ありまよしさだ》が治める口之津《くちのつ》（現南島原市）、そして長崎（領主は大村純忠の家臣・長崎甚左衛門純景）へと移っていった。

この貿易港の変遷は、キリスト教布教地のさらなる拡大に繋がることになる。例えば、口之津を基点とした布教は、五島や天草島へと広がった。また、口之津港近くの有馬（現南島原市）には一五八〇年にセミナリヨ（修道者を養成するための中等教育機関）が創設され、キリスト教教育の拠点となった。一五八二年に九州のキリシタン大名（大村純忠、有馬晴信、大友宗麟）の名代として派遣された天正遣欧少年使節の四人の少年は、このセミナリヨの出身者である。

図1　教会と寺院が混在する現在の平戸
（2017年2月28日才津撮影）

一五六五年以降、最も多くポルトガル船が入港していたのは福田浦だったが、福田浦は外海に面していて風浪が激しく、貿易港としては良港とはいえなかった。そこで、より適した港を探していた宣教師が見つけたのが長崎港だった。長崎もまた大村領であっため、一五七〇年に大村純忠と協定を交わし、新たな貿易港とした。翌一五七一年からポルトガル船が入港するようになったのだが、同年から長崎の町も大きく変化を遂げることになる。

長崎港の開港が決まると、大村・島原・平戸・横瀬浦・志岐・五島・博多・山口などから多くの人々が長崎に押し寄せた。この急激な人口増に対応するため、長崎港に突出した岬に新たな町（六ヵ町）が建設されることになった。その後貿易港として順調に発展していった長崎は、六ヵ町周辺の内町からその周りの外町へと拡大し、人口も増大していった。住民はほとんどがキリシタンだったという。一五八〇年に長崎は茂木と一緒に大村純忠・喜前《よしあき》父子からイエズス会に寄進された。また一五八四年には浦上が有馬晴信からイエズス会に寄進された。長崎港にポルトガル船が来港する以前から長崎には教会があった（一五六九年建造のトードス・オス・サントス教会）が、一五七一年以降は多くの教会が建てられた。

キリシタン領主たちは、信仰心の深化や支配権の強化・安定にともない、家臣や領民、仏僧に改宗を強制するようになった。信仰における共通の倫理的規範と戒律を通じて家臣統制と領民支配を行おうとしたのである。有馬・大村両氏はそれが顕著だった。また同時に社寺の破却と教会への転用、仏像の破壊・焼却などを行った。

2　禁教と潜伏

日本におけるキリスト教の禁教は、一五八七年に豊臣秀吉が出した、いわゆる「バテレ

（3）一五九六年にスペイン船サン＝フェリペ号が土佐に漂着した。豊臣秀吉は増田長盛を派遣し、積荷をすべて没収した。その際、増田の質

ン追放令」からはじまった。翌一五八八年には長崎と浦上が秀吉の直轄領となる。ただし、これはキリスト教の布教を禁じたものであり、領主からの強制でない限り、人々が信仰することまでは禁止されていなかった。また、ポルトガル船との貿易はそのまま続けられたため、結局は布教自体も黙認されたような形になっていた。しかし、サン＝フェリペ号事件（一五九六年）(3)を経て、一五九七年に再び豊臣秀吉による禁教令が出された。これによって大阪と京都で活動していたフランシスコ会(4)の宣教師ら（一部イエズス会）二四名が捕縛され、処刑のために長崎に送られた。道中で捕縛された二名を加えた二六名は、長崎の西坂で磔の刑に処せられた。彼らは日本における最初の殉教者とされている。

まもなく江戸時代になり、しばらくはまた布教が許される状態になったが、江戸幕府は次第にキリスト教への態度を硬化させていく。江戸幕府はまず一六一二年に直轄地に対して教会の破壊と布教の禁止を命じた禁教令を公布した。なお、同年最後のキリシタン大名であった有馬晴信が岡本大八事件(5)で自害させられた。晴信の息子である直純は棄教し、長崎奉行の長谷川藤広とともにキリシタンを弾圧していく。ちなみに、大村純忠の死後（一五八七年逝去）に家督を継いだ喜前もまた棄教し、領内のキリシタンに厳しい弾圧を加えていた。かつて家臣や領民のキリスト教への強制改宗を行った有馬・大村両氏が一転してその領民たちを弾圧するようになったのである。

一六一三年に禁教令が全国に広げられた。これによって長崎と京都にあった教会は破壊され、一六一四年には宣教師や主だったキリシタンがマカオやマニラに国外追放された。こうして公的にキリスト教は禁止になり、徐々に取り締まりが厳しくなった。それは一六一六年に徳川家康が死去し、秀忠に権力が集中するようになってから激しさを増した。

問に答える形で航海士が、スペインは世界中と取引をしようとしており、厚遇すれば味方となり、虐待すれば領土を奪うと述べ、それを先導するのが宣教師だと認めたという。

（4）日本で布教を行ったのは、イエズス会（一五四九年〜）、アウグスティヌス（アウグルティノ）会（一五八四年〜）、ドミニコ会（一五九二年〜）、フランシスコ会（一五九三年〜）の四会派だった。一五八七年のバテレン追放令以降、イエズス会が慎重に行動していたのに対し、禁教令後の一五九三年から日本での活動をはじめたフランシスコ会は精力的に布教を行ったため、このような事態を招いたといわれている。

（5）徳川家康の側近本多正純の家臣でキリシタンの岡本大八が、恩賞斡旋を理由に有馬晴信から多額の金品を詐取したり、朱印状を偽造したりした。大八は投獄され、拷問を受けて罪を認める一方で、晴信が長崎奉行長谷川藤広の謀殺を企てていると訴えた。一六一二年に両者を尋問した結果、晴信も藤広への害意を認めたため、大八は駿府阿倍河原で火刑に処せられ、晴信も改易・甲斐への配流後に自害させられた。

一六一六年から島原藩の藩主となった松倉重政は、領民に過重な年貢・労役を課すとともに、領内のキリシタンには一六二七年から雲仙地獄において温泉の熱湯を用いた拷問をはじめた。跡を継いだ息子の勝家もさらに過酷な重税を課し、それを納められない者に厳罰を加えた。一六三七年、たまりかねた領民が同様の圧政とキリシタン弾圧に苦しんでいた肥後天草諸島（唐津藩の飛び地、領主は寺沢堅高）の領民とともに隆起したのが「島原の乱」である。この時、領民三万七〇〇〇人あまりが原城に立てこもった。翌一六三八年、一揆軍は皆殺しにされて乱は鎮圧された。

幕府は一六三九年にポルトガル船の入港を禁止し、この後さらに禁教と鎖国政策を推し進めていく。長崎は江戸幕府の直轄地となり（一六〇五年）、長崎港には出島が築かれ（一六三五年完成）、幕府が直接管理する唯一の海外貿易拠点となった。

幕府主導によるキリシタンへの徹底的な弾圧の結果、領民全員がキリシタンというところもあった長崎県下においても、キリシタンはほとんどいなくなった。しかし、中には秘密裏に信仰を続けた人々がいた。浦上（天領、現長崎市）、外海《そとめ》（大村領と佐賀領の飛び地、現長崎市）、平戸島・生月島《いきつき》（松浦領、現平戸市）に残ったキリシタンたちは、表面上は絵踏などの宗門改を課されながらも、信仰組織を維持し、口頭伝承でオラショ（祈祷文）等を伝えていた。ここでは、彼ら／彼女らを「潜伏キリシタン」と呼ぶ。長崎県下の潜伏キリシタンには二つの系列がある。浦上・外海系と平戸・生月系である。前者と後者では、組織のあり方、行事の内容や方法、オラショの内容や唱え方など、さまざまな違いがある。

また、一八世紀末〜一九世紀初頭に藩主導で行われた政策によって五島列島（五島藩と平戸藩、現五島市・新上五島町・小値賀町・佐世保市）や黒島（平戸藩、現佐世保市）に移住した潜伏キリシタンもいた。五島列島の場合、一七九七年に一〇八人が福江島の六方の浜に到着したのを皮切りに、最終的には三〇〇〇人あまりも移住したといわれており、そのほとんどが潜伏キリシタンだったと考えられている。移住者たちは五島列島の島々に散らばって開拓・生活しつつ信仰を続けた。また黒島では、一九世紀初頭に平戸藩が田畑の開墾のために島外からの入植を許可した際、外海地方や生月島から潜伏キリシタンが移住した。この他私的に移住した潜伏キリシタンもいた。

3 鎖国の終焉とキリスト教の復活

一八五三年に四隻の黒船が来航し、翌年にアメリカ合衆国と江戸幕府との間で和親条約が結ばれたことで、鎖国は終焉を迎えた。一八五八年には日米修好通商条約が締結された。日本は同様の条約をイギリス・フランス・オランダ・ロシアとも結び、これにもとづいて一八五九年に横浜、箱館、長崎、神戸、新潟の五港を開港して外国人の居留を認めた。この外国人居留地においては信教の自由が認められており、礼拝堂を置くことも許されていた。一八六三年にはパリ外国宣教会の司祭がはじめて長崎を訪れ、一八六五年に外国人居留地である大浦に天主堂が建てられた。長崎に教会が建てられたのは、実に二四五年ぶりのことだった。これが現存している大浦天主堂である。

大浦天主堂は当時「フランス寺」と呼ばれ、見物人が多数つめかけた。噂を聞きつけて浦上の潜伏キリシタンたちも訪れ、プチジャン神父にキリシタンであることを告白した。

図2　大浦天主堂（2013年8月11日中村淳撮影）

これがいわゆる「信徒発見」であり、ここからキリシタンの復活（カトリックへの復帰）がはじまる。この動きは、長崎県下のみならず天草（熊本県）や今村（福岡県）にも広がり、多くの潜伏キリシタンたちが神父と接触し、指導を受けるようになった。しかし、これが大きな悲劇につながる。浦上では、パリ外国宣教会の神父や伝道士との関係を深める一方で、キリスト教の信仰を表明し、仏教寺院との関係を絶とうとする動きがみられるようになった。それは奉行所の知るところとなり、一八六七年に多くの人々が捕縛された。キリシタン禁制はまだ続いていたからである。この時に捕縛されたものは一旦釈放されたが、長崎奉行は監視を続け、問題は明治新政府に引き継がれた。一八六八年に新政府のキリスト教に対する政策は幕府と同様のものであることが示され、浦上のキリシタン三〇〇〇人以上が西国を中心とした二〇藩に流罪となった。これが「浦上四番崩れ」と呼ばれる出来事である。同時期に五島でもキリシタンの捕縛や拷問などが行われた（「五島崩れ」）。また一九七一年には佐賀藩深堀領だった外海の一部や神ノ島、伊王島などのキリシタンが捕縛され、佐賀に送られた。

欧米列強の政治的圧力によって明治政府がキリシタン禁令の高札を撤廃したのは、一八七三年だった。以後、長崎県下で潜伏してきたキリシタンたちは次々にカトリックに復帰していった。

4　カトリックに復帰しなかった潜伏キリシタン―かくれキリシタンの現在

長崎県下には多くの潜伏キリシタンがいたが、実は全員がカトリックに復帰したわけではない。禁教令が撤廃された後も、従来の信仰のあり方を維持する人々が少なからずいたのである。この復帰しなかった人々を禁教期の潜伏キリシタンと区別するために「かくれキリシタン」[6]と呼ぶ。かくれキリシタンがカトリックに復帰しなかった理由としては、①先祖が命をかけて守り伝えてきたことをそのまま継承することが先祖供養になると考えているから、②禁教期に見て見ぬふりをしてくれた檀那寺に恩義があるため、③自分たちの神様の存在を信じているため、などがあげられている。また、こうした理由とは別に、幕末に生じた人間関係のもつれが要因の一つとなっている例がある。例えば、外海の出津《しつ》で復帰するか否かを分けたのは「野中騒動」であるといわれている。出津は佐賀藩深堀領の飛び地であり、二六〇戸のうち一戸（医師）以外は潜伏キリシタンだった。一八六五年の大浦での信徒発見から半年後、プチジャン神父がこの地を訪れた。以後、一部の住民が仕事を休んで教理やオラショを学ぶようになり、伝道士として活動するものも出てきた。しかしまだキリシタン禁制下であったため、一八六七年、発覚を恐れた庄屋が村役を集めて

（6）「かくれキリシタン」や先に出てきた「潜伏キリシタン」という呼称は、研究者が便宜上名付けたものである。

相談し、彼らの意気をそぐために、彼らが所持していた聖画を盗み出した。そして聖画を取り返しに来た人々と庄屋たちの間で刃物を持ちだしての大騒ぎになってしまった（刃物によるけが人はいなかった）。結局その夜庄屋が聖画を返したことで騒ぎは収まったという。これが野中騒動の顛末だが、禁教令撤廃後も庄屋側はカトリックには復帰せず、かくれキリシタンとして従来の信仰形態を保持することになった。

このように、理由はさまざまだが、禁教令撤廃後、潜伏キリシタンはカトリックとかくれキリシタンとに分かれたのである。また、その後かくれキリシタンから仏教徒になったり、神道になったりした人々もいる。かくれキリシタンは徐々に数を減らし、二〇一七年現在信仰組織が残っているのは、外海（長崎市）、五島列島（上五島町）、生月島（平戸市）だけだと思われる。

5　世界遺産への道のり――「長崎の教会群」から「潜伏キリシタン関連遺産」へ

カトリックに復帰した人々は、宣教師とともに、それぞれの地域に次々と教会を建設していった。その際、信者たちは私財と労働力を惜しみなく提供したという。世界的な観点からみれば、これらの教会建築そのものは、おそらくありふれたものだろう。しかし、これまで見てきた歴史的経緯を重ね合わせると、長崎県内の津々浦々に点在する小さな教会たちには、建築物以上の「価値」が見出されることになる。こうした教会群を世界遺産にしようという動きがはじまったのは、二〇〇〇年からである。とりわけ世界遺産登録への

図4　「ガスパル様」と呼ばれている殉教碑。1609年に生月島で最初の殉教者となった西玄可（洗礼名ガスパル）が妻子とともに殉教した場所といういわれから1991年に建造されたもの（2017年2月28日才津撮影）

図3　ICOMOSの中間報告を受け、構成資産からはずされた田平教会堂（2017年2月27日才津撮影）

図5　ガスパル様が立つクルスの丘公園から見た中江ノ島（2017年2月28日才津撮影）

機運を一気に高める契機となったのが、二〇〇七年の暫定リストへの記載だった。二〇〇六年に文化庁が募った暫定リスト追加記載候補に長崎県が「長崎の教会群とキリスト教関連遺産」（以下「長崎の教会群」）として応募し、採択されたのである。

暫定リスト掲載当初「長崎の教会群」の構成資産候補は教会建築を中心とした二〇件だったが、ここから実際に世界遺産候補として推薦されるまでに、専門家による構成資産の見直しが行われた。その過程で、江戸初期のキリシタン殉教地であり、潜伏キリシタンゆかりの地でもある（さらにいえば、かくれキリシタンにとっても聖地である）「中江ノ島」が入ってきたり、国の文化財に指定されなかったものははずされたりした。最終的には一四件の構成資産に絞られて、正式な推薦書が二〇一五年一月にＵＮＥＳＣＯに提出された。この推薦書では、「長崎の教会群とキリスト教関連遺産」の世界遺産としての顕著な普遍的価値は「一六世紀以来の東西交流と、この交流のなかで生まれた文化的伝統を物語る顕著な物証である」ことにあるとされていた。

順調にいけば、「長崎の教会群」は二〇一六年の七月に世界遺産に登録されるはずだった。ところが、二〇一六年一月一五日に通知されたＩＣＯＭＯＳ（国際記念物遺跡会議）の中間報告で「長崎の教会群」は厳しい評価を受けてしまった。中間報告における指摘は多岐にわたるが、とりわけ重要なのが「日本のキリスト教コミュニティの特殊性は、二世紀以上もの間、禁教と迫害のもとで忍耐を続けたことにあるため、禁教期の歴史的文脈に焦点を絞った形で推薦内容を見直すべきである」という指摘である。そこで、長崎県と日本政府は一旦推薦を取り下げ、再推薦することにした。二〇一七年二月にＵＮＥＳＣＯに再提出されるまでに、構成資産と資産全体の価値づけが再検討された。その結果、禁教期と直接的な関係がない二件が構成資産からはずされ、名称も「長崎と天草地方の潜伏キリシタン関連遺産」（以下、「潜伏キリシタン関連遺産」）に変更された。また、この遺産に見られる顕著な普遍的価値は「長崎地方の潜伏キリシタンが禁教期に密かに信仰を続ける中で育んだ、宗教に関する独特の文化的伝統を物語る顕著な物証である」ことに変わった。価値づけの焦点が復活後に立てられた教会群から潜伏期の文化的伝統に完全にシフトしたのである。といっても、潜伏期はもともと世界遺産の基準を満たす物証が少ない。したがって、結局は「長崎の教会群」の時の構成資産の意味づけ（物語）を変化させたものにすぎない内容になっている。

6　世界遺産とかくれキリシタン

先述したように、次第に数が減っているものの、かくれキリシタンは現在もなお存続している。「長崎の教会群」が暫定リストに記載されて以来、かくれキリシタンは潜伏キリシタン時代の習俗を今に伝える存在として注目を集めるようになってきた。一〇〇年以上前に袂を分かったカトリック信者が建てた教会群の価値づけにかくれキリシタンが利用されるような事態が見受けられたのである。そして現在世界遺産候補の焦点が完全に潜伏キリシタンにシフトしたことで、ますますかくれキリシタンへの関心が高まっている。しかし、かくれキリシタンの価値を真に認めるのであれば、これまでの「日本におけるキリスト教の布教─弾圧および潜伏─（カトリックへの）復帰」という非常に単純でわかりやすいストーリーもまた見直さなければならないはずである。例えば、キリスト教布教時の既存宗教との軋轢や潜伏期にキリシタンを黙認した（それゆえに信仰を続けることができた）といわれる仏教寺院の存在、カトリックに復帰しなかったかくれキリシタンたちの歩み等、もっと重層的なストーリーを描く必要が出てくるだろう。

もしもこのままの構成資産で世界遺産に登録されたとしても、それを訪問する皆さんには、世界遺産はあくまでも断片であることを知り、その背後にある多様な歴史に興味を持ってもらえればと思う。

7 長崎県下のキリスト教関連遺産

長崎県下に見られるキリスト教の受容と展開に関する遺産について、いくつか紹介しておきたい。

○トードス・オス・サントス教会堂跡（春徳寺）（長崎市）
トードス・オス・サントス教会堂は、一五六九年に建てられた長崎で最初の教会である。一五九七年にはセミナリヨやコレジヨ（司祭を育てる十年制の大学）、活版印刷所が一時設けられ、一六〇二年と一六〇五年にはイエズス会の修練院も開かれた。一六一四年の禁教令によって廃され、一六四〇年に春徳寺が建立された。教会時代の井戸が今も残る。

○生月島と中江ノ島（平戸市）

生月島は日本にキリスト教が伝えられた初期に当時の領主がキリスト教に改宗したことによって島民のほとんどが改宗した島であり、今もかくれキリシタンの組織がある。その信仰の様子は、平戸市生月島博物館・島の館の展示解説に詳しい。この生月島の沖合に浮かぶのが構成資産の中江ノ島（構成資産名は「平戸の聖地と集落（中江ノ島）」）だ。長さ四〇〇メートル、幅五〇メートルの無人島で、禁教期には平戸藩によるキリシタンの処刑が行われた殉教地の一つである。潜伏キリシタン時代から現在まで生月島のキリシタンが「お水」と呼ぶ聖水を採取する聖地でもある。

○大浦天主堂（長崎市）

大浦天主堂は、一八六四年に建てられた（一八九五年に改築）日本最古の現存するキリスト教建築物である。パリ外国宣教会の宣教師の指導のもと、日本の大工棟梁が建設した。文化財保護法の前身の一つである国宝保存法の頃から国宝に指定されており（一九三三年）、文化財保護法においても一九五三年に国宝に指定された。洋風建築としては初の国宝指定だった。もちろん「潜伏キリシタン関連遺産」の主要な構成資産の一つである。

本天主堂は殉教した二十六聖人に捧げられたもので、正式名称を日本二十六聖殉教者堂という。先述したが、創建直後の「信徒発見」からはじまった大浦天主堂の宣教師と各地の潜伏キリシタンとの接触は、カトリックへの復帰につながったばかりでなく、最後の大弾圧やかくれキリシタンを生み出す契機にもなるなど、多大な影響を与

図6　出津教会堂（2009年7月23日才津撮影）

図7　黒崎教会堂（2009年7月23日才津撮影）

えた。

○外海の出津・黒崎集落（長崎市）

構成資産である出津集落には、一八七八年に出津主任司祭として赴任したパリ外国宣教会所属のフランス人宣教師であるド・ロ神父が造った出津教会堂、出津救助院（現在は展示施設）、鰯網工場（現ド・ロ神父記念館）といったカトリック復帰直後の様子を伝える建造物が現存している。また、禁教期以来のキリシタン習俗関連資料が展示された外海歴史民俗資料館もある。黒崎集落には黒崎教会がある一方、潜伏時代から続くキリシタンの聖地・枯松神社（コラム参照）がある。

〔参考文献〕
五野井隆史『日本キリスト教史』吉川弘文館、一九九〇年
才津祐美子「『長崎の教会群』世界遺産推薦取り下げから見えてくるもの」葉柳和則編著『長崎―記憶の風景とその表象』晃洋書房、二〇一七年
坂井信生『明治期長崎のキリスト教―カトリック復活とプロテスタント伝道』長崎新聞社、二〇〇五年
チーリスク、H監修、太田淑子編『日本史小百科　キリシタン』東京堂出版、一九九九年
長崎県世界遺産登録推進課「長崎と天草地方の潜伏キリシタン関連遺産」＞「構成資産の紹介」https://www.pref.nagasaki.jp/s_isan/assets/（二〇一七年一月三〇日）
長崎県教育委員会『長崎県文化財調査報告書第一五三集　長崎県のカクレキリシタン―長崎県カクレキリシタン習俗調査事業報告書』長崎県教育委員会、一九九九年
長崎市教育委員会編『長崎市の文化財』長崎市教育委員会、二〇〇九年
長崎市史編さん委員会編『新長崎市史　第一巻自然編、先史・古代編、中世編』長崎市、二〇一三年
長崎市史編さん委員会編『新長崎市史　第二巻近世編』長崎市、二〇一二年
長崎文献社編『旅する長崎学1　キリシタン文化I』長崎文献社、二〇〇六年

長崎文献社編『旅する長崎学6　キリシタン文化　別冊総集編』長崎文献社、二〇〇七年
中園成生『かくれキリシタンとは何か―オラショを巡る旅』弦書房、二〇一五年
平野武光（外海町長）編『外海町誌』外海町役場、一九七四年
宮崎賢太郎『カクレキリシタンの実像―日本人のキリスト教理解と受容』吉川弘文館、二〇一四年

column

枯松神社—潜伏キリシタン時代から続くかくれキリシタンの聖地

才津祐美子

長崎市外海《そとめ》地区の下黒崎町に枯松《かれまつ》神社という祠がある。小さな木造の社殿があり、中に「サンジワン　枯松神社」と刻んだ石祠が置かれている。正確には、ここが「神社」となったのは一九一四年頃のことで、前社殿が建てられたのは一九四一年（一九三八年頃という説もある）だった。社殿が建立されるまでは、社殿の場所にあった二本の松の木の根元に置かれていた自然石に、地元の人々がお参りに来ていたという。その自然石は「サンジュアン（サンリアン）様の墓」といわれていた。「サンジュアン」とは、江戸時代初期に潜伏して布教を続けた宣教師ジュアンのことであると伝えられているが、実在の人物であるかどうか証明されていない。ただ、外海地区で布教・潜伏中に捕らえられ、拷問の末に殉教した日本人指導者バスチャンの師であったとされている。先述した「地元の人々」とは、外海地区のかくれキリシタンのことで、現枯松神社は「枯松様（さん）」や「サンジュアン（サンリアン）様（さん）」、「オタケ」と呼ばれ、かくれキリシタンの大切な霊場だった。社殿へと続く細道の途中には上部が軒のようにせり出した大きな岩があり、禁教期の潜伏キリシタンたちは「悲しみの節」の夜、ここでオラショ（祈祷文）を口頭で伝承したと言われている。また、この岩や社殿のまわりは麓の集落の墓地でもあった（現在はほとんど改葬されている）。

前社殿は、外海地区だけでなく、周辺地域も含めたかくれキリシタンの寄進で建立されたものだった。ただし、明治末から大正にかけて「枯松様」（または「枯松神社」）はかくれキリシタン以外の人々にも霊験あらたかな場所として認識されており、少なからぬ人々が様々な願い事のために参拝に来ていたようである。一方、かくれキリシタンの代表者（帳方）たちは、特別の祈願がない場合にも、正月や春の彼岸の中日、盆など定期的に枯松様

枯松神社祭の様子。かくれキリシタンの代表がオラショを唱えている（2015年11月3日才津撮影）

に行ってオラショを唱えていた。また、日常的に枯松様を維持管理してきたのは、麓の集落のかくれキリシタンたち（現在は仏教徒）であった。

この枯松神社で二〇〇〇年から「枯松神社祭」という新しい祭りが行われている。祭りの主催者は、下黒崎町のかくれキリシタン、今では仏教徒になっている下黒崎町の元かくれキリシタン、そしてカトリック黒崎教会の三者である。カトリック教会が神社の祭りを主催するというのは奇妙な感じがするかもしれないが、本祭りを発案し、主導したのは、一九九八年に黒崎教会に赴任してきた神父だった。神父は赴任後、もとは同じ潜伏キリシタンを祖先に持つ人々が明治以降袂を分かち、今なお感情的な軋轢があることを知ったのだが、二〇〇〇年の大聖年にローマ教皇が「別れた兄弟との対話」を呼びかけたことに触発されて、三者で合同慰霊祭をすることを思いついたという。また、枯松神社という歴史的、信仰的な遺産が、三者の心を一つにする拠点になりうるのではないかとも思ったらしい。祭りの現在のプログラムは、第一部感謝祭と慰霊ミサ、第二部講演となっており、カトリックのミサと同様の形式で進行されるミサの中で、かくれキリシタンによってオラショが奉納されている。

この祭りが創出されたことは、三者の関係性のみならず、様々な方面に影響を与えているように思われる。とりわけ「長崎と天草地方の潜伏キリシタン関連遺産」の世界遺産登録に向けた動きの中で、枯松神社祭にも注目が集まっており、毎年多くのマスメディアや研究者、観光客が訪れている。本祭りではじめてかくれキリシタンの存在を知る人も多い。

〔参考文献〕
片岡弥吉「第六章五―七―四　サン・ジワン枯松神社」平野武光（外海町長）編『外海町史』外海町役場　四六四―四六五頁、一九七四年
田北耕也『昭和時代の潜伏キリシタン』国書刊行会、一九七八年
正木慶文『長崎隠れキリシタン記』新潮社、二〇〇三年
松川隆治、下野孝文、井坂恵津子「長崎県、外海における〈門徒〉の信仰について―「枯松神社を守る会」松川隆治氏に聞く―」『敍説』三―一　二二一―二三九頁、二〇〇七年

column

死者と出会う旅――宗教学的視点からみた長崎

――滝澤克彦

死者への思いは様々な形で表現されるが、なかでも「普通」ではない死をとげた者に対しては、社会的に特別な意味をもたされることが多い。長崎には、そのような死者への思いが至る所に残されている。それゆえ長崎を訪れる者は、慰霊碑やモニュメント、祈念館や墓地など至る場所で様々な死者と出会うことになる。

我々はそこから何を読み取ることができるだろうか。そこには死者に対する設置者の特別な思いが込められているはずであり、その背景に彼らの他界観や霊魂観をすかし見ることができるかもしれない。また、そこを訪れる人々の行動からも、死者を追憶する文化について考えてみることができるだろう。さらに、そこで行われる式典のもつ政治的・社会的・文化的影響や追悼を通じた社会的つながりも意義深い考察対象である。そして、公的な追悼施設の宗教性に焦点を当てれば、政教分離という課題への新たなアプローチともなる。以上のような点を意識しながら長崎をめぐってみると、また違う風景が目の前に開けてくることだろう。

まずは、二〇〇三年に建てられた国立長崎原爆死没者追悼平和祈念館を訪れてみたい。施設は長崎原爆資料館につづく丘陵の地下にある。屋上にあたる地上面は一九四五年中の原爆による死没者数を表す約七万個の光ファイバーが埋め込まれた水盤となっており、灼熱のなかで亡くなった人々に捧げられている。水盤の一角のエントランスから地下へ降りていくと、その中央が静寂に包まれた「追悼空間」となっている（図1）。二列に並ぶ十二本の光柱の先に原爆死没者名簿を納めた棚が立ち、その先は原爆落下中心地を指す。いわば、モニュメント全体が一つの祭壇としての象徴性を備えており、捧げられた折り鶴が人々の「祈り」を表象する。

その意匠に込められた意味とともに宗教学的な興味を引くのは、追悼空間に隣接する「追悼空間前室」と名付

図1　国立長崎原爆死没者追悼平和祈念館「追悼空間」

図2　国立長崎原爆死没者追悼平和祈念館「追悼空間前室」

けられた部屋である（図2）。ここは追悼空間へ入る前に心を落ち着けるための場所であると説明されるが、その壁面のモニターには死没者の遺影が次々と映し出されている。遺影は二〇〇一年に収集が始まり現在までに約七〇〇〇人分が寄贈されてきた。そのすべては、館内に設置されたコンピュータから検索できる。ひめゆりの塔の平和祈念資料館や靖国神社の遊就館にも見られるこのような死者の記念方法は、宗教学において近年注目を集めているが、それは「死者」が単に集合的・量的なものではなく、個性ある一人一人の「生者」であったことを見る者に認識させるとともに、縁故の者にとってはまさに具体的な故人と出会う場所を提供しているからである。その一方で、追悼施設でありながら「宗教」の色彩が慎重に取り除かれていることも、この施設の一つの重要な特徴である。

次に、紹介するのは長崎市原子爆弾無縁死没者追悼祈念堂である（図3）。この追悼施設は、原爆死没者のうち身元や氏名の分からない遺骨と氏名がわかっても引き取り手がなく無縁となった者の遺骨を安置するために一九五九年に建設された納骨堂をもとに、平和公園地下駐車場建設にともない一九九四年に建て替えられたものである。九〇〇〇柱近くの遺骨が納められている。平和公園のすぐ隣にありながら、その存在に気づかずに過ごす人も多いだろう。公園に面した前面のガラスケースのなかには、「追悼之標」が納められている。

興味深いのは、市のウェブサイトにはこの施設が「死没者が生前信仰していた宗教あるいは来所者が信仰する

図3　長崎市原子爆弾無縁死没者追悼祈念堂

宗教との整合性の面を考慮し、誰もが抵抗なく参拝できるようにするためにも、無宗教形式となっています」と明記されながら、同じガラスケースのなかに六体の仏像とインドのネルー首相により寄贈された仏舎利（釈迦の遺骨とされるもの）が納められていることである。祈念堂脇の階段を降りていくとそこには納骨室の扉があり、改めてこの施設が「納骨堂」であったことを感じさせるが、この場所まで下りてくる観光客はほとんどいない。さらに、納骨室脇の狭い通路を入っていくと、人の目を忍ぶように高さ二メートルほどの「聖観世音像」が立っている。実は、この像は立て替え前の納骨堂の屋根の上に置かれていたものである。建て替えに際して「無宗教」が意識され、特に公園側から目の届かないいまの場所に安置されたのである。それにもかかわらず、ガラスケースのなかに仏像や仏舎利が置かれるようになったことにはどのような意味があるのだろうか。この施設は、「宗教性」を完全にとりのぞいた形での「追悼」や「慰霊」などといったものが可能なのかという、表面的な政教分離問題の先にあるより深い問いへと我々を導いてくれる。

最後に、日本二十六聖人記念館を訪れておきたい。この施設は、キリシタン弾圧による殉教者「二十六聖人」を讃えるとともに、渡来から明治時代までの日本のキリスト教の歴史を紹介するために、殉教地の西坂に記念碑とともに一九六二年に建てられた。「聖人」を一般的な死者と一括りにしてよいかは難しいところであるが、もっとも広い意味において死者の追悼施設と捉えることは可能であろう。そして、博物館としての機能を備えながら、それは明らかに祈りの場所、宗教施設でもある。二階の「栄光の間」には聖遺物としての聖人の遺骨が納められ、その一部は展示されている（図4）。そこに捧げられた折り鶴は、祈念館や祈念堂におけるものとまさに同じ「祈り」の表現である。

ここで、我々は宗教学的観点から「遺骨」をめぐる文化について思いをめぐらせることもできる。「宗教性」が一切排除された平和祈念館には遺骨は存在しない。遺骨が「宗教的」なものであるかはともかく、代わりに死没者名簿と遺影が死者を表象する。一方、無縁死没者追悼祈念堂では遺骨は慎ましやかに眠っており、仏舎利が平和と慰霊の象徴として顕示されている。そして、二十六聖人記念館では遺骨は聖遺物として人々の祈りを受け止めるのである。

図4　日本二十六聖人記念館「栄光の間」(日本二十六聖人記念館提供)

長崎ではさらに多くの場所で我々は死者と出会うことができる。ぜひご自身の脚で探して、そこに込められた人々の思いを感じ取り、その社会的・文化的意義について考えていただきたい。一般的に宗教意識が希薄と言われる日本にあって、長崎は「宗教」の存在が身近に感じられる場所である。例えば、長崎原爆忌の前日八月八日には原爆落下中心地において、宗教・宗派を超えた宗教者による原爆殉難者慰霊祭が催される。様々な悲劇の歴史を乗越えてきた長崎であるからこそ、死者との関わりを通して醸成されてきた独特の宗教文化がそこにある。

〔参考文献〕

池上良正「靖国信仰の個人性」駒沢大学『文化』第二四号、二〇〇六年
君島彩子「原爆の記憶と観音像―広島・長崎の公園の事例から―」『総研大文化科学研究』第一一号、二〇一五年
国立長崎原爆死没者追悼平和祈念館『祈念館案内の概要』二〇一七年
長崎県宗教者懇話会『長崎県宗教者懇話会創立40周年記念誌―平和への祈り』長崎県宗教者懇話会、二〇一四年
長崎文献社編『「日本二十六聖人記念館」の祈り―公式「巡礼所」総合ガイドブック』長崎文献社、二〇一二年
西村明『戦後日本と戦争死者慰霊―シズメとフルイのダイナミズム』有志舎、二〇〇六年

第3部

外につながる前近代

大陸への玄関口
―五島列島と周辺の島々―

須田牧子

五島列島福江島《ふくえじま》の三井楽《みいらく》。東シナ海へ突き出た丸い半島の突端、姫島《ひめしま》を望み、大陸へと繋がる荒い海を見はるかすことのできる地に、空海《くうかい》の石像と「辞本涯」の碑が建っている（図1）。九世紀初め、空海は「肥前国松浦郡田浦」港から、遣唐使船に乗って求法の旅に出た(1)。ここでは遣唐使の時代もそれ以後も、大陸への玄関口として重要な歴史を刻んだ五島列島とその周辺の島々の姿を辿ってみることにしよう。

（1） 空海が乗船した遣唐使船の行程については『日本後紀』延暦二四年六月乙巳条の藤原葛野麻呂の上奏を参照。なおここに見える「肥前国松浦郡田浦」は久賀島の田浦とも平戸島の田浦とも言われ、また近年では奈留島船廻湾に比定する説もある（吉見博「肥前国松浦郡田浦考序説」『高野山大学大学院紀要』一一、二〇〇九年）。

1　遣唐使以後の大陸との交流

遣唐使は七世紀から九世紀に、日本列島の中央政権が唐に派遣した使節である。唐と外交関係を取り結ぶことで東アジアの諸国との外交関係をも保ち、唐の先進文化を取り入れ

図１　「辞本涯」の碑と空海像

るために派遣されたもので、後の遣明使に比べると明確な国家の目標のもとに派遣されたという性格が濃厚であると指摘される。(2) その派遣数は、論者によって数え方に差があるが、おおむね一八〜二〇回任命され、一五〜一六回渡航した。(3) 八世紀に最も多く派遣され、中央官人によって構成される使節団のほか、長期・短期の留学生・留学僧たちも乗り込んだ。

よく知られているとおり、遣唐使船は初め、壱岐・対馬を経由して朝鮮半島の西海岸を北上し渤海湾《ぼっかいわん》を横切って山東半島に至ったが（北路）、八世紀以降は専ら五島列島より直に東シナ海を縦断する大洋路（南路）がとられ、ときに、薩摩より南西諸島の島伝いに航海してから東シナ海を横切る南島路、渤海を経由する渤海路がとられることもあった。空海が乗ったのは大洋路をとった船である。(4)

遣唐使の派遣は、空海の参加した延暦度船《えんりゃくどせん》に続いて、八三四年に承和度船《じょうわどせん》が立案されて八三八年に渡航したのち、八九四年に菅原道真《すがわらのみちざね》が遣唐大使に任命されるまで途絶する。しかもこの八九四年の遣唐使派遣計画は折からの唐情勢の厳しさから停止されてしまった。その十数年後には唐自体が滅亡し、ここに二百数十年にわたる遣唐使の歴史は終了する。要するに遣唐使船の派遣は八三八年が最後なのである。(5)

ところが、八三八年の承和度船で入唐した円仁《えんにん》は八四七年には帰国し、のちに延暦寺《えんりゃくじ》

(2)　関周一「遣唐使船と遣明船の違い」（村井章介ほか編『日明関係史研究入門』勉誠出版、二〇一五年）。

(3)　鈴木靖民「遣唐使と古代の東アジア」（遣唐使船再現シンポジウム編『遣唐使船の時代』角川書店、二〇一〇年）。

(4)　森公章「交流の道」（鈴木靖民ほか編『日本古代交流史入門』勉誠出版、二〇一七年）。鈴木靖民「遣唐使と古代の東アジア」（前掲注3論文）。

(5)　八九四年遣唐使派遣計画の立案と中止の詳細は、石井正敏「東アジアの変動と日本外交」（石井正敏ほか編『律令国家と東アジア』（吉川弘文館、二〇一一年）参照。

座主《ざす》となった。また延暦寺第五代座主となる円珍《えんちん》は、八五三年に入唐し八五八年には帰国している。遣唐使船が往来しない時期に、彼らはどのように東シナ海を往来したのであろうか？

実は九世紀になると、海をまたいで活動する商人―海商が出現し、東シナ海には次第に恒常的な民間交通の流れができつつあった。(6) 円仁は、「新羅人」金珍《きんちん》の船に乗り、山東赤《せき》山浦《ざんほ》より出発して博多に帰着した。(7) 円珍は、「大唐国商人欽良暉」の船で博多より鳴浦（奈留《なる》浦）を出発し、台湾に漂着後、福建福州《ふくしゅう》に到り、帰路は李延孝の船で浙江台州《たいしゅう》より出発し、三井楽を経由して博多に辿り着いた。(8) このように山東半島から朝鮮半島の西を通って博多に至るルート、浙江南部から五島を経て博多に至るルートを商船が往来するようになっていったのである。どちらのルートを辿るにせよ、長崎県下の島々を経由することになるが、後者のルートにおいては、往路の最終寄港地は五島列島であり、帰路最初に目にするのも五島列島の島であった。遣唐使の時代に引き続き、五島列島は大陸への玄関口であったのである。

2　唐船と日島

日本列島に渡来した外国商人の船は初め、大宰府鴻臚館《だざいふこうろかん》に入り、大宰府の管理下で貿易を行なった。商人の受入の可否は朝廷での議論により決定され、鴻臚館に入った商人には滞在費が支給され、官による積荷の点検と先買が行なわれた。しかし一〇世紀になると滞

(6) 榎本渉『僧侶と海商たちの東シナ海』（講談社、二〇一〇年）。

(7) 円仁の行程については『入唐求法巡礼行記』（平凡社、一九八五年）。

(8) 円珍の行程については「貞観五年（八六三）一一月一三日僧円珍奏状」（園城寺文書、『平安遺文』四四九二号）参照。なお円珍出発時に大宰府が発給した公験（仁寿三年七月一日付、東京国立博物館所蔵、『平安遺文』一〇三号）には、「大唐商客王超・李延孝」とともに行くとあるが同じ船を指すと考えられる。渡邊誠「承和・貞観の貿易政策と大宰府」（同著『平安時代貿易管理制度史の研究』思文閣出版、二〇一二年）など参照。

在費の支給は次第に行なわれなくなり、鴻臚館は迎賓館的機能よりは宿泊施設としての色あいを濃くし、やがて一一世紀中頃には使用されなくなった。一方、博多唐房《はかたとうぼう》を中心とする博多遺跡群からの遺物の出土は、一一世紀中頃から激増する。[9] このころから博多には宋商たちの恒常的な拠点ができはじめたものと推測され、一二世紀には博多に居住する宋商がはっきりと文献上に現れるようになる。たとえば一一五一年、大宰府目代宗頼《だざいふもくだいむねより》が追補と称して掠奪に及んだ筥崎・博多一六〇〇軒のなかに「宋人王昇後家」の家が見えているし、[10] 一一六七年、明州《めいしゅう》(後の寧波《ニンポー》)の寺の参道工事に「日本国大宰府博多津居住弟子丁淵」が寄進していることが確認される。[11]

宋商たちの拠点は平戸《ひらど》にも設けられていた。一二世紀末から一三世紀初頭、小値賀島《おぢかじま》の知行をめぐって延々と繰り広げられた権益争いの中に、「平戸蘇船頭後家」という存在が見える。[12] その後家を娶った御厨 直《みくりやただす》が、その連れ子に、前妻が保持していた権益を譲与したことが、争いの一つの論点になったのだが、[13] それはともかく、博多にチャイナタウンが形成されるころ、平戸に根拠を置く宋船頭の存在が見えることは、大陸から五島列島を経て博多へ向かうルートが、この時期の交通の大動脈として使用されていたことを物語る。宋朝も元朝も沿岸部の主要な港に市舶司《しはくし》と呼ばれる役所を置いて、こうした民間貿易船を管理・保護し、関税をとり、また官買《かんばい》を行なった。[14]

永仁六年(一二九八)、五島列島の日島《ひのしま》沖で一隻の「唐船」が座礁した。[15] 若松島《わかまつじま》の海俣《かいまた》港を発してまもなくの海難事故であったという。積荷は中世の寄船《よりふね》慣行に従い、たちまち日島の「在津人・百姓等」に掠奪されてしまったが、[16] この船に商品を委託積載していた者に鎌倉幕府関係者がいたことから、幕府から現地に回収命令が下された。[17] その過程で作られ

(9) 大庭康時ほか編『中世都市博多を掘る』(海鳥社、二〇〇八年)、佐伯弘次「博多と寧波」(石井正敏ほか編『通交・通商圏の拡大』吉川弘文館、二〇一〇年)、山内晋次『外交から貿易への大転換』(NHK出版、二〇一三年)など。なお大宰府の管理貿易の終焉は一二世紀後半と考えられている。

(10) 「文治二年八月一五日中原師尚勘状」(『大日本古文書　石清水文書』五)

(11) 大庭康時ほか編『中世都市博多を掘る』(前掲注9書)七五頁に写真掲載。

(12) 「安貞二年三月一三日関東裁許状案」(『松浦党関係史料集』一、続群書類従刊行会、一九九六年)。

(13) この相論の詳細は村井章介『増補中世日本の内と外』(ちくま学芸文庫、二〇一三年、初出一九九九年)六六—七〇頁参照。

(14) 榎本渉「宋代市舶司貿易に携わる人々」(歴史学研究会編『港町に生きる』青木書店、二〇〇六年)など。

た積荷目録には金や水銀、武具類等がみえる。[18] これらの品々が無事回収できたかどうかは不明であるが、この事件のおかげで、一三世紀末に日中を往来していた商船の積荷の一端と、その荷主の一端を具体的にうかがうことができる。また宋代以来の民間貿易が、元寇直後の時期にも継続されていることも確認される。日元貿易はその後も紆余曲折を経ながらも一四世紀半ばまで続いていく。

　ところでこの日島は、一三世紀後半〜一四世紀にかけて作られた、福井県産の石材を使用した大量の石塔群（図2）と宝篋印塔《ほうきょういんとう》（図3）が残ることで知られている。石塔を作った主体を含めて詳細はいまだ不明であるが、[19] 日本海沿岸交通が、大陸への玄関口である五島列島へと直に繋がっていることをうかがわせる貴重な遺品である。

図2　日島石塔群

図3　日島宝篋印塔

(15)　以下この事件については、瀬野精一郎「鎌倉時代における渡唐船の遭難にみる得宗家貿易独占の一形態」（同著『松浦党研究とその軌跡』青史出版、二〇一〇年、初出一九七五年）。

(16)　「永仁六年六月二九日関東使者義首座注進状案」（『松浦党関係史料集』二）。

(17)　「永仁六年八月一八日対馬守某・少弐盛資連署施行状案」（『松浦党関係史料集』二）。

(18)　「永仁六年五月二〇日順性御物以下注進状案」「永仁六年六月二三日某御物員数注進状案」「永仁六年六月二七日恵存御物以下注進状案」（以上、『松浦党関係史料集』二）。

(19)　一三世紀後半から一四世紀にかけての限定的な時期に急激に大量に作られることから、倭寇活動によって潤った勢力によるものではないかとする説もある（大石一久「中世石造物から見た西肥前」、市村高男ほか編『石が語る西海の歴史』アルファベータブックス、二〇一六年）。

3 遣明船と奈留島

元末内乱を乗り越えて建国した明は、混乱する沿海部の治安の立て直しのために、海禁《かいきん》令《れい》を出し大陸の民が海に出ることを禁じた。また対外関係を朝貢関係として整序し、さらに、市舶司を廃止して、国王が朝貢する際にのみ恩典として貿易を認め、民間貿易を認めない方針を打ち出した。ここに海禁令は密貿易の取り締まりという役割も担わされるようになり、[20]九世紀から五〇〇年もの間にわたって続いてきた、東シナ海の民間交通の流れは大きな変化を余儀なくされた。この海域を回遊した物産の最大の生産地であり消費地であった中国大陸との接続は遮断され、南シナ海と東シナ海の結節点は、泉州に代表される中国南部の港から新興の王国琉球へと移った。[21]この結果東南アジア物産は多く琉球に集積されるようになり、また頻回に明朝への朝貢を許された琉球には、大陸の物産も蓄積された。ここに琉球は自ら万国津梁《ばんこくしんりょう》と称するほどに、アジア海域の中継地点として一五世紀を通じて繁栄することになる。

中国大陸の物産を求める日本列島側の貿易欲求をある程度吸収したのは遣明船である。遣明船は、建前としては、日本国王が明皇帝に朝貢するための使節団として派遣されるものである。しかし先述したように中国大陸との貿易が許されるのは、この使節団派遣時のみであったから、必然的に貿易船団的な性格を帯びた。遣明船は一六世紀半ばに途絶するまで、十数回にわたり派遣され、日本からは硫黄や銅、蘇木や刀剣など、中国からは生糸

(20) 以上、明初における沿海部治安対策と外交政策については、檀上寛『明代海禁＝朝貢システムと華夷秩序』(京都大学学術出版会、二〇一三年)参照。

(21) この時期の琉球の動向については、豊見山和行「南の琉球」(入間田宣夫・豊見山和行『北の平泉、南の琉球』中央公論新社、二〇〇二年)、上里隆史「琉球の大交易時代」(村井章介ほか編『倭寇と日本国王』吉川弘文館、二〇一〇年)、岡本弘道『琉球王国海上交渉史研究』(榕樹書林、二〇一〇年)など参照。

や薬品、陶磁器や堆朱《ついしゅ》といった工芸品など、種々の物産をもたらした(22)。この遣明船の最終出港地も、やはり五島列島である。

一五世紀半ばの宝徳度船《ほうとくどせん》に参加した僧侶 笑雲瑞訢《しょううんずいきん》の日記『笑雲入明記(23)』によると（以下日付は『笑雲入明記』による）、享徳元年（一四五二）八月二三日の明け方、博多沖の志賀《しかの》島《しま》を発した遣明船団はその日のうちに平戸にたどり着き、ここで最後の点検を行なった。各船が携行することになっていた勘合《かんごう》を確認し、薩摩からは重要商品である硫黄が届いた。九月五日、平戸を発し、的山大島《あづちおおしま》に移動、風待ちをしたが、順風得られず同二二日、平戸へ戻った。翌年三月一九日、再び的山大島から出帆して奈留島に至り、同三〇日、東シナ海に乗り出し、一週間後の四月六日には寧波沖の普陀山《ふださん》に至っている。一六世紀前半の天《てん》文八年度船《ぶんはちねんどせん》の場合には、天文八年（一五三九）三月一七日、志賀島から的山大島に至り、同二二日に的山より平戸に到着、二四日に平戸を発して同島内の河内浦《かわちうら》に宿り、三〇日に河内浦を発して奈留島に至っている。風を捉えて奈留を出発したのは四月一九日、目的の寧波沖より少し南に流されて温州《おんしゅう》沖に至ったのが、五月一日のことである。

以上を見ると、遣明船は、晩春から初夏にかけての時期に奈留島から出帆し、一週間から一〇日間前後で浙江《せっこう》南部の沿海部に至るというのが標準的であったように思われる。もっとも笑雲と同じ宝徳度船に、商人として参加していた楠葉西忍《くずはさいにん》は、後年興福寺大乗《こうふくじだいじょう》院主尋尊《いんしゅじんそん》に以下のように語っている。「享徳二年癸酉三月晦日進発、十艘之内九艘、自肥前国大嶋小豆浦也、秋船ハ同国後唐（五島）□□（ナル）ヨリ出之事也、大嶋ハ南、後唐ハ北、其間五十里也、春船ハ南ヨリ秋船ハ北ヨリ出之、船方ノ掟法也、必大唐ノ明州ニ吹付也(24)」。先に見たとおり笑雲の日記によれば、三月三〇日、的山大島ではなく奈留から出発しているのだし、奈留と的山大島の位置関係

(22) 遣明船で輸出入された物品の詳細は関周一「第五部「彼我を行き交うモノ」総説」『日明関係史研究入門』（前掲注2書）参照。

(23) 村井章介・須田牧子編『笑雲入明記―日本僧の見た明代中国』（平凡社、二〇一〇年）。

(24) 『唐船日記』（村井章介・須田牧子前掲注23編書所収）

参考地図　明代の東アジア

は、奈留が南で的山大島が北である。西忍は奈留と的山大島の地名を取り違えて記憶していたようであるが、この春船は南、秋船は北から出発すると明州、すなわち寧波に吹き付けられるという「船方」の知識からは、春だけでなく、秋にも中国への渡海のチャンスはあったことがうかがえる。実際、風は得られなかったものの、宝徳度船は初めは九月に的山大島に至っており、秋の季節風を利用しようとしたようであるし、宝徳度船の内の一艘は他の船より少し遅れて四月ではなく、九月に寧波に到着しており、秋の季節風を利用して渡海したのだろうと推測される。

一方中国から帰国するチャンスは夏の季節風の一回のみであった。六月頃、寧波沖を発して東シナ海を渡り、五島列島のどこかの島にたどり着く。天文八年度船の場合には、六月二〇日寧波沖の烏沙門《うさもん》を発し、二六日まず姫島を望み、ついで日島に到着した。[25] そこか

(25)　『初渡集』（『牧田諦亮著作集巻五　策彦入明記の研究』（臨川書店、二〇一六年）所収）。

ら斑島《まだらじま》・呼子《よぶこ》を経て、長門《ながと》赤間関《あかまがせき》（下関）に至っている。宝徳度船の場合は六月二三日に寧波沖の普陀山を出、同二七日に島影を発見して「吾が肥前五嶋なり」と喜んだところが、さにあらず、実はそこは済州島《チェジュド》であって、朝鮮王朝の役人から必要物資の供給をうけて再度出発、対馬・壱岐を横目に眺めながら、一気に志賀島まで南下した。(26) 島影を見て五島だとまず思うあたり、中国を出発して順調にいけば数日の内に五島に辿り着くのだという認識がうかがえる。

このように風を捉えれば東シナ海を渡るのは数日間から一〇日前後の航海に過ぎないが、その風を捉えるために、船はだいたい数日間以上の滞在を余儀なくされた。先に挙げた天文八年度船については、副使であった策彦周良《さくげんしゅうりょう》の手になる詳細な日記（『初渡集《しょとしゅう》』）が

図 4　奈留神社

図 5　奈留港

(26)『笑雲入明記』。

残っているが、それによると、三月三〇日に奈留に到着した策彦は明くる日より奈留神社《なるじんじゃ》（図４）の宮司のもとに宿泊した。古から副使はそうすることになっており、この「嘉例」に従ったのだという。四月二日には社頭で祈祷を行ない、「般若心経《（大般若経カ）》」六百巻の諷誦を完了した。翌日にも祈祷を行なって順風を祈っている。この日は能が五演目も行なわれた。出立前に能を奉納するのは恒例であったようで、次の天文一六年度船時にも能が行なわれている。演目は鶴亀、野々宮、西行桜、芦刈、西王母とみえる。また実行されたかどうかは不明ながら相撲の用意もなされている（『大明譜《だいみんふ》』[27]）。付近の海安寺《かいあんじ》でも法会が行なわれ、また宴会も行なわれた（『初渡集』）。この海安寺には、一五世紀半ばの応仁度船《おうにんどせん》の記録に硫黄が集積されていたことが見え、又その門前には床木に適した木が生えていたことも特記されている（『戊子入明記《ぼしにゅうみんき》』[28]）。遣明船に積載する最終の荷物や物資の一時預かり所としても機能していたのであろう。現在は穏やかな湾を抱いて静かなたたずまいを見せる奈留港（図５）は、日明貿易の歴史にとって非常に重要な場所なのである。

4　密貿易の拠点・平戸

強権的に民間交通の流れを遮断し、海禁と朝貢によって規定された海域秩序を作り上げた明朝であったが、一五世紀中頃から、その秩序は少しずつ綻びを見せ始める。のちに「国初寸板も下海を許さず」と謳われた厳しい取り締まりは次第に弛緩し、一六世紀になると中国沿海部には密貿易の拠点が増えてくる。[29]その代表格は浙江舟山《しゅうざん》の南、六横島《ろくおうとう》の港双《そう》

（27）『牧田諦亮著作集巻五　策彦入明記の研究』（前掲注25書）所収。

（28）『牧田諦亮著作集巻五　策彦入明記の研究』（前掲注25書）所収。

（29）檀上寛前掲注20書。

嶼《しょ》で、一五四〇年頃には人口三〇〇〇〇人を数え、日本銀が取引されていたという（『東洋巡歴記』）(30)。ここに拠点を構えていた人物としては李光頭《りこうとう》や許棟《きょとう》といった名前が知られ、のちに「倭寇」の頭目として知られるようになる王直《おうちょく》も、双嶼に出入りし密貿易に従事していたという(31)。王直は一五四〇年頃、広東で大船を作り、以後日本・暹羅・西洋（南海諸島）の諸国を往来して、五、六年で巨万の富を築いたといわれ(32)、種子島への鉄砲伝来も彼の船によるものとされる(33)。

　この双嶼は、一五四八年、浙江・福建地域の最高軍事指揮官であった朱紈《しゅがん》によって、徹底的に破壊された(34)。朱紈は密貿易の拠点をつぶすことで、弛緩した沿海部の秩序を取り戻そうとしたのである。このとき李光頭・許棟も誅殺されたが、王直は逃れえた。まもなく朱紈は失脚したので、王直は舟山の北、金塘島《きんとうとう》の烈港《れっこう》に拠点を構え、残党を糾合して再び密貿易を開始し、また官軍の下請けとして、「倭寇」討伐に従事した。事実は対立する集団を「倭寇」として討伐したもののようだが、これにより王直は次第に江浙の沿海部に隠然たる力を持つようになった。だが、一五五三年この烈港もまた、明官軍に攻撃され、王直は今度は日本へと逃亡した。

　このとき王直が日本のどこに逃

図6　平戸の王直像

(30)　メンデス・ピント著。岡田多希子訳『東洋遍歴記』三（平凡社、一九八〇年）二三九頁参照。

(31)　『籌海図編』巻五「浙江倭変記」、同巻十一「経略一叙寇原」。米谷均「後期倭寇から朝鮮侵略へ」（池享編『天下統一と朝鮮侵略』吉川弘文館、二〇〇三年）など。また一五四四年、明朝への朝貢に失敗した天文一三年度船は、帰国前にここで密貿易を試み、王直はこれと接触しともに博多へ赴いたと推測されている（村井章介「鉄砲伝来再考」、同著『日本中世境界史論』岩波書店、二〇一三年、初出一九九七年）。

(32)　『籌海図編』巻九「擒獲王直」。

(33)　村井章介『世界史のなかの戦国日本』（ちくま学芸文庫、二〇一二年、初出一九九七年）など。

(34)　朱紈とその事績については山崎岳「朱紈」（村井章介ほか編『日明関係史研究入門』前掲注2書）。王直が烈港を追われるまでの動向については山崎岳「舶主王直功罪考（前篇）」（『東方学報』八五、二〇一〇年）。

図7　平戸港

図8　平戸六角井戸

げ込んだのかははっきりしない。王直の動向を伝える史料としてよく引用される『籌海図編《ちゅうかいずへん》』(35)巻九「擒獲王直《きんかくおうちょく》」には「薩摩洲之松浦津」とあるが、地理の理解に混乱が見られるというべきであろう。一方『朝鮮王朝実録』には、一五五六年にソウルにやって来た対馬宗氏の使者の言として、王直が「平戸島」にいる旨が記されている(36)。烈港から直接渡来したのかは不明ながら、一五五五～五六年頃には平戸に拠点を構えていたことが知られる。

遣明船の時代、平戸は、博多から奈留や的山に赴く際の主要な寄港地であり、平戸の領主松浦氏《まつらし》はこの海域における遣明船警固《けんみんせんけいご》を室町将軍家から命じられる関係にあった。狭い瀬戸を挟んで九州本島と相対し、中世における最大の物資の集散地の一つである博多と大陸へ渡る最終地点である島々とのちょうど中間に位置する平戸は、中国との密貿易の拠点として利用するには好適地であっただろう。ちなみに「密貿易」とは、明朝側目線の物言いであって、貿易に規制を設けていない日本列島側権力にとっては、王直の貿易活動は、咎めるべき「密」貿易ではない。平戸には王直が暮らしたという印山寺屋敷跡《いんざんじやしきあと》(37)や六角井戸（図8）など、いくつかゆかりを伝える遺跡が残っている。『朝鮮王朝実

(35)　鄭若曽の著作。鄭若曽は王直を斬首することになる浙直総督胡宗憲のブレーンの一人。『籌海図編』については、田中健夫『倭寇』（講談社学術文庫、二〇一二年、初出一九八二年）二〇六―二〇七頁参照。

(36)　明宗一一年（一五五六）四月己丑条。

(37)　『大曲記』（松浦史料博物館所蔵）に「平戸津へ大唐より五峯と申人罷着て、いまの印山寺屋敷にからやうに屋刑〔形〕をたて、罷住申…」とある。五峯は王直の別称。

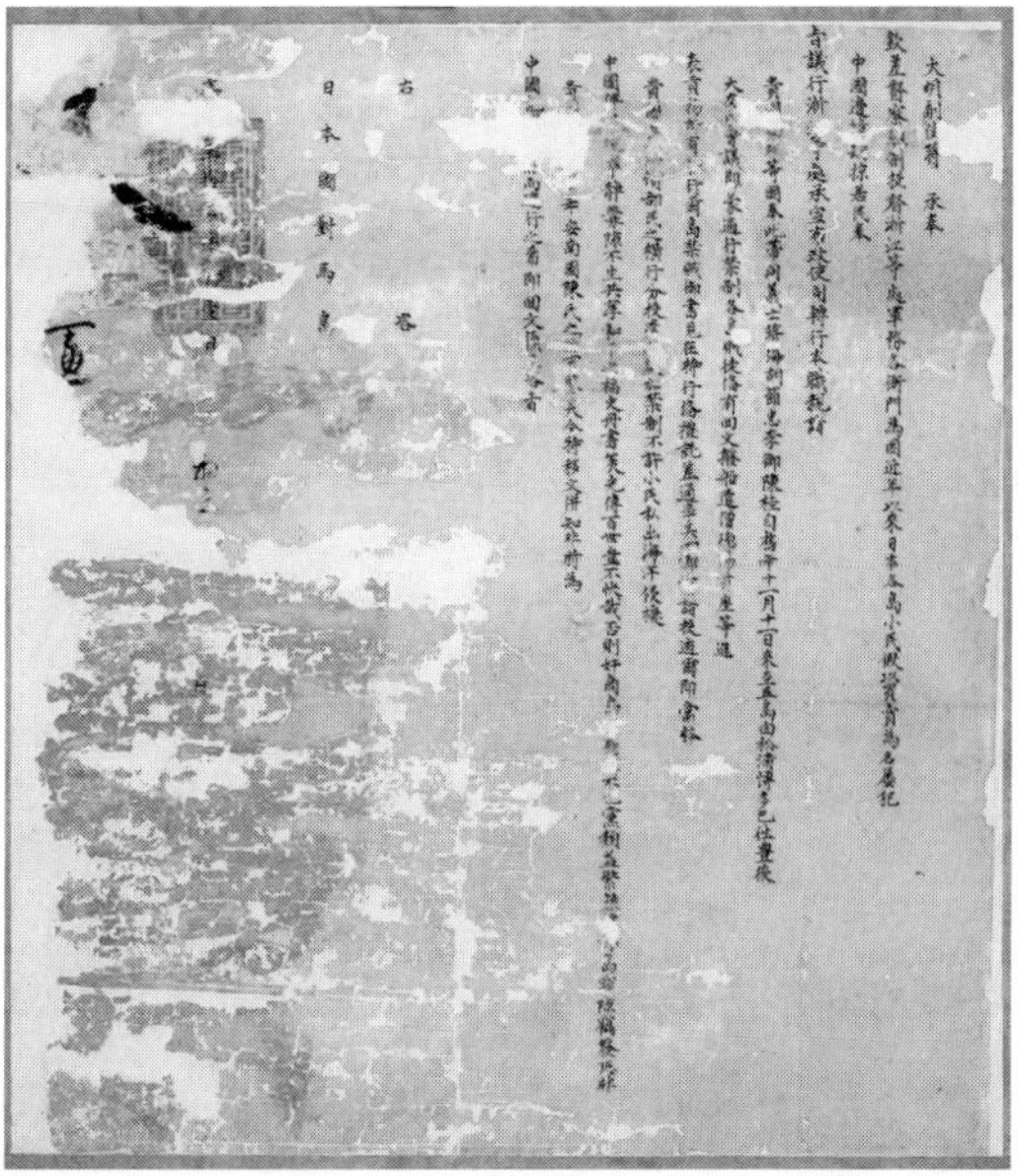

図9　蒋洲咨文(東京大学史料編纂所所蔵、重要文化財)

録』によれば、この平戸で王直は、三〇〇人もの部下を従えて大船に乗り、常に緞子の服を着して生活し、その党類は二〇〇〇人に及んでいたという。誇張もあろうが、一六世紀、海域アジアの貿易拠点の一つとして機能していた往時の平戸の繁栄をうかがわせる。

一五五五年、浙江《せっこう》巡撫《じゅんぶ》胡宗《こそう》憲《けん》は倭寇禁圧をめざして王直の招撫を図り、使者を遣わした。使者はまず五島に赴いて王直と接触し、貿易解禁を以て王直の帰国を誘い、ついで松浦・博多を経由して豊後大友氏と接触して、大友氏から倭寇禁圧の約束と明への使者派遣を引き出した[38]。王直はこれと同行し、大友氏の使者とともに明へと向かった。船が出発した場所は、史料には「松浦」と見える[39]。このころ南九州には多くの明人が渡来し、また南九州からは多くの倭人が大陸へと流れ出ていたが[40]、豊後大友氏の遣明船は、薩摩からではなく、五島から渡海するルートをとったことがわかる。これは、王直が平戸を拠点としていたことによるだろう。

この大友氏の遣明船は、一五五七年に寧波沖の舟山に到ったが、翌年、倭寇船として明

(38)「蒋洲咨文」(東京大学史料編纂所所蔵、図9)。『明実録』嘉靖三五年(一五五六)四月甲午・同三六年八月甲辰・同一一月乙卯条。

(39)『南雷文約』巻三「蒋洲伝」(薛鳳昌『梨洲遺著彙刊』(上海掃葉山房発行)所収)。

図10　『倭寇図巻』より　勝報（東京大学史料編纂所所蔵）

図11　『倭寇図巻』より　出撃する明軍（東京大学史料編纂所所蔵）

軍から攻撃をうけて沈められ、残党は中国南方へと逃亡した。(41) 投降した王直は一五五九年には斬首された。これは王直を招いたはずの胡宗憲の手によって行なわれたものである。もっとも胡宗憲は最初から王直を騙したのではなく、ある程度本気で貿易解禁政策を実行しようとしていたが、結果的に朝野の支持が得られずうまく事が運ばず、王直を切り捨てたのだとも言われる。(42) 同時代の広東では確かに民間貿易の一部解禁がなされ、それは当該地の軍事関連の費用に充てられていた。胡宗憲のブレーンのなかにはこの事例を検討したらしき形跡があるといい、(43) 実現すれば広東と同様、舟山での民間貿易が展開され、平戸はその体制における列島側の拠点となったのかもしれないが、それは泡沫に終わったのだった。

なお近年の研究では、『倭寇図巻《わこうずかん》』はこの胡宗憲の倭寇鎮圧の戦功を描いた原図から、派生して作成された売絵であった可能性が指摘されるに至っている。(44) すなわち、胡宗憲は一五五六年に江南デルタの市鎮を占拠していた倭寇の頭目徐海《じょかい》を滅ぼし、翌年王直を捕らえ、ついで斬首した。この結果、江浙《こうせつ》の倭寇は鎮まったと喧伝された。平和な農村に倭寇が乱入し掠奪し、それを明軍が打ち破り平和を回復するという物語として描かれる『倭寇図巻』（図10・11）は、もともとはその明軍を指揮した胡宗憲の功績をたたえるという目的を持って作られた絵巻を下敷きにしていたと考えられるのである。

(40) 中島楽章「ポルトガル人の日本初来航と東アジア海域世界」（『史淵』一四二、二〇〇五年）など。

(41) 鹿毛敏夫「「弘治」年旗倭寇船と戦国大名水軍」（須田牧子編『「倭寇図巻」「抗倭図巻」をよむ』勉誠出版、二〇一六年）。

(42) 山崎岳「舶主王直功罪考（後篇）」（『東方学報』九〇、二〇一五年）。

(43) 岩井茂樹「十六世紀中国における交易秩序の模索」（同編『中国近世社会の秩序形成』京都大学人文科学研究所、二〇〇四年）。

(44) 東京大学史料編纂所編『描かれた倭寇「倭寇図巻」と「抗倭図巻」』（吉川弘文館、二〇一四年）、須田牧子編『「倭寇図巻」「抗倭図巻」をよむ』（勉誠出版、二〇一六年）。

column

策彦周良の旅路

須田牧子

日本の政権が明に使者を遣わした船、という意味での遣明船《けんみんせん》の歴史は長い。一三六八年の建国直後、明の初代皇帝である洪武帝《こうぶてい》は各国に使者を遣わし、朝貢を促した。日本でも紆余曲折の末、大宰府を拠点としていた征西《せいせい》府《ふ》の懐良親王《かねよししんのう》が使者を派遣し、一三七二年、日本国王とされたが、直後に大宰府は陥落し、懐良は逃亡した。以後も懐良名義の使者が派遣され続けたが、一三八六年、林賢事件《りんけんじけん》を契機として明は日本と断交、一四〇一年に足《あし》利義満《かがよしみつ》が明に使者を派遣し、建文帝《けんぶんてい》がそれを受け入れるまで、日明関係は途絶した。一四〇一年以降、一〇年ほどは毎年のように使者が往来し、密な交流がなされたが、一四一一年、足利義持《あしかがよしもち》は来日した明使を追い返し、日明関係は再び途絶する。関係が復活するのは一四三二年（永享四）、足利義教《あしかがよしのり》の時代で、以後一二〇年ほどの間に、永享六年度船（一四三五北京着、以下同）・宝徳度船（一四五三着）・応仁度船（一四六八着）・文明八年度船（一四七七着）・文明一五年度船（一四八四着）・明応度船（一四九五着）・永正度船（本隊は一五一二南京着）・大永度船（一五二三寧波着）・天文八年度船（一五四〇着）・天文一六年度船（一五四九着）と一一回の派遣がなされた。なお近年の研究では天文一三年度船（一五四四寧波着）、また弘治度船（一五五七舟山着）の存在も指摘されるが、これらは明に正規の遣明船として認められず入貢を許されなかった。結果としていわゆる遣明船は、天文一六年度船が最後となった。

この天文一六年度船の正使を勤めたのが策彦周良《さくげんしゅうりょう》（一五〇一～七九）である。細川高国《ほそかわたかくに》の被官井上宗信《いのうえむねのぶ》の子として生まれ、九歳で心翁等安《しんのうとうあん》の弟子となり、のちに師の跡を継いで天龍寺妙智院《みょうちいん》第三世となった。天文八年度船にも副使として乗船している。一度目の乗船時には三八歳、二度目は四七歳。前述したように天文一六年度船以降、明に受け入れられた遣明船はない。彼は寧波に上陸し大運河を辿り北京に至った最後の日本使節なのである。

策彦の二度の渡明日記は関連史料とともに妙智院に現存し、日明関係史研究の根幹をなす史料となっている。天文八年度時の日記を『初渡集《しょとしゅう》』、一六年度時の日記を『再渡集《さいとしゅう》』という。『初渡集』は四冊、『再渡集』は二冊ある。『初渡集』は初めての渡明という状況にあって、明の街角で見かけた看板の字まで写しているほどの詳細な見聞録である。『再渡集』はおそらく前後の冊を欠き、博多から五島を経て寧波沖に至るまでの部分と、北京からの帰路、山東以降の部分の記述がない。この間の情報を埋めるのは、やはり策彦の遺品として伝わった『大《だい》明譜《みんふ》』で、これは同行していた柳井蔵人《やないくろうど》なる人物の手になる覚書である。本文で示したように、この『大明譜』から天文一六年度時に「奈留大明神《なるだいみょうじん》」に能を奉納したことなどが知られる。遣明船の記録は往時のこの海域の姿を伝える好個の史料でもあるのである。以下『初渡集』から五島列島とその周辺の島々に関わる記事を摘記してみよう。

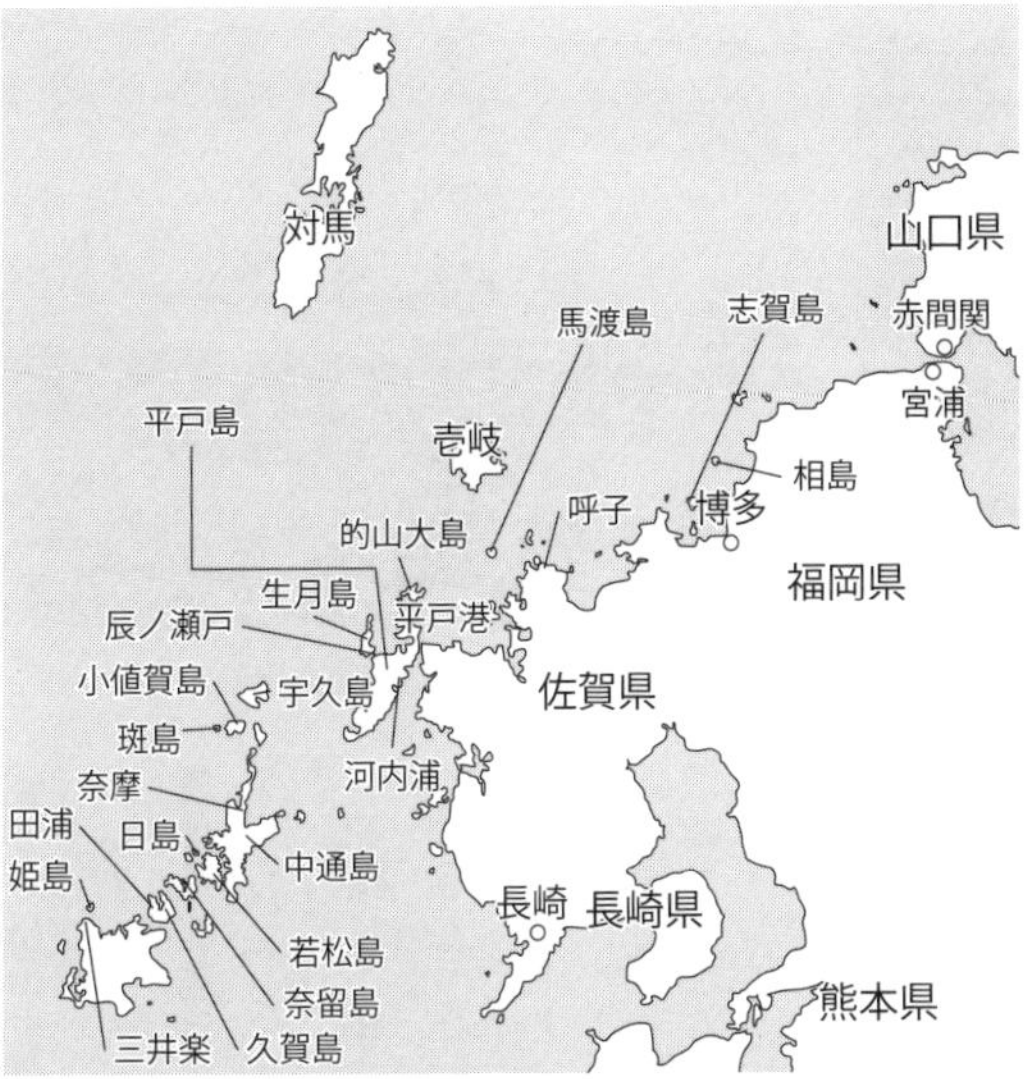

参考地図　長崎県下の島々と博多・赤間関

天文八年（一五三九）三月一七日（以下日付の記載は『初渡集』による）、博多湾内の志賀島からまず的山大島に到着した。的山では基本船上で過ごし風待ちしていたようだ。ただ運動のためか一回上陸している。二二日早朝的山を出発、昼頃平戸に到着し上陸した。正使は普門寺に泊まったとあるが、副使の策彦以下の宿は知られない。その日のうちに七郎権現《しちろうごんげん》に参拝し、次の日にはこの地を治める松浦肥前守《まつらひぜんのかみ》邸を訪ねて挨拶した。夕方、正使の招きで風呂に入り、酒を飲んでいる。普門寺《ふもんじ》には風呂をたてる設備があったのだろう。

図1　源寿院からみた日島の港

図2　日島源寿院

翌二四日の夕刻平戸を発し、晩に平戸島河内浦《かわちうら》に到着し上陸した。天気がいまいちだったのか、ここでの滞在は長い。途中で平戸普門寺から派遣された僧が酒を届けてくれた。三〇日午前中に河内浦を発ち、夕刻奈留に到着している。

嘉靖二〇年（天文一〇、一五四一）六月二〇日、朝貢を終えて寧波沖の烏沙門を発した船は、二六日の朝になって、辰の方角（東南東）に島影を見た。五島《ごとう》膳左衛門《ぜんざえもん》が言うことには、五島の西の姫島《ひめじま》だという。船は夕刻には日島《ひのしま》につき、停泊した（図1）。ここには志賀島から人が来ていて周防・長門（山口県）や博多の情勢などを告げてくれた。夜になって上陸した彼らは、まず清水を飲み、付近の寺に参拝し、そこで風呂に入って船に引き上げた。寺の名前を円通寺《えんつうじ》という。明くる二七日には円通寺で正使を導師として懺法が行なわれた。円通寺の本尊は大唐から流れてきたという十一面観音で、三三年に一度のみ開帳されると記される。この観音は日島の源寿院《げんじゅいん》（図2）に安置され、今も三三年毎に開帳されるという。

二八日、日島を出た船は、七里（二八キロ）ほどの航行ののち「南満屋堅《ナマノヤカタメ》」（ふりがなも策彦による）に至った。策彦はここの景色が気に入ったのか、「佳境可愛《かきょうあいすべし》」と特記している。当地は中通島《なかどおりじま》の奈摩《なま》矢堅《やかため》に比定される。翌二九日、一行の一部はここから小舟に乗り換え、博多に先行した。策彦らも七月二日には奈摩を発し、戌の刻（二〇時頃）、「息尽瀬戸」（生月《いきつき》島と平戸島の間、辰ノ瀬戸）（図3）まで、あと三里というところまできたが、暗闇の

図３　辰ノ瀬戸にかかる生月大橋

図４　奈留瀬戸

中、瀬戸に入ることはできず、生月島の外で待機し、翌三日、「斑島」に停泊した。この「斑島」は小値賀島《おぢかじま》の隣の斑島ではなく、おそらく馬渡島《まだらじま》（佐賀県唐津市）であろう。息尽（生月島）から一五里、呼子まで五里と記される。三日夜になって天文八年度船の経営者である大内氏の命令により、博多から派遣されてきた警固船が到着した。二九日の先行隊の知らせによるものであろう。四日午前中には「斑島」を発し、昼には呼子《よぶこ》に到着、五日間の風待ちの末、九日早朝、呼子を発し、玄界灘の筑前藍島《あいのしま》（相島）、豊前宮浦《みやのうら》を経て、一一日、長門赤間関《あかまがせき》（下関）に帰着した。往路は平戸瀬戸から内海側に入り、奈留港からおそらく奈留瀬戸（図４）を抜けて東シナ海へ、帰路は東シナ海からそのまま外洋側を通って生月島と平戸島の間を抜けていくという航海ルートであったことが知られる。帰路においては所々で博多からの船に会っており、奈摩から博多に先行した者もいた。この海域が博多と密接に繫がっていたことがうかがえよう。

〔参考文献〕

村井章介・橋本雄・伊藤幸司・須田牧子・関周一編『日明関係史研究入門』（勉誠出版、二〇一五年）
伊藤幸司「入明記からみた東アジアの海域交流」（中島楽章・伊藤幸司編『寧波と博多』汲古書院、二〇一三年）

境界領域としての中世対馬

木村直樹

はじめに、対馬の歴史的位置

明治時代以前の時代、古代・中世・近世の時代を総称して前近代という。前近代、現在の長崎県は三つの国からなっていた。すなわち、肥前の国の西側部分・壱岐国・対馬国である。そして、ここには日本の外への二つのルートが存在した。

第一のルートが、朝鮮半島―対馬・壱岐―九州本土、第二のルートが中国大陸南部―五島列島・松浦―九州本土である。

特に古代の日本においては、大陸からの技術・人・情報の流れが、日本列島の歴史の展開に大きく影響したことは論を俟たず、その大きな流れの中に、左記の二つのルートが存在している。長崎県地域は、日本社会がなにがしか文字で記された記録（史料）が残る時代から常に日本と異国との窓口であった。三世紀に成立した中国の史書『魏志』の倭人伝の部分には日本への通航ルートとして、朝鮮半島—対馬国—一支（壱岐）国—九州本土の末盧（松浦）—伊都（怡土）国が設定され、中国・朝鮮でも通航上の中継点として認識される存在であった。

本章では、中世を中心に、対馬をめぐる状況を、いくつかの事例から点描してみたい。現代でこそ、国家と国家の間には、そこが海であれ、陸であれ、国境が定められている。その領域の内側にいる人々を国家は自国民として、近代以降の国家はなりたっている。しかし、現代と異なる仕組みであった前近代の国境地域の世界は、勢力範囲を線で引いて明確に区別できるほど単純ではなかった。むしろ、国境とされる部分は、境界領域としての面的な広がりをもち、その地域に暮らす人々の形態は多様な存在であって、どこかの国家にだけ帰属するようなことはなかった。対馬は、まさに境界領域に位置する。

図1　浅茅湾

対馬中心部の浅茅湾は、写真のように入り組んだ海岸からなり、倭寇勢力にとって格好の隠れる場所であった

対馬の土地についてまずはその特性を見てみよう。対馬は南北八二km、東西一八kmの南北に細長い島で、面積は七〇九km²である。土地の多くが標高二〇〇から三〇〇mの山地で、島の九割近くが森林である。沿岸はリアス式海岸が多く、平地は

少なく、農業を大規模に展開することにはむいていない。北方部の重要な港である比田勝や鰐浦から、朝鮮半島までの距離は約五〇km、一方、対馬南部の最大の港町である厳原から、九州本土の博多までは一〇〇kmとなっている。朝鮮半島の方が近いことになる。このような地形的制限から、おのずと対馬の人々は、対馬を拠点としつつも、九州本土や朝鮮との間で活動することになった。

となりの大きな島である壱岐は平たん地が多く、古代から米作をはじめ農業が盛んであったのとは対照的である。

1　モンゴル襲来

よく知られているように、鎌倉時代後半、日本には二回におよぶモンゴル襲来（元寇）があった。一二七四年の文永の役と、一二八一年の弘安の役である。

文永の役では、一二七四年一〇月に朝鮮の高麗兵士を含む元軍約二万六〇〇〇人は、対馬・壱岐に襲来し、二つの島は相次いで陥落した。対馬では、地頭代宗助国以下八〇騎が迎え撃ち全滅している。現在助国以下の戦死を祀る塚が、対馬市小茂田浜にある。続く壱岐でも守護代平経高以下一〇〇騎らが全滅している。さらに壱岐を経由した元軍の一部は松浦地方を襲撃している。その後、軍は博多湾に上陸し、日本側は上陸を許したものの、元軍は船に戻ってしまい、結局撤退している。[1]

一方、弘安の役では、元軍は一二八〇年に征東行中書省という日本占領を見据えた部署

（1）元軍が船にもどった理由については、必ずしも嵐によるものではないという説もある。

図２　小茂田慰霊碑

モンゴル襲来に際して、最初に戦死した宗家や対馬の武士たちを祀る。現代でも慰霊祭が行われている（須田牧子氏撮影）

を朝鮮の開京に設置し、一二八一年、モンゴル・朝鮮人主体の東路軍四万人余と、中国人主体の江南軍一〇万からなる二つの大規模な部隊をもって日本へ再び襲来した。一二八一年六月、先発した東路軍は、対馬・壱岐を再び占領し壱岐を拠点とする。七月に江南軍と合流した元軍は平戸から博多への上陸を目指して、伊万里湾入り口の鷹島に移った。ところが七月二十日に暴風雨となり、元軍は決定的な損害を受けた。それを契機に日本側は大規模な掃討戦を展開し、生還した元軍は三万余りであった。伊万里湾は元軍兵士の遺体で埋め尽くされ、その上を歩くことすらできるほどであったという。

　この時、舞台となった壱岐や対馬、さらに松浦地方は現在の長崎県下にあり、そこでは、武士たちの戦死だけではなく、一般庶民もつれ去られるなど多大な被害をこうむっている。

　このような事態を招いた原因はモンゴル側の世界戦略と、日本の鎌倉幕府や京都の朝廷の海外に対する無関心が根底にある。

　日本襲来の出発点は、モンゴルの対アジア戦略の中核として、中国の宋王朝への包囲網構築計画がある。モンゴルは中国全土を占領するために、まず六回にわたって朝鮮を侵略しこれを配下におき、さらに、その対中包囲網完成のために日本へ文永の役の前に、モンゴル側は四回にわたって使者を送っている。

ところが、もう一方の当事者である日本側がこれを全く理解できていかなった。特に一二七一年ごろ、朝鮮では降伏した王室に反旗を翻し、反モンゴルを掲げる三別抄の乱が発生した。三別抄の勢力は、日本との対モンゴル共同戦線構築を目指し、やはり使者を送ったが日本側は、その書状の意味すら理解できなかった。現在東京大学史料編纂所が所蔵する「高麗牒状不審条々」という朝廷で作成された三別抄への返事をどうすべきか議論を反映した史料では、表面的な文言の解釈におちいっている。アジアで起きている深刻な情勢変化を、鎌倉幕府も朝廷も理解できていなかったのである。また、この三別抄の乱があったからこそ、モンゴル襲来は一二七四年まで遅れたということを当然ながら日本側は理解できていなかった。さらに一二七二年には二月騒動という北条一族内部の凄惨な争いも発生し、モンゴルが迫りつつある中で、本格的な対策を講じることができていない。

最初の侵攻である文永の役の後、一二七五年にモンゴルは降伏を求める使者を送ってくるが、幕府はこの使者を鎌倉で処刑するというある種の外交オンチぶりを発揮してしまう。一方で、一二七九年に宋は完全に滅亡し、元は、その余勢をもって第二次の日本への攻撃（弘安の役）を行った。

しかし、モンゴルの襲来は、日本のみが経験したことではなかった。東南アジアにおけるモンゴルの襲来を概観してみよう。

ビルマでは一二八〇年に侵攻が開始され、八七年にはビルマのミェン（パガン朝）王朝は滅亡に追い込まれる。

ベトナムは、当時北部のベトナムと南部のチャンパに分かれていた。一二八一年ベトナムに元の傀儡政権ができるが、チャンパでは反モンゴルの動きが活発化する。それに手を焼いたモンゴルはベトナムに協力を依頼するも拒否されたが、モンゴルはチャンパに侵攻し一時的に首都を占領する。しかし八四年にはチャンパ遠征軍は暴風雨により壊滅し、それをみたベトナムはチャンパへ援軍を送り、これよりベトナム＝チャンパ連合軍がモンゴルと対抗した。モンゴルは逆に八五年にベトナムの首都ハノイを一時占領するがすぐに奪還され、以後、戦線は泥沼化し、最終的に八七年の白藤江の戦いでモンゴルは決定的敗北を帰す。

インドネシアでも一二九二年長駆モンゴル軍は海からジャワを攻略するが失敗している。

東南アジア各地で、モンゴルは苦戦を強いられていることがわかる。そもそも補給線が伸びすぎである中で、あまり得意としない海戦ないし海際での上陸戦が続き、その上台風などの嵐の被害が大きかった。何より、モンゴル兵ではなく占領地の軍隊を前面に立てて戦うため、軍隊としての士気が低かった。

これら共通した敗因は、日本における元寇と共通の事象が見て取れる。端的に言えば、「神風」は日本だけではなく、アジア各地で吹いていたと言える。

日本の鎌倉幕府や朝廷が、当時のアジア世界の外交について疎かった一方で、境界領域に暮らす対馬やその周辺の人々はどうであったであろうか。確かに深刻な被害を彼らは受けていたが、モンゴル襲来があったのち、日本とモンゴルとの間で日元貿易は活発に行われた。

もともと中世の初頭には対馬にとって本土側対岸の博多に、宋人の商人が住みつき拠点とし、東アジア海域における貿易は、民間ベースでは活発化していた。対馬は日宋貿易の寄港地としても機能していたし、高麗との貿易にもかかわっていた。このような経済的結びつきは、モンゴルの襲来とはあまり関係なかったのである。日本からは砂金など金が輸出され、元からは絹製品や武具など様々な文物が持ち込まれていたとみられる。(2) 対馬や壱岐・五島の人々はこのような貿易の仕組みにかかわり生きていたことは、国家的政治軍事の問題とは別に考える必要がある。

(2)『青方文書』

2 境界領域に生きる倭寇

前節で述べたように、政治や外交の論理とは異なる世界が、対馬やその周辺の地域では展開していた。そして、鎌倉幕府が滅亡するころ、この地域は倭寇たちが跋扈することになる。

本土においては、鎌倉幕府滅亡後、南北朝時代をむかえ、政治的混乱が続いていた。そうなると、日本の境界領域に対する中央からのコントロールや指示がいきわたらず、治安などが安定しなくなる。倭寇の活動が活発化する下地ができあがっていた。

倭寇は、よく知られているように朝鮮半島南部を中心に襲撃した。この構成員たちは、現代的な意味では日本人とは言い難い人々も多くいた。九州北部のみならず、朝鮮半島南部や済州島・山東半島・江南地域まで広く広がる範囲で活動する人々であった。つまり現代の感覚でいえば、日本人もいたが、中国出身者や朝鮮出身者もいたのである。朝鮮や中国の陸上での社会からはみ出したマイノリティの人々が流れ込んだり、一度捕虜となってそのまま倭寇集団の一員になったりする者もいた。
彼らは、朝鮮王朝側の言葉で言えば「倭語」を話し、「倭服」を着ていた。これは日本語とは異なる言語であったとされる。逆に言えば、倭語を話し、倭服を着ていれば、誰でも「倭寇」になりえた。一四七二年に、朝鮮国王成宗は「(朝鮮側の)倭通事(一応日本語通訳とされる職種)が本州の日本語に通じていない」と述べており、「倭語」は、当時の京都周辺などで使われた一般的な言葉ではなかったことがわかる。また絵画に描かれた「倭寇」は刀を両手に一本ずつもつなど独特の所作をする人々と朝鮮や中国側から認識されていた。

このような、中央の政治権力から見れば辺境に位置する人々は、独自の生活空間を構築しており、時には朝鮮南部の人々、特に海民たちにとって倭寇との交流や合流には違和を感じていない人々も多かった。現在の見方でいえば、「諸民族雑居」な状態であるが、境界領域に生きる人々にとって、そのようにみられること自体が不自然であったとも言える。もちろん、注意しなければならないのは、このような状況は国籍や国境のないユートピアというわけではなく、腕力がものをいう悪平等の世界でもあった。また中央権力や、固有の定められた土地で活動することで生活する農民たちにとって、国境をやすやすと生活空間の一つとして越えていく人々は、国家の管理や課税対象として掌握しにくいわかりにくい存在でもあった。それゆえ時には、同じ地域の中の民衆世界においても分裂状況を招いていることは注意すべきであろう。

今度は、朝鮮との関係からみた対馬を考えてみよう。
一三七〇年代、日本の政治情勢を背景に倭寇の活動はピークを迎える。高麗王朝は一三八八年に軍船一〇〇隻余りを対馬に派遣し、倭寇の拠点を攻撃して、倭寇は下火となっていく。そして、朝鮮では倭寇討伐などで成果を挙げた李成桂によって李氏朝鮮が一三九二年に成立する。李氏朝鮮の倭寇対策は、力でもって制圧するのではなく、一部を受け入れることによって統御するという特徴があった(3)。

そして、李氏朝鮮とのつながりは、貿易や朝鮮における接待を伴うものであることから、この主導権をめぐって、対馬の島内の武士たち(ただし半ば商人でもある)の中で、やがて宗家が全体を統括することになっていった。

一四一八年に対馬国主宗貞茂が死去すると、対馬島内の勢力に変化が生じ、倭寇たちは遼東半島を目指して朝鮮半島西海岸に出没することになった。それに対して翌年、朝鮮王朝は倭寇活動によって対馬に兵力がないことをみこして反撃にでた。対馬に一万七〇〇〇人の兵力を送りこんだのである(応永の外寇、己亥東征)。その結果、朝鮮には一四二〇年に「辛戒道」なる使者が宗都都熊丸(貞盛)の代理と称して来訪し、朝鮮の一州と認めてくれるならば、朝鮮へ宗氏は忠義を尽くすと申し立てた。朝鮮側は、印章を与え、慶尚道所属とする。ところが直後に、本当の宗家の使者「仇里安」が訪れ、対馬の朝鮮への編入は日本への宣戦布告と主張、朝鮮側は元にもどすと返答することになる。この事件を経て、対馬と朝鮮関係は、一応の安定化をみることとなる。

朝鮮側は、来航する日本側の有力者などを受職人として、図書という銅の印鑑を与え、さらに書契を発給して来航者を制限した。一方、対馬側は日本側に与えられた図書を集積し、さらに対馬宗家からの紹介状がないと朝鮮への通行ができない文引制度を導入した。朝鮮側の下請けという側面もあるが、対馬島主宗氏にとって、島内における権力基盤を固

(3) 李氏朝鮮は、北方の朝鮮半島北部から中国東北部にいる女真族らを「野人」として受け入れ、「倭寇」と「野人」という南北の二つの集団を、儒教的観点から四夷を従えている小中華帝国としての朝鮮王朝という姿を演出することに利用した。

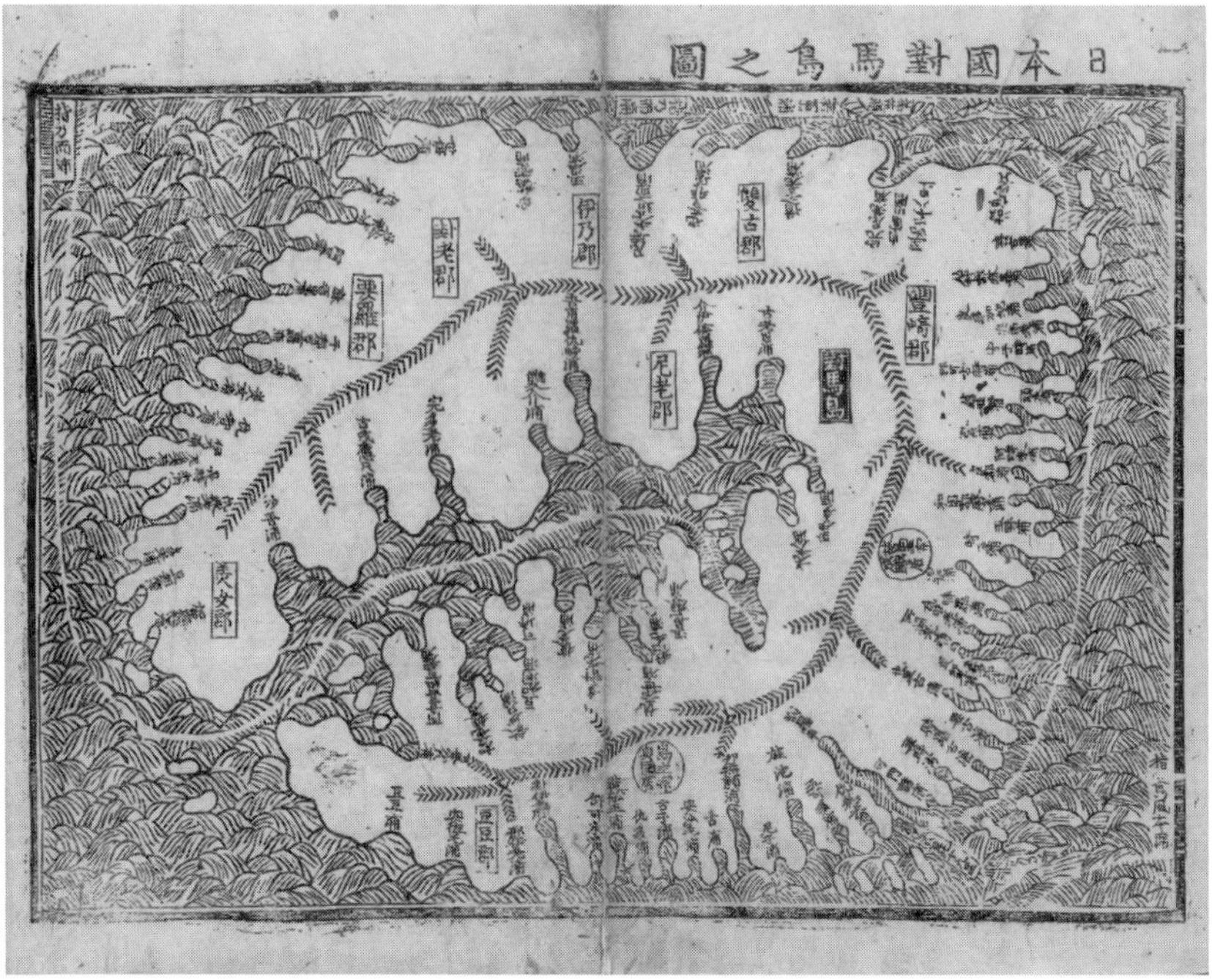

図3　対馬　『海東諸国記』元（国立公文書館所蔵）より
朝鮮から認識された対馬の地形を示す。

める手段として機能したのである。また、日本側の来航場所は、三浦（釜山・齋浦・塩浦）に定められ最盛期三〇〇〇人近い日本人が滞在していた。彼らは、貿易で食料を調達し、さらにできる限り朝鮮にとどまり、もてなしを受けることで生活をしていたのである。

　そして、対馬と朝鮮との間に一四四三年に癸亥《きがい》約条が定められ対馬宗家は年五〇隻と別の臨時船の権利をもった、他の通行者が年一・二隻であることから破格の待遇であった。さらに朝鮮側から日本への外交使節は、国内争乱のため対馬・壱岐止まりになることが一五世紀後半以降常態化したので、対馬が情報操作において優位な状況となった。その結果、博多の商人と共同で対馬の仕立てた「王城大臣使」（幕府の管領や守護大名の使い）が相次いで朝鮮へ到着することとなったが、多くの場合偽の使者で、実在しない人物すらいた。

　ところが、一四七〇年に朝鮮へ、偶然にも本当の日本国王使が来航し、彼らに正規の入港を認める牙符（割符）一〇枚が発給されたことから対馬などの勢力は大打撃をうけてしまった。対馬の人々の生き残りをかけたサバイバルゲームは躓いてしまった。

　その結果、一五一〇年には、対馬の援軍を得て、三つの朝鮮の港に半ば居住している倭人四五〇〇人余りが一斉武装蜂起したが、失敗に終わった（三浦の乱）。そこで新たに一五一二年に結ばれた壬申約条では、宗氏の派遣船は半減し、島内の他の有力者からの派遣は全廃されてしまった。そのため対馬は、再び偽の「日本国王使臣」を活発化させ、一五一一年から九一年に派遣された二五回の使者は、ほぼ偽の使いであった。そのために対馬は偽の「日本国王印」を作成することすらいとわなかった。その後一六世紀後半になると、徐々に対馬の権利は回復していく。その際、貿易においては日本から急速に産出されるようになった銀と、朝鮮での木綿の交換が基本となった。戦国時代の日本にとって、木綿は兵士の下着としての戦略物資でもあり、日本社会の需要は大きかった。

　戦国時代の対馬は、東アジアにおける巨大な流通網、それは日本社会そのものに必要な物資の調達に参与することで生き抜いたのである。

おわりに、サバイバルゲームの終焉

豊臣秀吉による日本統一がなされると、対馬宗家は、豊臣家に従い、対朝鮮交渉の役割を担うことになる。その結果が、秀吉の朝鮮侵略に際して、案内人の役として前衛部隊として朝鮮に攻め入ることは皮肉な結果であった。まさに中世に、対馬とソウルとを行き来した情報が役だったのである。以後、日朝関係は、秀吉ののち江戸幕府が、宗家を介して李氏朝鮮と外交関係をもつ近世的な在り方へと変容する。その際、かつて対馬を基軸に展開していた境界領域の人々の生活は、日本と朝鮮とに二分されて解体していくこととなる。

〔参考文献〕
村井章介『増補中世日本の内と外』筑摩書房、二〇一三年
同　『境界をまたぐ人びと』山川出版社、二〇〇六年
佐伯弘次編『街道の日本史四九　壱岐・対馬と松浦半島』吉川弘文館、二〇〇六年
同　『対馬と海峡の中世史』山川出版社、二〇〇八年
鶴田啓『対馬からみた日朝関係』山川出版社、二〇〇六年

『倭寇図巻』(東京大学史料編纂所所蔵)に描かれている倭寇。右側3人の倭寇のうち、真ん中の男は両手にそれぞれ刀をもち、膝より上まで服をたくしあげている。典型的な倭寇の描かれかたをしている。

column

鷹島海底遺跡

野上建紀

戦跡考古学は、戦争の傷跡や遺産などを対象とする考古学の一分野である。日本国内では今から七〇年ほど前にあった太平洋戦争の遺跡が中心となっている。沖縄戦の遺跡をはじめ、各地の軍事施設や防空壕などが研究対象となっており、長崎や広島に残る被爆遺構もまたその一つと言ってよいだろう。

しかし、陸上の遺跡は七〇年以上の歳月の中で戦闘の生々しさは昇華してしまい、失っているものも少なくない。今の平和の空の下、数十年前の殺戮や狂気を思い浮かべるには相応の想像力が必要である。その一方、海底では時が止まっているかのように、その生々しさがまだそのまま残されている。例えば、近年の科学技術の発達により海底探査の精度が上がり、深海における沈没船の発見が相次いでいるが、それらの中には戦争の遺跡も含まれる。東シナ海に沈んだ戦艦大和、フィリピン海底に沈んだ戦艦武蔵など、太平洋戦争で沈んだ軍艦が各地で発見されている。遺跡というより生々しさを残した海の墓標と言えるものである。

近代の長崎について、長崎市は軍需産業で栄え、佐世保は軍港として発展してきた。そのため、その最終的な帰結である長崎の原爆投下の遺構も含めて、戦跡考古学の対象となる遺跡も数多いが、長崎には太平洋戦争よりもはるか昔の戦争の遺跡が残っている。しかも海底にあるため、生々しさを残したままの戦の跡である。

図1　鷹島空撮（南から）

その遺跡は、伊万里湾に浮かぶ鷹島の南岸一帯に広がる鷹島海底遺跡である。一三世紀後半の元寇の遺跡である。史上最大の版図を誇り、当時大陸を支配していたモンゴル帝国は、二度にわたり、日本に襲来した。最初が文永の役、二度目が弘安の役とよばれているが、鷹島海底遺跡は弘安の役の際、暴風雨によって元軍が壊滅したと伝わる海域にある。記録によれば、朝鮮半島から来た東路軍九〇〇隻、四万の兵、中国から襲来した江南軍三五〇〇隻、一〇万の兵、合計四四〇〇隻、一四万の兵の多くが遭難したとも伝えられている。史上最悪の大海難といってよい。

戦国時代などをテーマにした大河ドラマや映画では、戦のシーンがよく現れる。荒涼たる戦場に力尽きた兵士、打ち捨てられた兜や鎧、折れた刀や矢が散乱している情景が広がっている。鷹島海底遺跡はそのような情景がそのまま封印されたような遺跡なのである。陸上の戦では遺体は集められて弔われ、武具や馬具は回収されてしまう。ところが海の底ではそうはいかないため、残されることになる。

そして、その遺跡は水深一〇メートルから二〇メートルの海底で見つかっている。正確には海底を更に一メー

図2　鷹島海底遺跡から出土した蒙古兵の兜（山本祐司撮影）

図3　鷹島海底遺跡から出土した陶磁器（山本祐司撮影）

図4　鷹島海底遺跡から出土した漆の櫛（山本祐司撮影）

トルほど掘り下げたところが七百数十年前の海底面であり、遺跡の面である。調査船からガイドロープを伝いながら、静かに海底に向けて潜降すると遺跡は現れる。光が届きにくく、濁りもあって、広く見渡すことはできないが、その海底の視界の悪さがかえって陰湿な戦の生々しさを醸し出している。

海底の発掘と言っても陸上のように掘ることは難しい。一般には掘るというより、エアーリフトなどの吸引機によって、水と土砂をともに吸引して掘削する方法を使う。海底下があらわになると、七百数十年前に海底に打ち込まれた碇《いかり》が、当時の角度のまま並んで残り、バラバラになった船材、蒙古兵の鉄兜、鎧の小札、刀、矢束《やたば》が散らばり、数は少ないが、頭蓋骨などの人骨も発見される。彼らの生活物資を貯蔵した大量の壷や食器として用いられた陶磁器類、漆製の櫛もあれば、木製の仏像、石製の硯《すずり》や装飾品など、武器や武具以外の人の暮らしを感じさせるものも現れる。

こうした海底の遺跡から何がわかるのだろうか。元寇の様子を視覚的に伝えるものとして、『蒙古襲来絵詞』がある。竹崎季長《たけさきすえなが》が元寇における自身の戦いぶりを描かせたものである。「てつはう」で攻撃する蒙古兵の姿や奮闘する鎌倉武士が描かれている。例えば、海底遺跡から発見された遺物は、その絵詞に描かれた蒙古兵の姿をモノによって復元することを可能にする。あるいは絵詞に描かれた姿や古文書の記述によって語られて来た元寇そのものの姿をモノによって検証することができるのである。自らの奮闘ぶりを描かせたものであれば、誇張もあるかもしれないし、細かい部分の不確かさはもちろん思い込みによる描写もあるかもしれない。物的資料を積み上げて、元寇の真の姿を描き出すことができる。

また、沈没船はよくタイムカプセルに例えられる。沈没船はその時代の器物をサンプルとして保存する大きな容器のようなものである。近年、鷹島海底遺跡で発見された元軍の沈没船のタイムカプセルはまだ封印されたままであるが、封印が解かれた時、新たな元寇の姿が明らかになるだろう。

陶磁考古学と長崎

野上建紀

はじめに

長崎県は国内有数の陶磁器の産地である。日本で初めての磁器を生産した肥前地域（現在の長崎県の大半部と佐賀県）の窯業圏の重要な一角を占めている。今、私たちは日常的に磁器を使えるようになっているが、それはここ二百数十年のことであり、江戸後期に波佐見（長崎県波佐見町）などの巨大な窯で量産された「くらわんか」碗、皿とよばれる器が全国に流通したことで、磁器が身近な器となっていったのである。長崎県は日本国内における磁器使用の普及に大きな貢献を果たした磁器産地である。

また、江戸時代には肥前地域の磁器は東南アジアやヨーロッパを中心に海外輸出されたこともあった。当時はいわゆる「鎖国」政策下であり、海外に向けられた磁器のほとんどは長崎から積み出されていた。この場合の長崎は今の長崎市である。海外との窓口であった長崎は情報の集積地であり、肥前地域の窯業圏に海外の需要を伝え、時には技術も中継して伝えた。

陶磁器の生産と流通の主舞台であり、陶磁器を通して歴史を学ぶフィールドとして、長崎はとても恵まれている。

1　考古学と陶磁器

考古学とは、人類の活動の痕跡から人類の過去を明らかにし、研究する学問である。すなわち、残された物（モノ）や跡（アト）から人類史を復元していく学問である。考古学では資料となるモノを遺物といい、アトを遺構といい、それらが合わさったものを遺跡という。

モノとアトを調べる考古学の手法はよく犯罪捜査に例えられる。数日前あるいは数年前の犯罪行為を物的証拠で立証していく過程は、数百年あるいは数千年前の活動を物的資料で明らかにしていく作業と似ている。

そして、遺跡を掘ると、大量に出土するものが陶磁器である。量において他の遺物を圧倒している場合が多い。もちろん、昔の人々が陶磁器ばかりを使っていたわけではない。それでは、なぜ陶磁器が大量に出土するのか。

まず陶磁器は土中にあっても腐らず、錆びて朽ちることもなく、消失することもない。おそらく陶磁器よりも紙や木といった植物性のモノの方が大量に消費されていたと考えられるが、それらは土中にあっては分解され、そのまま残ることはない。金など一部の金属を除けば、金属製のモノも錆びて風化し、やはりそのままの状態では残らない。遺跡で陶磁器が大量に出土するのは、こうした陶磁器の不変性が大きな要因である。

そして、腐ってなくなったりしないのは、石製品も同様であるが、両者の大きな違いは陶磁器が脆くて壊れやすい点である。脆いからよく残るというのは一見、矛盾しているようにに思えるが、多くのモノは不要になったら捨てられる。脆くて壊れやすいということはそれだけすぐに捨てられるということである。使って壊れては捨てるといった行為が繰り返されるため、結果的に大量に捨てられることになる。

加えて、陶磁器は再利用が難しい。金属製品は融かして作り直すことや他の製品に作り変えることもできる。木製品などは最終的に燃やして燃料として使用することもできる。それに対し、陶磁器は壊れてしまうと、新たな器物に作り直すこともできないし、燃やすこともできない。

すぐに壊れてしまうが、再利用もできないので、そのまま捨てられてしまい、それがそのまま形を変えずに土中に残るのである。そのため、遺跡からは大量に発見されることになる。

2　歴史資料としての陶磁器の性格

大量に出土してもそれが歴史資料として使えなければあまり意味がないが、陶磁器は歴史資料としても恵まれた性格をもっている。

まず陶磁器は使用者の文化や社会を反映しやすい。商品化されていない段階の陶磁器は、生産者集団＝使用者集団であり、生産者集団の技術や性格が直接、製品に反映されたものであるが、商品化された陶磁器には、使用者の需要も生産者をとおして、間接的に陶磁器に反映される。つまり、当時の文化や社会も投影され、時代を物語るのである。しかも日常的に使用され、壊れやすく、生産、使用、廃棄のサイクルが早いため、時代に伴う変化も即応的である。そのため、遺跡の年代を決める基準資料ともなるし、年代の細かい物差しとしても使える。

そして、陶磁器の場合、造形や装飾が比較的容易である。言い換えれば、制作者にとって自分の意図を技術的に表現しやすい。例えば、技術の巧拙の差はあるが、幼児においても造形や装飾の方法として、最も取り組みやすいのは「お絵かき」であり、次いで「粘土細工」ではないかと思う。陶磁器は主にこれらの方法で造形・装飾されており、表現しやすい造形物であることが理解できると思う。

また、陶磁器はおおよそ誰でもどこでも使うものである。もちろん土器を持たない文化も存在したが、陶磁器は、特定の民族、宗教、文化、性、年齢のみの人々が使用するものではない。そのため、多くの民族、宗教、文化が研究対象となり、その相互の比較も可能である。特に日本のように「属人器」[(1)]の文化にあっては、個人単位の行動の描き出しも可能になる場合がある。

このように、陶磁器は量、質ともに考古学にとって重要な歴史資料となるのである。

（1）特定の人だけが使う食器。飯茶碗や箸が代表的なもの。

3 陶磁器のライフヒストリーとその遺跡

陶磁器のライフヒストリーを簡単に記せば、生産され、市場に運ばれ、消費者によって使用される。そして、壊れて捨てられる。それぞれ舞台となる場所があり、それらが遺跡として残る。生産の舞台の代表的なものは工房や窯であり、消費の場は都市、農村、漁村、山村など人々が暮らす空間である。生産と消費をつなぐものが流通であるが、その舞台は港、倉庫といった物資の集散地の施設などがある。また、陶磁器のように重くてかさばるものを遠くへ運ぶためには船が用いられた。航路そのものは遺跡として残らないが、陶磁器を運んだ痕跡は時々、海底などに残される。沈没船や沈没した積荷などがそうである。流通のネットワークの結節点が港や倉庫、商家であれば、沈没船などは結節点を結んだ線の部分に位置づけられる。それでは、それぞれの舞台の遺跡をみていこう。

肥前地域には数多くの窯跡が残されている。その数は数百ヶ所に上り、その内、一八〇ヶ所以上の窯跡が調査されている。調査された窯跡の内、長崎県に所在する窯跡は、波佐見《はさみ》町二二ヶ所、佐世保市八ヶ所、松浦市一ヶ所、平戸市一ヶ所、大村市一ヶ所、長与町一ヶ

図１　畑の原窯跡出土状況

所、諫早市二ヶ所、長崎市四ヶ所である。それらの窯跡の調査でわかることは、生産技術やその系譜である。どのように生産していたかがわかり、窯跡間を比較することで技術的な系譜を知ることができる。また、特定の製品の細かな変遷もわかる。窯跡は製品を焼く窯本体とその付属施設（作業段や小屋など）と、失敗品などが捨てられた「物原」によって構成されている。失敗品はその場でまとめて捨てられ、それが一つ一つの層となって、積み重なり、物原を形成していく。発掘調査ではその積み重なりを逆に一枚一枚剥ぐようにして、掘り進める。そうすれば、製品や技術がどのように移り変わったか、知ることができるのである。その配列や配列作業を「編年」とよぶが、窯跡では小さい変化も捉えることが可能であり、細かい編年を行うことができる。ただし、あくまでも層序（土層の順番）によってわかるのは、その順番であり、相対年代しかわからない。その土層の絶対年代（暦年代）を知ることは難しい。

消費地の遺跡でわかることは、陶磁器の使用形態や役割である。長崎は貿易港であるとともに、消費地でもあり、遺跡を調査すれば長崎の人々が陶磁器をどのように使っていたか、知ることができる。生産地の物原の一つ一つの層と異なり、消費地では一つの土層や遺構に異なる生産年代のものが含まれる。数十年にわたって大事に使われたものもあれば、入手してすぐに壊れて捨てられたものもあるからである。落とした財布の中の小銭のようなもので、今日落とした財布であっても中にはさまざまな製造年の小銭が含まれる。

図 2　茂木港外海底遺跡

昨日落とした財布の小銭よりも今日落とした財布の小銭の方が新しい製造年とは限らない。そのため、層序のみで製品の変遷を知ることは難しいが、生産地の窯跡と異なり、陶磁器に限らず、いろいろなモノの「組み合わせ」を知ることができる。その陶磁器が同じ時代にどういったものと共存していたかを知ることができるのである。また、記録に残る火事などの災害に伴う土層が検出された場合、絶対年代も知ることが可能となる。

それでは沈没船はどうか。沈没船では流通形態を知ることができる。どういう組み合わせで、どのようにして運ばれていたかがわかる。例えば、長崎市茂木沖で発見された茂木港外遺跡は、佐賀県の塩田川流域のいくつかの窯場の製品を集荷し、積み出した船、あるいはその積荷が沈んだものである。この遺跡を調べることで江戸中期に全国に運ばれた肥前の陶器の流通形態を知ることができる。また、生産地と消費地をつなぐ流通に関わる遺跡は、歴史資料としても生産地と消費地の資料をつなぐものとなる。沈没船に積まれていた商品としての陶磁器の生産年代は厳密に言うとみな同じではない。別々の窯場で違う時に焼かれたものが、港で一つになり、船に積まれたものである。作られた場所も時間も異なるが、生産されてから船で運ばれるまでの期間はせいぜい長くても一、二年であろう。近世であれば、おそらく二年もあれば、地球の裏側までも運ばれる。そのため、沈没船の場合、積荷の生産年代の差は、考古学の編年上では誤差の範囲とみなすことも可能である。また、消費地ほどではないが、商品の「組

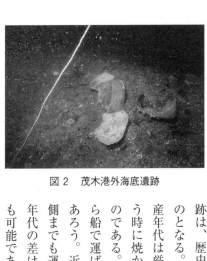

み合わせ」も知ることができる。すなわち、生産地の窯跡と消費地の遺跡の特質を併せ持つ資料とすることができ、生産地と消費地の編年の差を埋める資料となる。

4　長崎発の「陶磁の道」

陶磁器のライフヒストリーと書くと、一本の線のような単純な姿が思い浮かぶが、その物語の舞台はとても広い。古代より東西文化交流の道として、「陶磁の道」が存在し、大航海時代以降の近世のグローバル化に伴い、「陶磁の道」は世界中に張り巡らされた。

そして、江戸時代、肥前地域で生産された磁器も長崎から世界中に輸出された。いわゆる「鎖国」政策の中、長崎から始まる「陶磁の道」は、アジアをはじめ、アフリカ、ヨーロッパ、アメリカへとつながっていた。

白い磁器は東アジアの特産品であったが、一六世紀当時はその中でも中国と朝鮮に限られていた。一六世紀末に肥前地域で大陸からの技術導入により、唐津焼とよばれる施釉《せゆう》陶器の生産が始まった。文禄・慶長の役では多数の朝鮮人陶工が日本に連れ帰られ、その中には有田焼の陶祖とされる李参平（日本名、金ヶ江三兵衛）も含まれていた。そして、一七世紀初めには唐津焼の技術を母体として、日本で初めての磁器の生産が始まった。一六一〇年代頃とされている。積み出し港の名前に由来して、「伊万里」とよばれたが、ここでは現在の伊万里焼（今の伊万里市域で焼かれている陶磁器）と混同する恐れがあるので、学術用語として「肥前磁器」とよぶことにする。

磁器創始の頃はしばらく陶器と磁器を併焼していたが、一六三〇年代までに有田の泉山《いずみやま》で良質で豊富な原料が発見されると、時を置かずに有田では磁器生産に専業させる体制をとった。陶工が増えすぎて、燃料採取のために山々を伐り荒らしていることを名目に、寛永一四年（一六三七）に佐賀藩は窯場の整理統合を断行したが、その際、日本人陶工八二六人を追放するとともに、伊万里四ヶ所、有田七ヶ所の窯場を廃し、泉山に近い有田の東部地区を中心に一三ヶ所の窯場に統合した。廃された窯場はいずれも唐津焼を焼いていた窯場であった。陶器生産をやめて、付加価値がより高い磁器の生産に専念することは、限られた燃料の有効的利用でもあり、また結果的には朝鮮人陶工の保護にもつながった。

一方、佐賀藩のような政治的事件が知られていない隣藩の大村藩でも同様に磁器生産への専業化が行われている。波佐見の東部地区で発見された三股陶石の産出地の近くに窯業圏の中心が移った。磁器原料に恵まれた地域であれば、陶器生産から磁器生産へ変わる流れには経済的な必然性もあったのであろう。

有田の泉山陶石や波佐見の三股陶石などが発見されたことにより、磁器の量産化が可能になったが、当時は中国磁器がまだ大量に輸入されており、肥前磁器は量的には中国磁器を補完する程度の生産量であったし、質的にも中国の景徳鎮産に比べると大きく見劣りするものであった。

ところが東アジア情勢の変化がその後の肥前磁器の産地に大きな影響を及ぼすこととなった。すなわち、明から清への王朝交替とそれに続く清朝による海禁政策である。一六四四年には北京が陥落し、王朝交替に伴う中国国内の混乱により中国磁器がそれまでのように海外に輸出されなくなると、日本における中国磁器の輸入量も減少した。その結果、肥前磁器は国内市場の中で大きくシェアを伸ばしていった。全国の消費地の遺跡から数多く出土するようになるのはこの時期の製品からである。大橋康二は、一六四一年から一六四八年の八年間で有田皿屋の運上銀が約三五倍に急増したことを指摘している（大橋・尾崎一九八八、一一二頁）。

5　肥前磁器の海外輸出の開始

中国は世界中に磁器を供給していたため、中国磁器の輸出が鈍ったことで磁器が欠乏したのは、日本だけではなかった。そのため、一六四〇年代には中国磁器の代わりに肥前磁器が海外に輸出され始めた。山脇悌二郎によれば、一六四七年に長崎を出帆し、シャム経由でカンボジアに向かう唐船に「粗製の磁器百七十四俵」が積まれていたとする記録が、肥前磁器の海外輸出の初見であるという（山脇一九八八、二六五頁）。また、大橋康二はインドネシアやベトナムで出土した一六四〇年代の肥前磁器を紹介し、一六四〇年代の肥前磁器の海外輸出を考古学的に証明している（大橋一九九〇、九六頁）。

このように一六四〇年代に肥前磁器の海外輸出が始まったが、まだ技術的には「粗製」に見えるものしか生産できなかった。何と比較して粗製であるかと言えば、もちろんそれは中国磁器、特に景徳鎮産である。中国磁器の代用と言っても技術的に全ての需要を代用できたわけではなかったのである。景徳鎮並みの製品が焼けるようになるのは、一六四〇年代後半〜一六五〇年代を中心とする技術革新を待たなければならなかった。

一六四〇年代後半には、色絵（肥前地域では赤絵という）の生産が始まった。『柿右衛門家文書』の「覚」には、長崎にいた「志いくわん（四官）」という唐人から伊万里の陶器商人である東嶋徳左衛門が学び、有田の喜三右衛門《きそうえもん》（初代酒井田柿右衛門）に焼かせたとある。一六四七年頃のことである。続く一六五〇年代頃には多くの新しい技術が導入された。例えば、素焼き（下絵付けの前に一度焼成すること）、ハリ支え（皿の底部がへたらないように円錐形のハリで支えて焼く技法）、トンバイ（耐火レンガ）を用いた築窯技法、墨弾き技法（墨を用いて白抜き文様を行う技法）、チャツによる青磁の焼成技法などがあり、成形、装飾、焼成などの多くの工程に及ぶものであった。そして、製土のための水碓《みずうす》も一六六〇年代までには導入されたとみられる。この一七世紀中頃の技術革新によって、ようやく品質的にも景徳鎮産の磁器と肩を並べるようになった。

6　肥前磁器の海外輸出の本格化

肥前磁器の海外輸出に大きな役割を果たしたのは、鄭成功《ていせいこう》一派である。鄭成功は平戸生まれの日中混血児である。父は中国人の鄭芝龍《ていしりゅう》、母は日本人の田川マツであった。鄭成功は明の遺臣として、清に抵抗を続けた。鄭成功一派はアジアの海上交易を行うことで勢力を維持していたため、清はその勢力をそぐために一六五六年に鄭氏らとの交易を禁じる海禁令を公布した。その結果、一時的に中国磁器の輸出が停止し、肥前磁器の市場は海外へ一気に広がったのである。中国磁器の貿易ができなくなった鄭氏らは肥前磁器に商品を切

図３　長崎市興善町遺跡出土磁器（1650〜1660年代）

り替えたのである。海禁令が公布された直後には、長崎に来航する船は鄭成功一派の勢力圏からの船に限られ、大量の肥前磁器を積み込んで、鄭成功の本拠地である福建の厦門や安海などに向けて出帆した（山脇一九八八、二七六頁）。

一六五九年にはオランダ東インド会社も有田に大量注文を行い、ヨーロッパへ大量に肥前磁器が輸出されるようになった。一六五〇年にはすでにオランダ東インド会社は、インドシナの商館などに向けて肥前磁器を輸出していたが、海禁令以前のオランダ船による輸出先はおよそ東南アジアの範囲を超えるものではなかったし、病院向けの薬用瓶や膏薬壷など実用品が主体であった（山脇一九八八）。ところが技術革新を経て、景徳鎮産に見劣りしない磁器となったことで、ヨーロッパ向けの商品として認められたのである。その結果、肥前磁器は、東南アジアをはじめ、南アジア、西アジア、東アフリカ、そして、ケープタウンを経由してヨーロッパへと輸出された。また、マニラに運ばれた肥前磁器はスペイン船に積み替えられて、太平洋を渡り、中米、カリブ海、南米へと運ばれていったのである。

肥前磁器は世界の需要に応えていった。東南アジアのベトナムには碗と小皿が運ばれた。碗と小皿の組み合わせは日本の需要と似るが、碗も小皿も日本国内向けよりも少し大きめである。碗は染付見込み荒磯文碗、小皿は染付日字鳳凰文皿が代表的な製品であった。いずれも一七世紀前半には中国製のそれらがベトナムに輸出されており、肥前磁器はそれらを真似て生産されたものであった。同じインドシナ半島でもカンボジアやタイは碗が主体である。染付見込み荒磯文碗の類が大量に発見される。イスラーム文化圏のインドネシアは、中皿や大皿が多く見られる。大皿に料理を盛り、それを囲んで皆で手で食べる食文化が思い浮かぶ。また、インドネシアにはオランダ東インド会社のアジア拠点であるバタビアが陶磁器貿易の集散地・中継地となっていたため、インドネシア自体の需要以外の需要に応えた陶磁器も運ばれていた。そのため、本来はインド洋以西に運ばれるはずであったものが何らかの理由で残されたものもある。その中にはヨーロッパ向けのものも含まれる。

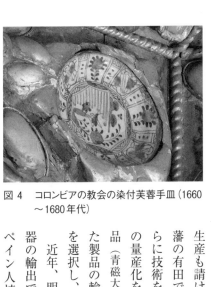

　ヨーロッパへは主にオランダ船が輸出したが、長崎の出島に商館を置いたオランダ人は多種多様な製品の生産を要求した。陶工らはおそらく触れたこともないヨーロッパの文化や生活に合った磁器の生産を要求され、また王宮や宮殿を飾る大壺や大瓶などの装飾品の生産も請け負った。それらを主に引き受けたのは佐賀藩の有田であり、有田はその要求に応えていく中でさらに技術を向上させ、生産体制を整えて、多様な製品の量産化を行った。一方、大村藩の波佐見は一部の製品（青磁大皿など）を除いて、専ら東南アジアに向けた製品の輸出を行った。質よりも量が重視される製品を選択し、その量産を行ったのである。

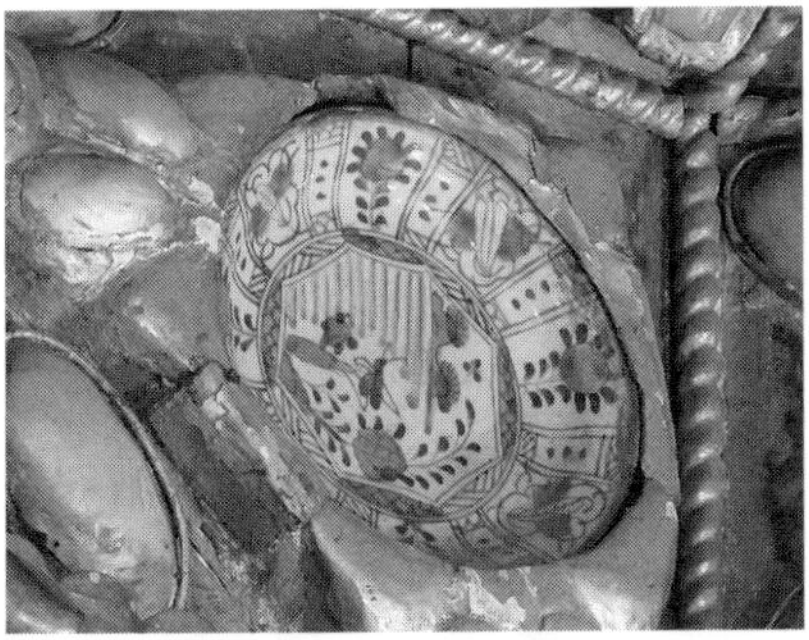

図4　コロンビアの教会の染付芙蓉手皿（1660〜1680年代）

　近年、明らかになったのがアメリカ大陸への肥前磁器の輸出である（野上二〇一七）。アメリカ大陸へはスペイン人植民地を中心に染付芙蓉手皿などの皿類、チョコレートカップなどが運ばれた。当時、アジアとアメリカとの直接的な貿易を担っていたのはスペインであった。いわゆる「鎖国」政策下、スペイン船は長崎に来航することはできなかったが、長崎に来航する唐船が肥前磁器をスペインのアジア側拠点であるマニラに輸出し、そこで入手したスペイン人たちがガレオン船でマニラからメキシコのアカプルコなどへ運んだのである。しかし、長崎からマニラへ直接、肥前磁器が運ばれたという記録は確認されない。福建省沿岸部の港市や台湾の台南を中継した可能性が高い。これらの地域は先に述べた鄭氏一派の活動拠点であり、いずれもマニラで出土する肥前磁器と同種のものが出土している。また、方真真は、台湾からマニラに輸入されたものの税関記録の中にも「日本の皿」など肥前磁器と思われるものが含まれていることを紹介している（方二〇〇三）。

このように長崎から始まる「陶磁の道」は地球の裏側の南米大陸までつながる道であり、それは前代の中国磁器がたどった道をなぞるものでもあった。

7　国内に磁器を広めた肥前磁器

肥前磁器の海外輸出は、明から清への王朝交代とその後の海禁政策によって始まり、盛んになったことはすでに述べた。そして、海外輸出が大きく減退していく要因もまた中国の情勢の変化にあった。ついに一六八三年に鄭氏一派が清に降伏したのである。海禁政策の前提がなくなった清は翌一六八四年に展海令を公布し、海禁令を解除した。その結果、中国磁器の再輸出が本格化し、肥前磁器は海外市場を奪われていった。長崎におけるオランダ貿易による肥前磁器の輸出は続くが、唐船が中国磁器の貿易に立ち戻ったため、とりわけ東南アジア市場を失うこととなった。

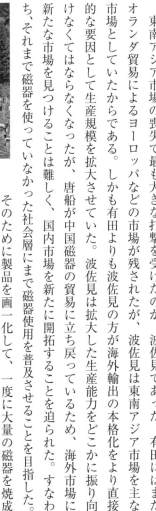

東南アジア市場の喪失で最も大きな打撃を受けたのが、波佐見であった。有田にはまだオランダ貿易によるヨーロッパなどの市場が残されたが、波佐見は東南アジア市場を主な市場としていたからである。しかも有田よりも波佐見の方が海外輸出の本格化をより直接的な要因として生産規模を拡大させていた。波佐見は拡大した生産能力をどこかに振り向けなくてはならなくなったが、唐船が中国磁器の貿易に立ち戻っているため、海外市場に新たな市場を見つけることは難しく、国内市場を新たに開拓することを迫られた。すなわち、それまで磁器を使っていなかった社会層にまで磁器使用を普及させることを目指した。

図５　中尾上窯跡遠景

そのために製品を画一化して、一度に大量の磁器を焼成して量産する方法が採られた。年代が下がるほどに、窯は巨大化し、文様は簡略・粗略化していき、重ね積みも多用された。こうして波佐見は複数の世界最大級の登り窯が煙を立ちのぼらせる窯場となった。

江戸中・後期に量産された波佐見焼は、「くらわんか」碗・皿ともよばれ、全国に運ばれた。当時の都市部だけでなく、農村部の遺跡からも出土することから、磁器使用の普及に大きな役割を果たしたことがわかる。展海令直後には、堰を切ったように唐船が長崎に来航し、再び中国磁器をもたらした。東南アジア市場では前代にまして大量の中国磁器が流通するようになったが、日本本土では長崎以外の国内市場で目立つほど流通することはなかった。有田や波佐見の磁器が国内市場を抑えたことが中国磁器の再輸入を防ぐ結果となったのである。

波佐見焼など長崎の磁器生産地は、磁器使用の普及の上で、もう一つ大きな役割を果たしている。それは磁器生産の技術伝播である。江戸後期になると、肥前の磁器生産技術が全国に広まっていった。波佐見の陶工の一部が長崎近郊の長与（長崎県長与町）に移り、やがて長与の陶工の一部は、愛媛県の砥部焼、熊本県の高浜焼などに招かれた。また、同じ肥前でも離島である五島列島の福江島にも波佐見か長与の陶工が参画している。その他、「波佐見系」の技術は直接的、間接的に全国に伝わっている。全国市場を相手にする有田や波佐見に比べると、それらの地方窯一つ一つの窯場の商圏は地方市場にとどまる小さなものであったが、磁器を日本国内の隅々まで普及させる上で大きな意味があった。

おわりに

オランダ船や唐船は、大量の肥前磁器を長崎から積み出していた。長崎から始まる「陶磁の道」は世界各地へとつながっていたのである。そして、その後、長崎県内の波佐見などの窯場で焼かれた陶磁器は日本国内に広く流通し、それまで特定の階層や社会のものであった磁器を身近なものとしていった。

長崎は陶磁器の生産と流通の主舞台であると書いた。そのため、長崎県内の窯場や長崎市内の遺跡を発掘調査すると、膨大な量の陶磁器が出土し、それらは多くのことを我々に教えてくれる。陶磁器からわかることは人類史全体から見れば、ごくわずかなものに過ぎないが、それでも過去をひもとく貴重な資料となる。

最後に膨大な量の陶磁器が出土する可能性がある二つの長崎の遺跡を紹介しておこう。一つは元寇の際、元軍が暴風雨によって壊滅したと伝えられる鷹島の海底遺跡である。十数万の兵が乗った軍船の多くが沈んだと伝えられている。史上最悪の海難と言ってよい遭難である。十数万の人の生活用品、貯蔵容器としての陶磁器となれば、相当な量であろう。一部は引き揚げられているが、多くはまだ海底に眠ったままである。

もう一つはナガサキの陶磁器と書いた方がよいかもしれない。昭和二〇年八月九日の原爆投下によって一瞬にして破壊された街とともに、壊された陶磁器である。街そのものが消滅しており、おそらく壊れて捨てられた陶磁器の数も夥しいものであったろう。その夥しさは悲劇の大きさであり、「属人器」であるがゆえに、尚のこと悲惨さを物語る。長崎の今の町はその上に築かれている。

〔参考文献〕
大橋康二「東南アジアに輸出された肥前陶磁」『海を渡った肥前のやきもの展』佐賀県立九州陶磁文化館　八八―一七六頁、一九九〇年
大橋康二・尾崎葉子『有田町史　古窯編』有田町史編纂委員会、一九八八年
野上建紀『伊万里焼の生産流通史』中央公論美術出版、二〇一七年
方真真「明鄭時代台湾與菲律賓的貿易關係―以馬尼拉海關紀録為中心」『台湾文献』第五四巻第三期　五九～一〇五頁、二〇〇三年
山脇悌二郎「貿易篇―唐・蘭船の伊万里焼輸出―」『有田町史　商業編Ⅰ』有田町二六五―四一〇頁、一九八八年

column

長崎発のチョコレートカップの旅

野上建紀

コーヒーカップやティーカップについてはどんなものか知っていると思うが、チョコレートカップについてはあまり耳にしたことがないのではなかろうか。チョコレートは世界中で愛されているスウィーツであるが、もともとは固形物ではなく、飲み物であった。チョコレートの原料であるカカオの原産地の中米のマヤやアステカの人々は、カカオをお金、貢納・交易品、薬として扱い、カカオは高貴な人々や戦士の飲み物であった。スペイン人による征服当時の彼らはカカオの豆を乾燥させて、炒り、挽いて、練り粉にし、それに水を加えてどろどろにして、トウモロコシの粉やトウガラシ、アチョテ（食紅）などを加えて飲んでいた（八杉二〇〇四、五五頁）。およそ味の想像もできないが、当時のヨーロッパ人は現地でその飲み物を評して「人間にではなく豚に適したもの」と記述しているほど奇異な飲み物に見えたようである。その時点では、まだチョコレートは土着の飲み物であり、世界商品にはほど遠かった。

しかし、一七世紀にはコーヒー、茶とともにチョコレートもヨーロッパで広まっていった。土着の飲み物であったチョコレートがヨーロッパでも普及するようになった理由の一つは飲み方の変化であった。水に溶かしてトウガラシを入れて飲む方法から、湯に溶かして砂糖やバニラなどを加える方法への変化である（八杉二〇〇四、六四頁）。特に砂糖との出会いが大きかった。砂糖と出会うことで、多くの人が好む嗜好品へと変わったのである。

そして、チョコレートの普及とともに、それを飲むために作られたカップがチョコレートカップであった。年代が明らかな沈没船の資料や静物を描いた絵画資料などをみると、一六四〇年代頃には中国の景徳鎮で磁器のチョコレートカップが生産され始めている。しかし、すぐに中国では作られなくなり、一七世紀後半にはその生

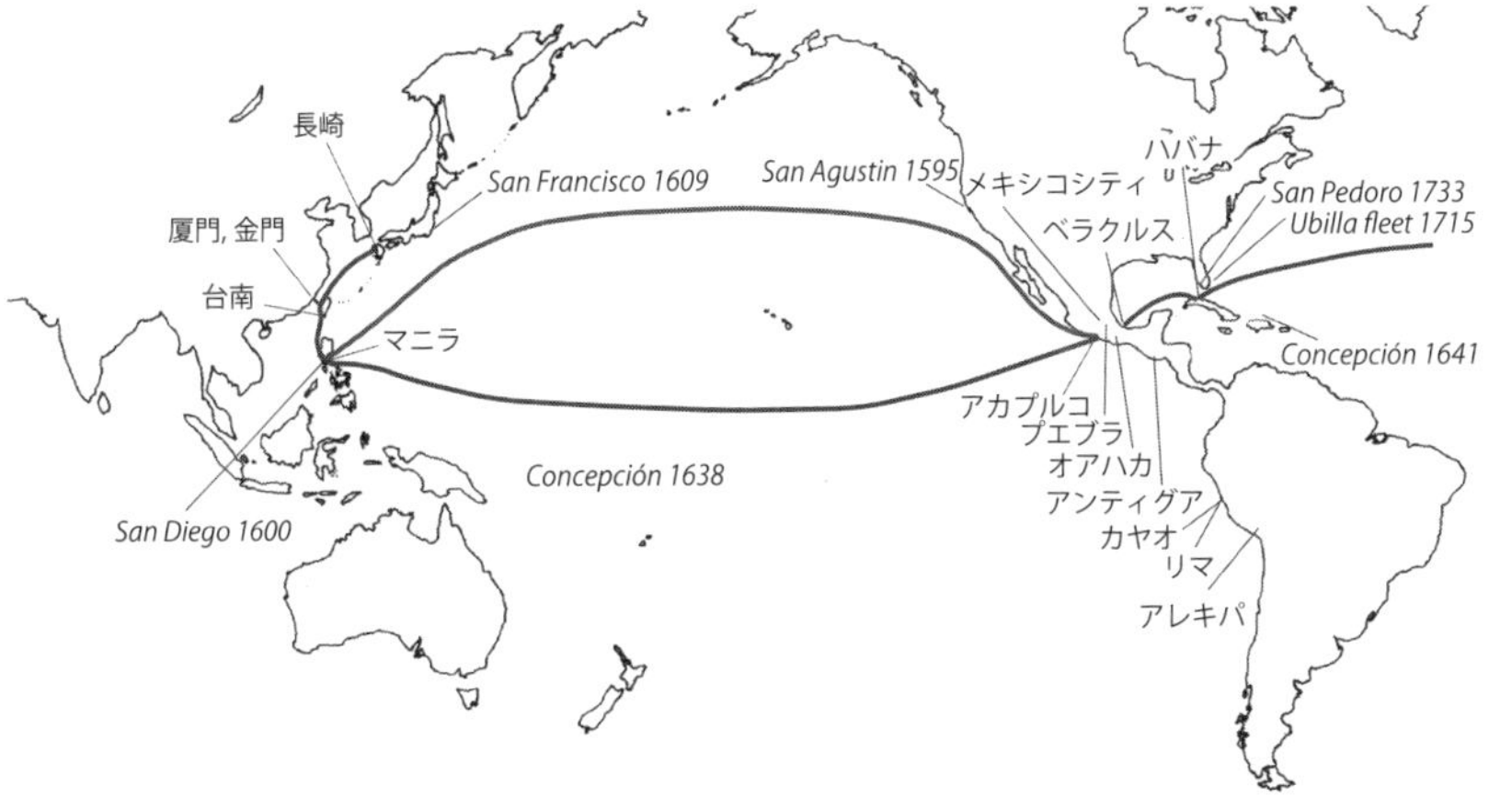

図１　ガレオン貿易関連地図

図２　沈没船から引き揚げられたチョコレートカップ

産地は日本の有田（佐賀県有田町）に移され、長崎から世界へ輸出された。なぜなら明から清への王朝交替によって、中国国内が混乱し、中国磁器の海外輸出そのものが減ってしまったからである。それではチョコレートカップとはどのようなものであったのか。いくつか特徴があるが、一つだけ挙げるとすれば、コーヒーカップやティーカップに比べて「背が高い」ということである。当時の日本にはチョコレートを飲む文化はなく、有田の陶工たちは飲んだことも見たこともない飲み物のための背の高い器を作ったのである。この有田焼のチョコレートカップは実に広い範囲にわたって流通している。ヨーロッパではコーヒーや茶に押され気味であったが、カカオの原産地に近い中米、カリブ海、南米のスペイン人植民地ではチョコレートが他の飲み物を圧倒していた。少なくとも一八世紀前半ぐらいまではそうではないかと思う。そして、今でもカカオ文化が根強く残る。そのため、中南米の多くの遺跡で一七世紀後半から一八世紀前半にかけての有田焼のチョコレートカップが数多く発見される（野

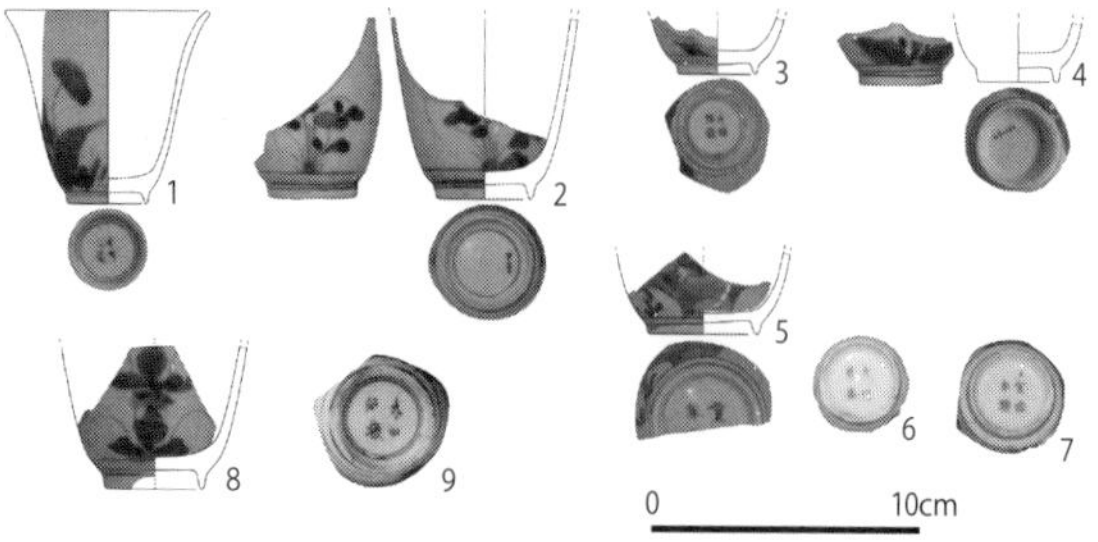

図４　南米ペルーで見つかった有田焼のチョコレートカップ

図３　絵画に描かれたチョコレートカップ（八杉 2004）

上二〇一七）。長崎から積み出され、スペインのアジア側の拠点のマニラからガレオン船で運ばれたものであった。

当時の日本は、いわゆる「鎖国」状態であり、マニラを拠点としていたスペイン人は日本に来ることができない。それでは、どうやって手に入れていたのか。ここでチョコレートカップがどのような旅路をたどったのか、見てみよう。まず有田の窯場で焼かれたものが、長崎に持ち込まれる。いわゆる「鎖国」時代に長崎に来航できるのは、オランダ船と唐船に限られたが、オランダはスペインと敵対していたので、オランダ船がマニラに運んだとは考えにくい。やはり長崎から積み出したのは唐船であろう。しかし、唐船は長崎からマニラへまっすぐ向かったのではない。まず台湾の台南地域を目指し、そこを中継してマニラに運び込んだ。なぜなら台南地域は、日本の磁器の海外輸出を担っていた鄭成功《ていせいこう》一派の本拠地であったためである。一七世紀後半の台湾からマニラへの税関記録の中にも「日本の皿」、「チョコレートカップ」などの記録が見える。

マニラでは中国商人からイントラムロスのスペイン人へと渡り、マニラからガレオン船で数ヶ月かけて、北太平洋を横断し、メキシコのアカプルコへ運ばれた。そして、ラテンアメリカのスペイン人植民地の世界へ届けられたのである。遠い旅路である。

チョコレートの主となる原料は、中米のカカオである。そして、チョコレートに入れる砂糖は中南米、カリブ海のプランテーションで生産されたものであり、その生産を担った労働力はアフリカから連れて来られた奴隷であった。そのアフリカへはヨーロッパから工業製品がもたらされている。そして、そのチョコレートを飲むための器がアジアのチョコレートカップだった。それはアメリカからの銀がアジアに運ばれ、その帰り荷に渡ってきたものであった。一杯のチョコレートは、アジア、アメリカ、アフリカ、ヨーロッパの大陸間の交易によって生み出されたものであり、前近代の貿易のグローバル化の産物であった。

コーヒー、茶、チョコレート、そして、砂糖も消えてなくなるが、チョコレートカップは破片となっても残る。遺跡で発見されるチョコレートカップの破片をたどる旅は、長崎が組み込まれていた当時の世界貿易をたどるものでもある。

〔参考文献〕

野上建紀『伊万里焼の生産流通史』中央公論美術出版、二〇一七年
八杉佳穂『チョコレートの文化誌』世界思想社、二〇〇四年

出島のオランダ人とは

木村直樹

江戸時代の長崎が、他の都市と異なる側面があるとすれば、それは、異国人の存在である。長崎奉行を筆頭に江戸の幕府から派遣された旗本たち、蔵屋敷にいる大名家の家臣、町人という組み合わせは、江戸や大坂などの江戸幕府直轄都市でも見ることができるが、異国人が常駐するのは、長崎特有の状況である。

それでは、日本に来航した異国人たちは、いわゆる「鎖国」の状況となった一七世紀の半ばから、どのような扱いになっていたのかをオランダ人の事例から考えてみよう。

1　オランダ東インド会社の定着

オランダ東インド会社が日本に定着するまでの道のりを概観してみよう。一六〇〇年、

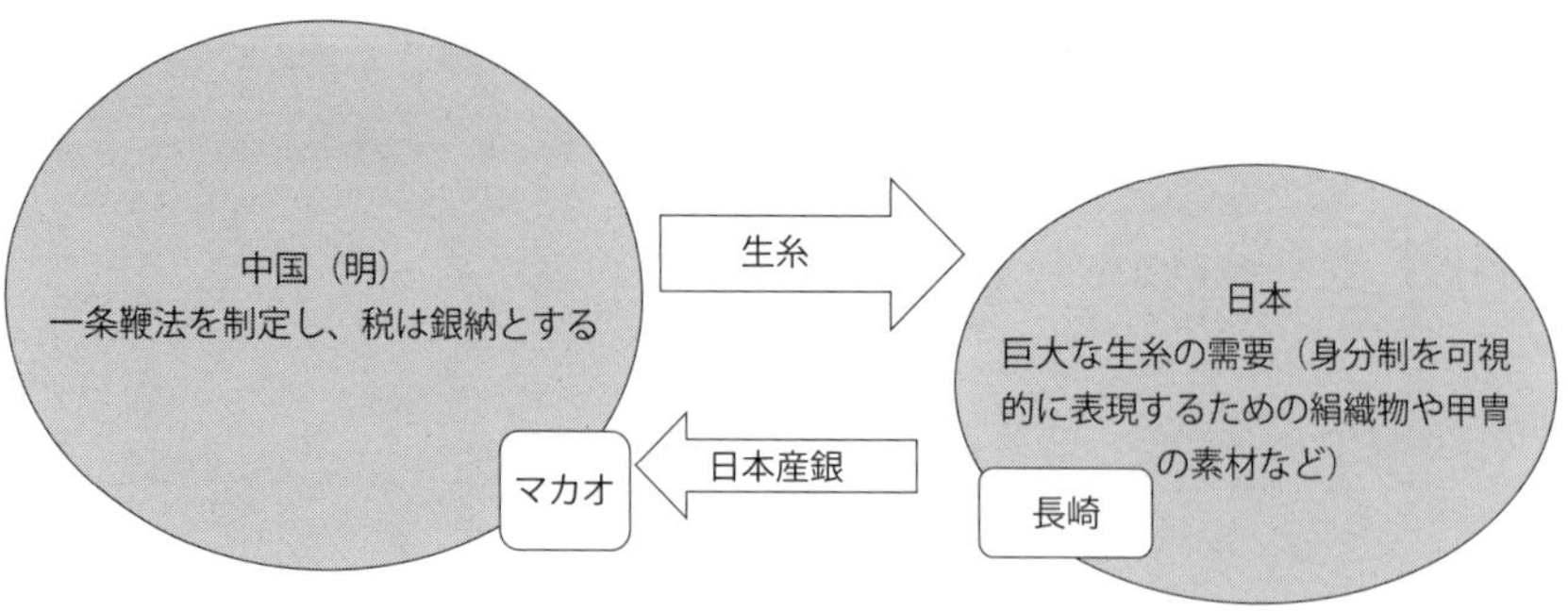

図１　17世紀初頭の貿易構造

マゼラン海峡を経由して太平洋を横断したオランダ船リーフデ号が、豊後に漂着したことから日蘭関係は始まった。一六〇二年にはオランダ本国で連合オランダ東インド会社（ＶＯＣ）が結成され、オランダのアジアへの本格的進出が始まる。一六〇三年には、マレー半島東岸のパタニにオランダ商館が設置され、その情報を江戸幕府は入手して、一六〇五年、幕府は日本への渡航許可朱印状を発給し誘致することとなった。そして、一六〇九年になって、平戸に商館が設置されて、本格的な日蘭関係がはじまった。

オランダ社会全体が、北海やバルト海貿易で磨いた貿易のノウハウや船の運航技術を用い、さらにヨーロッパ勢力の中でアジアに先駆けてやってきたポルトガルを追って、アジアに進出をしているという背景がある。一五八〇年から一六四〇年までポルトガルはスペインと同君連合下にあり、かつオランダは、スペインからの独立戦争を展開していたから、ポルトガルを追う政治的な正統性もあった。

しかし、当時の東アジア貿易では【図】のように、中国大陸やその周辺の生糸を、日本に持ち込み銀と交換することが最大級に利益の出る貿易の仕組みであった。ポルトガルはマカオに拠点を置き、かつイエズス会とのつながりから長崎にも拠点があり、一番中心のルートを押さえてしまっていた。後発のオランダ東インド会社としては、中国以外の東南アジアなどで出会貿易を行うか、ポルトガル船を襲撃するという手段をとらざるをえなかった。

一六二〇年に平戸において、オランダ東インド会社と、同様に日本貿易に苦戦していたイギリス東インド会社は、前年の本国の本社同士の協定を前提に、連合艦隊を結成し、ポルトガル船などの襲撃に乗り出し、一定の成果をえた。しかし、日本を拠点に、日本に来航する船舶を襲撃するような事態を江戸幕府が許容するわけもなく、一六二一年には幕府は海賊禁止命令を発し、海賊行為というビジネスモデルは破綻した。結果、イギリスは一六二三年には日本から撤退し、薬種などでかろうじて日本貿易を維持していたオランダ東インド会社は、日本においていわば海賊から商人へと転換を迫られた。

その後、台湾事件による、一時中断があったものの、一六三九年になり、ポルトガル船が日本から追放されると、オランダにもチャンスが巡ってきた。ただし、今度は、鄭成功一族を始めとする唐人商船との競争の始まりでもあった。

その後、オランダは、一六四六年にポルトガルと本国が休戦になったことから、幕府よりポルトガル人宣教師などを連れてくる疑いがもたれ、当時定期化しつつあった商館長の江戸参府も中断する時期があったが、最終的に一六五〇年に将軍への感謝を伝える「偽の特使」が仕立てられ、以後「将軍の御被官」という立場で定着することとなった。

一七世紀、オランダ東インド会社は、対日貿易によって、銀や金などを入手し、それをアジアにおいて貿易品調達の原資としており、同社の活動にとって重要な拠点であった。

また一七世紀には、同社のアジアのトップであるバタビア総督に日本商館長出身者がなることもあった。

しかし、日本からの金銀の産出が激減し、一七世紀末から一八世紀になると、日本の貿易制限政策が順次強化されるにいたる。その後、一八世紀後半になると、同社内部で、日本貿易縮小や撤退論すらでる状況になっていく。

一方、一八世紀になると、日本社会は、西洋の科学すなわち蘭学に注目するようになる。八代将軍徳川吉宗の実学志向から、同社を経由して、ペルシャ馬が輸入され、オランダ語の動植物事典の翻訳などが行われ、やがて社会全体に、蘭学を学ぶ機運が広まる。さらに蘭学を社会的に認知させたのは、杉田玄白や前野良沢らによる有名な医学書『解体新書』の翻訳出版であった。また、オランダ語を学ぶ環境も一八世紀末になると、日本語で書かれた辞書や文法書なども整い始め、一定の学習環境がととのってきた。しかし、一八世紀末はロシアが日本列島北方に姿を見せるようになることから、日本側でも軍事技術に結び付く西洋科学への関心は高まるが、政治と科学とが不可分な関係となり、蘭学は「政治の時代」を迎えることにもなる。同じ時期にオランダをはじめ欧州では、日本の北方地域や博物学的観点からの日本研究も本格化する。

ところが、フランス革命の影響によってオランダは、バタビア共和国の設立やナポレオンの弟をオランダ国王にいだくなど、フランスの政治的影響を強く受け、一七九九年にはオランダ東インド会社は解散してしまう。この混乱でインドネシアから日本への船をおくることもままならない状況が、一八一五年のオランダ王国設立まで続く。

一九世紀になるとオランダの植民地体制の延長線上に日蘭貿易は位置付けられ、貿易は新設されたオランダ貿易会社なども関わり、有名なシーボルトの日本派遣もまた貿易強化のための日本調査という側面があった。

幕末になると一八四四年のオランダ国王の開国勧告をはじめ、一八五五年からの長崎におけるオランダ海軍の伝習開始など、対日外交においてイニシアチブをとったが、その後、一八五八年の日蘭通商条約以降、オランダは他の欧米諸国との協調路線をとることになる。出島も同年以後オランダ領事館が設けられ、日本人が自由に出入りできるようになり、一八六六年には外国人居留地の一部に編入され、西洋への唯一の窓口としてのオランダ人が駐在する出島は、歴史的役割の終わりを迎えることになった。

2　出島の仕組み

オランダとの窓口として有名な出島は、当初オランダ人のための施設ではなかった。出島が建設された当時、オランダ人は長崎県の北部の平戸を拠点として商館を設けていた。

出島はもともとキリスト教対策のためにポルトガル人を収容するために建設された。寛永一一年（一六三四）に着工され、同一三年に完成し、この年以降来航したポルトガル船は交易期間中、出島に閉じ込められたのである。ところが、一六三九年にポルトガル人が日本から追放されると、出島は空き家となってしまった。そこへ一六四一年に、幕府はオランダ商館を平戸から出島に移転させた。それまでオランダとの貿易は、平戸藩松浦氏を

図２　出島外観

明治の河川工事のため現在の出島は４分の３の大きさになっている。

介していたものが、長崎で直接管理下におくことになったのである。

現代でこそ、出島は陸地のビルの谷間に存在するが、江戸時代は海岸部にあった砂州を基本の土台として、扇形の島が造成されている。幅七〇メートル、南側の長さは二二〇メートル、北側は一九〇メートル、約一五〇〇〇平米の広さとなる。[1] 造成にあたっては、長崎の有力町人たちが出資して作り、彼らが年間五五貫（現代であれば数億円）の家賃をオランダ側から徴収していた。当初は高い金額であったが、幕末まで家賃は固定され、一方で物価はインフレとなっていたので、支払うオランダ側からすると、相対的には安くなっていったと言える。出島の中は、オランダ人たちの居住区、輸出入品倉庫、庭園・家畜小屋や薬園などの生活の維持のための空間、日本側の下級役人である地役人の詰め所などに分かれており、各建物の維持や修理の費用をだれが負担するかは、建物ごとにあらかじめ決まっていた。

よく知られているように、出島に来たオランダ人たちは、商館長や医師・同行の事務担当者など一部の者が江戸へ数ヶ月間にわたる参府の旅に行く以外、出島の中で生活する。長崎の都市祭礼である「くんち」の見学など、たまに例外的に外出が認められるだけであった。

（1）現在の出島は、明治時代の河川の拡幅工事によって、全体の幅の四分の一が削られた姿になっている。

このように半ば隔離して管理されていたオランダ側であるが、それなりのメリットも存在した。オランダ側は、日本に船舶が到着すると長崎港の入り口で、銃器や火薬などを日本側に預けることになっているので、出島にはオランダ東インド会社の兵員は原則存在しない。オランダ東インド会社がアジア各地に設置した商館は自前の兵力を数百から数千人の規模で維持していることから、狭い出島は、維持管理においては他の商館ほど人件費がかからず、もっぱら貿易業務だけ遂行すればよかったのである。(2)

そして、一七九九年のオランダ東インド会社の解散までは、年間約一〇人強のオランダ東インド会社の職員が出島に滞在した。それ以後は、オランダのアジアの拠点バタビア総督府から人が派遣されている。そして、オランダ人の職員たちが連れてくる東南アジア出身の召使いたちもいたので、合計で二〇~三〇人弱が、出島で通年暮らしていた。オランダ船が入港すると、船長など一部幹部だけは出島に短期滞在することを許されるので、初夏から初秋までの貿易期間は、もう少し滞在する人数が多かった。

オランダ東インド会社の社員は、一般的にはオランダ人だと思われがちだが、実は社員は、オランダだけではなく、ヨーロッパ各地の出身である。スウェーデンなどの北欧諸国や、当時は様々な王国の連合体であったドイツ地域出身者も多い。「黄金時代」を迎えていた一七世紀、オランダの豊かさを求めて、同じゲルマン言語圏出身のオランダ人以外の職員は多くいたのである。

出島に滞在する「阿蘭陀人」と日本側に見られていても、出身は多様であり、それはドイツ地域出身のケンペルやシーボルト、スウェーデン出身の植物学者であったツュンベルグ、後世「出島の三博士」とも称された学者たちだけではなかったのである。

(2) 日本側は、その代わり福岡藩と佐賀藩が隔年で一〇〇〇人規模の軍隊を湾入り口に展開させ、長崎湾の警備にあたっていた。

このように、出島という狭い空間は、オランダ東インド会社に属する、ヨーロッパ各地の出身者や、召使いでやってくる東南アジアなど出身者など、様々な文化的バックグランドをもった人々が存在した多様性のある空間であったと言える。

一方の当時の江戸幕府としては、オランダ商館の滞在者は、オランダ東インド会社が統轄する、日本では「町人」の扱いを受ける人々で、かつカトリックでなければよいので、必ずしも現代的な意味での国籍にこだわっていなかった。

出島のオランダ側の責任者を務めるオランダ商館長は、日本側とのなれ合いを防ぐために、一年ごとの交替を幕府より命じられていたが、実際は隔年で着任する分には、問題がなかった。隔年赴任する商館長の場合、オランダ東インド会社のアジアの拠点であるバタビア（現在のインドネシアのジャカルタ）との往復や、日本に引継ぎとして初夏にやってくることを勘案すると、二年間のうち、実に一五ヵ月程度は日本に滞在している。

他の商館員については、特に滞在年限を日本側から区切ることはなかったので、一八世紀段階の統計では、三年以上出島に滞在している者が三割程度はおり、五年から一〇年、出島に滞在する商館員も少数ながら存在し、まったく珍しいというわけでもなかった。

3 出島を支える

一方で、日本側で出島に日常的にかかわる人々はどのような人々であったのだろうか。もともと貿易の取引は出島内でなされていたため荷物の運搬や取引業務のための要員が必要であった。

また、出島が海に突き出た島であることから、生活必需品の多くは、長崎の市中から調達するよりほかになかった。飲み水の適した飲料水を樽にいれて納入する商人に始まりパンを納める商人すらいた。

日本側は大きく言えば、第一に貿易などにかかわる地役人、第二に公的な職務としてあるいは職務上ないし伝手を使って時折見学にやってくる訪問者、第三に遊女たちであった。その中で、地役人は、日常的に、出島の貿易業務から、滞在するオランダ人たちの生活のサポートまで多岐にわたる業務をこなしていた。

異国人とコミュニケーションをとるためには、まずは翻訳・通訳の専門家であるオランダ通詞たちが業務の各場面でかかわっていた。彼らなくしては、オランダ人たちは日々の生活のちょっとした物の調達すら難しかった。

また、オランダ人たちは、あくまでも、出島に住む借家人というのが法的な立場であったので、幕府に命じられて出島の建設に出仕した出島町人と称された人たちが、大家として店子のオランダ人たちを監督するという建前があり、町の代表者として出島乙名《おとな》が法令伝達や日本人の出入り管理を行っていた。

貿易に関しては、貿易品の品定めをするために目利などの評価系の役人がいた。かれらは反物目利や伽羅目利など、貿易種目ごとに分化していた。貿易関係では、会所請払役といった経理全般に関わる役人、さらに密貿易やキリスト教関係の取り締まりを担当する番方の役人なども存在している。これらの貿易業務やそれにつらなる様々なサービス・サポートは、長崎の町人出身である地役人たちが担った。それら町人を統轄するために、長崎の町年寄が時折出島に来訪した。

長崎奉行からは、奉行本人が出島を訪問することもあったが、基本的には奉行の部下である検使が随時派遣されていた。

また、見学は、長崎奉行や、長崎湾の警備に隔年で携わる福岡藩・佐賀藩の藩主などの定期的な見回りの一環として来訪する場合と、近世後半になると蘭学者たちのように日本各地から長崎に「遊学」したものが、地役人などの伝手をたよって来訪することもあった。

さらに、出島の出入りは、貿易品の搬入・搬出を行う海側の水門以外は、陸にかかった橋一か所しか出入りできなかった。橋のたもとには高札が掲げられた。

図3　出島内部
現在、出島には1820年前後の姿を復元した建物20棟がある。

出入りする地役人以外では、出島には高野聖と傾《けい》城《せい》すなわち遊女の出入りは認められていた(3)。遊女は連続して出島に滞在することもできたので、半ば家族のように商館員と暮らす者もおり、その間に生まれた子供も珍しくなく、親子で出島を来訪することもあった。七歳までは出島にいることもできた。ただし子供たちは、日本からの出国を許されないので、父親が帰国してしまうと、母親の元で暮らし、父親からは、まとまった量の砂糖など転売できる品物などが、実質養育料として送られることもあった。

このようにみると、出島から外にでることが原則できないという大きな点以外は、出島のオランダ人

(3)　オランダ商館員たちはプロテスタントであるので、宗教者である高野聖を入れることはなく、実態としては遊女の出入りを許可する高札として機能していた。

たちはある程度は普通の日常生活を送っていた。ただし、当初はプロテスタントとはいえキリスト教であることから、一六五五年までは、オランダ人たちは死去しても埋葬を許されなかったが、以後長崎の郊外の稲佐山のふもとにある悟真寺に葬られた。さらに日本人を直接雇用することができないため、当時のオランダ商館長たちの日記には、出島に出入りする日本人を解雇できない悩みや怒りがつづられている。

また、密貿易に関わるなどの違法行為をした場合、異国人であるため近代の属地主義ではなく、属人主義が当時とられており、直接の処罰はなく、日本からの永久国外追放が最大の処罰であった。ただし、船が年に一シーズンに一回しか来航しないので、時期によってはあまり処罰の意味がないことも多かった。

出島のオランダ人たちは、オランダ人と称しながらも、多様なバックグランドをもった人々が来日し、またそれを限定的ではあるが、出島を訪れる日本人たちも目撃している。国際舞台としての出島は、様々な様相をみせてくれる。

〔参考文献〕
金井圓『近世日本とオランダ』放送大学教育振興会、一九九三年
松方冬子編『日蘭関係史をよみとく 上巻 つなぐ人々』臨川書店、二〇一五年
小暮実徳『東西海上交流の起源 オランダと海国日本の黎明』彩流社、二〇一七年

column

江戸時代長崎の空間構造

木村直樹

江戸時代の長崎とは、どのような人々から構成された都市であったのだろうか。

近世都市としての長崎は、現在の長崎市から較べると、はるかに小さい部分になる。現在のＪＲ長崎駅前周辺から、観光客でにぎわう中華街の周辺までとなっており、はじからはじまで歩いても三〇分程度で歩くことができる。

この小さなエリアに、最盛期は六万人近い人々が暮らした。江戸時代を通じては四万人弱の人々が住んでいる時期が多かった。現在の同地域の人口は三万人強と推定されているので、人口密度は同じように見えるが、当時は埋め立て地も少なく、建物も高層化していないので、実際に人の多さは、江戸時代の方が今以上に感じることができたと思われる。

近世都市の一般的な形態は、城下町に代表される。城下町は、通常一つの大名家が統治し、その大名家の家臣と町人とによって都市は構成され、家臣や町人たちは身分や職階・職種ごとに集まって暮らすことが普通であった。それに対して、長崎はどうであったのか。長崎の場合も、身分や職種ごとに集まって生活するというかたちは同じである。ただし、より多様な人々が集まっていることが特長的である。

どのような集団がいたのか、大きく分けると、四つになる。

一つは、長崎の町人。近世都市の人口の大半は、この長崎で生活をする商人や職人たち、あるいは荷役などの港湾労働にあたる人々が占めていた。

さらに長崎の場合、地役人という町人出身で、都市支配にあたる下級役人が多くいることが特長的である。最

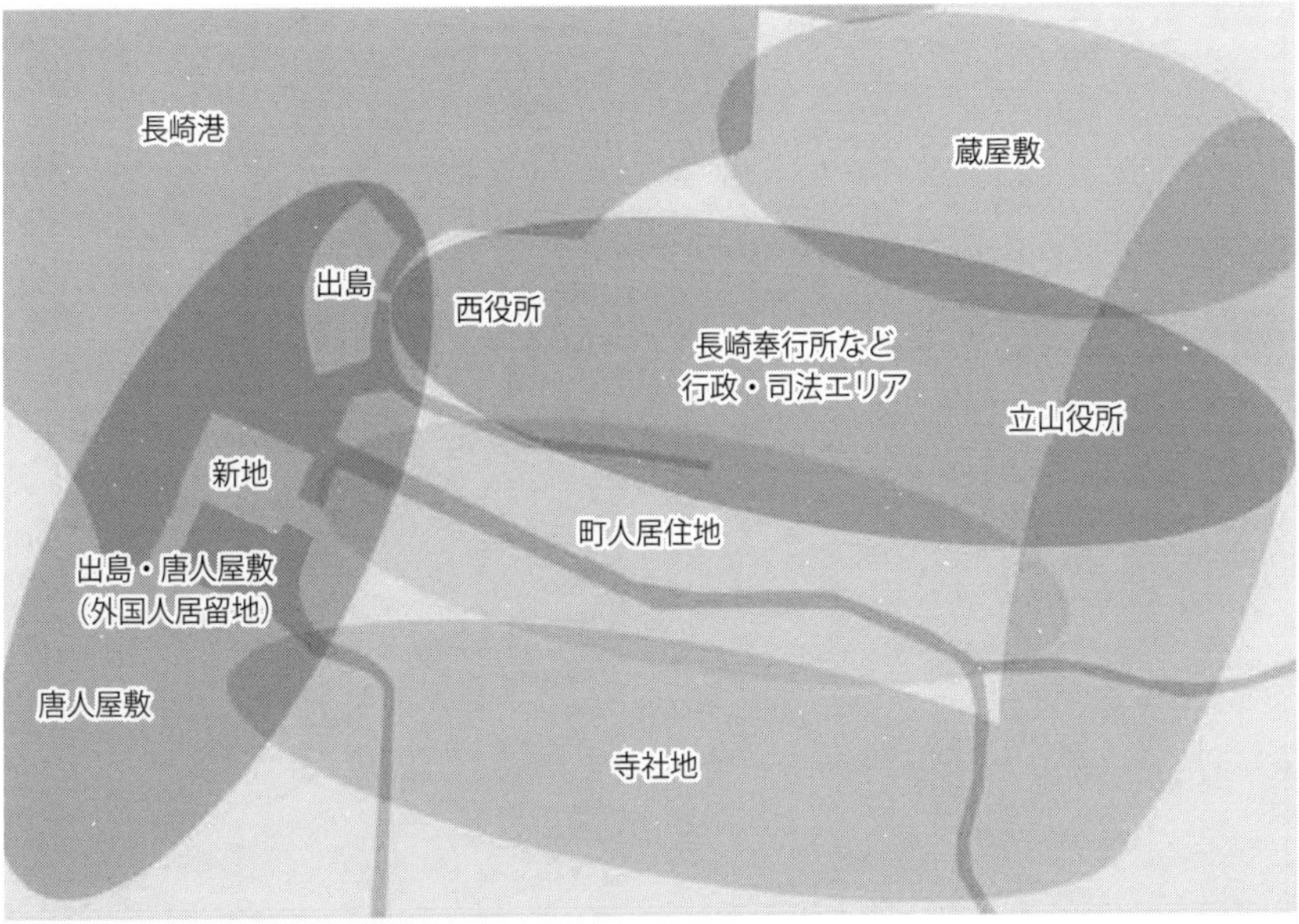

図１　近世都市長崎の概念図

盛期は二〇〇〇人ほどおり、当時の成人男子人口からすれば、男性町人の五〜六人に一人が、地役人という、特異な仕組みをもっていた。これは、長崎の地役人が、一般的な行政の一部を担うだけではなく、貿易業務も都市行政の一部として関わっていることにある。その結果貿易の利益は、幕府に収公されるだけではなく、長崎の都市運営にも還元されるという長崎独特の仕組みをもっていた。

二つ目は、長崎を支配するために江戸から派遣されてくる長崎奉行とその下僚たち。隔年で赴任する長崎奉行以外にも、長崎での貿易の利潤は江戸幕府にとっても重要な収入源であったため、江戸時代中期の一八世紀になると江戸幕府の勘定奉行所系の役人や、全体を監査する役人なども、長崎奉行と同時に派遣されてきた。ただし、これらの役人は、長崎奉行が自分自身の家臣が一〇〇人程度であるので、幕府から直接派遣される他の旗本ら役人とその家臣を合わせると、全体としては、二〜三〇〇人程度であったと思われる。

三つ目の集団は、見落としがちなのだが、九州

図２　長崎県庁（2017年現在）下（2017年長崎市江戸町）
下部の異なる組み方の石垣は近世初期のもの

各地の藩が長崎に設けた蔵屋敷という、出先機関に派遣された各藩の武士たち。蔵屋敷は九州の大きな藩や長州藩などが設け、一四の屋敷があった。それ以外に、佐賀藩は武雄や諫早・深堀といった大身の家臣も別途屋敷を構えていた。これらの蔵屋敷には、一般的には「聞役《ききやく》」と称される責任者が派遣されてきた[1]。これらの蔵屋敷の多くは、現在の路面電車の線路に沿う形で、おおむね当時の海岸線にそって建設されていた。長崎奉行との連絡や調整のみならず、藩の産品の売却、貿易品の調達、自分の領内の者が長崎に出てきたときの管理なども担当している。物品の搬入搬出の利便を考えて、水運に便利な海岸部に蔵屋敷ができていたのである。

近世都市長崎は、周辺にわずか二〇〇〇石程度の幕府の直轄領である農村部を抱えているだけなので、米穀の消費一つとっても、とても長崎と周辺農村部では完結させることができない。都市の人々が生活するための食料や様々な品物は外部から調達する必要があり、当時九州屈指の大都市である長崎に、各藩が貿易品以外にも、様々な物を売りこんでいたのである。

そして四番目の集団が異国人である。オランダ東インド会社の職員（一九世紀になるとバタビア政庁）と唐人たちである。彼らは、長崎の町では、町人に準じる扱いを受けていた。

それでは、これら四つの集団はどのように長崎という都市空間を利用していたのだろうか。

長崎奉行やその属僚、あるいはそれを支える長崎の地役人たちがいたのは、長崎の町を南北に走る馬の背のような丘の上で、両端に二か所の長崎奉行所（立山役所と西役所）、貿易業務を差配する長崎会所、周辺部農村を支配する長崎代官所、牢獄などの行政施設が存在していた。もともと長崎は「長き岬」が語源ではないかといわれるように、まさに長崎の土地の中心線を行政機構が占めていることとなる。

町人たちは、その丘の東側の少々土地の低い平地を中心に町を構成した。

各藩の蔵屋敷の多くは、丘の西側の海岸部を中心に建設された。

異国人たちは、南側の長崎港に接したエリアに、一般の町人たちとは区別されて居住している。

長崎の町自体は、北と西側から丘陵地帯に囲まれており、北と西の丘陵のふもとには寺社が多く立ち並んでいる。

このように長崎の町は、整然と、様々な身分集団が、それぞれの身分ごとにまとまって、居住している。これらの集団は、それぞれの編成のされ方が異なるため、例えば法律一つとっても、その適用される法は集団によって異なる。蔵屋敷にいる大名家の家臣たちは、それぞれの藩の法が適用される。このように、複合的な集合体としての長崎の都市があるとも言える。

近代になっても、長崎の丘の上には、長崎県庁・市役所・地方裁判所・警察本部などが置かれ、行政の中心になっているが、二〇一八年現在、県庁・市役所・警察本部などはこの丘の上から、海岸部や丘の下のエリアへの移転が数年内に予定されており、三五〇年ぶりに長崎の町は、大きく骨格が変貌しようとしているのかもしれない。

〔注〕

（1） 長崎聞役とは、一般的な通称で、藩によっては、長崎留守居など別の役職名で呼ばれていることもある。

〔参考文献〕
長崎市史編さん委員会編集『新長崎市史 第二巻 近世編』長崎市、二〇一二年
木村直樹『長崎奉行の歴史』KADOKAWA、二〇一六年

中国との関係

深瀬　公一郎

1　東アジアの国際貿易港・長崎

近世長崎は、貿易によって成立・発展した国際港であり、なかでも中国との貿易が深く関わっている。一六世紀、東アジアでは国際貿易が活況を呈し、なかでも中国産生糸と日本産銀の貿易は高い利益を生み出していた。この頃に東アジアへ進出したポルトガル商人は中国のマカオを拠点とし、日本との生糸貿易に参画する。一方、日本に進出し長崎を拠点としたイエズス会もマカオ—長崎間の生糸貿易に参画し、その貿易利潤を布教活動の経済的基盤とした。(1) 長崎は、カトリック教会およびポルトガル船貿易の拠点となり、中国産生糸貿易の主要港としての役割を担ったのである。

（1）　高瀬弘一郎『キリシタンの世紀—ザビエル渡日から「鎖国」まで』（岩波書店、一九九三年）、岡美穂子『商人と宣教師 南蛮貿易の世界』（東京大学出版会、二〇一〇年）

一七世紀になると、長崎は朱印船貿易の出港地として発展する。中国の明朝が貿易船の日本渡航を禁止していたため、東南アジアでは日本産銀と中国産生糸の中継貿易がおこなわれた。長崎は、交趾《コウチ》・安南・東京《トンキン》（ベトナム）、柬埔寨《カンボジア》、暹羅《シャム》（タイ）、呂宋《ルソン》（フィリピン）、高砂《タカサゴ》（台湾）など東南アジア各地への貿易船の出港地となる。これらの貿易船は、寄港地での平和的貿易活動の保証を求めて徳川氏の発給する異国渡海朱印状を携帯したことから、朱印船と称される。[2] 朱印船貿易の拠点となった長崎にはやがて博多・堺・平戸など各地から商人や水主が集まるようになる。なかでも博多商人の一族である末次氏は、長崎でポルトガル船貿易へ投資するだけでなく、自らも朱印船貿易を経営し貿易船を派遣した。末次氏が奉納した絵馬には朱印船が描かれており、その船体構造が大型西洋帆船（船首のキール・船尾の三角帆）・中国外洋船のジャンク船（帆）・日本の和船の特徴を折衷していることから、当時の長崎には各海域の外洋船の造船技術が集まっていたと考えられる（図1）。同じく長崎を拠点とした荒木宗太郎はベトナムの阮氏一族の女性を娶《めと》ったとされ、その墓は大恩音寺に現存している。

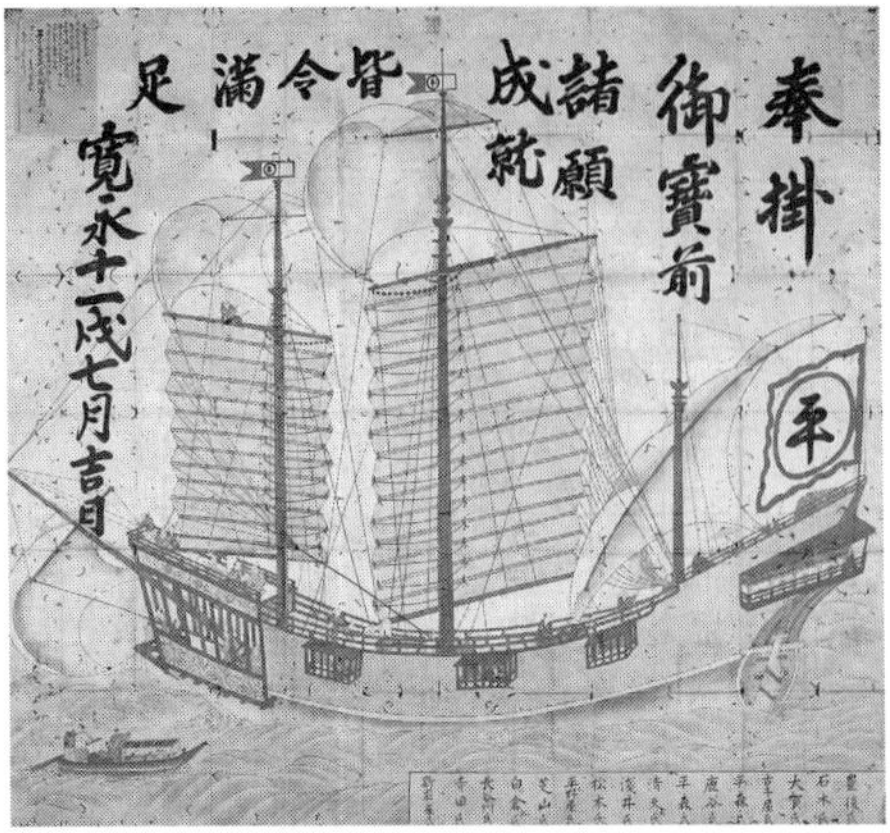

図１　朱印船　清水寺末次船絵馬下絵（長崎歴史文化博物館蔵）

　一六三〇年代、幕府による海外交流の管理統制が強まるなか、国際貿易港としての長崎は大きな転機を迎える。一六三五年、幕府は日本人・日本船の海外渡航を禁止し、また薩

（2）岩生成一『新版朱印船貿易史の研究』（吉川弘文館、一九八五年）

摩・博多・五島・平戸などへの唐船寄港を禁じ長崎へ限定したことから、朱印船が担っていた貿易は、長崎へ来航する中国人海商とへ引き継がれた。唐船の運営は中国人海商が担い、中国東南沿岸の浙江省や福建省（福州・泉州・漳州）だけでなく暹羅（タイ）や咬𠺕吧（インドネシア）など東南アジアからも来港し、長崎は近世日本における唯一の唐船の寄港地として、東アジアの国際貿易港となる。

一七世紀中頃における中国大陸の政治変動も、国際貿易港・長崎に影響を与えた。一六四四年、中国大陸を支配していた明朝が滅びると、清朝が北方より次第に支配地域を拡大していった。一方、中国人の武装海商集団をまとめた鄭氏（鄭芝龍・鄭成功・鄭経）は、海上貿易による豊富な資金を基盤に清朝への抵抗を続けた。なかでも平戸生まれの鄭成功《ていせいこう》は、オランダ東インド会社の拠点ゼーランディア城を攻め落とし台湾を拠点とすると、長崎―東南アジアを結ぶ貿易活動を展開した。[3]鄭氏政権は、貿易船だけでなく、清朝へ軍事的に対抗するために幕府へ援兵を求める使者も長崎へ派遣した。[4]鄭氏政権の抵抗に対し、清朝は遷界令により民間船の海上活動を厳しく制限し、海上貿易を基盤とする鄭氏政権を包囲したことから、この時期に中国沿岸から長崎へ来港する唐船は限られた。

幕府による長崎貿易制度の整備にともない、長崎市中には唐船貿易関係の施設が見られるようになる。近

図２　新地蔵の荷揚げ　唐館図絵巻（長崎歴史文化博物館蔵）

（3）石原道博『国姓爺』（吉川弘文館、一九五九年）、永積洋子「東西交易の中継地台湾の盛衰」（『市場の地域史（地域の世界史・九巻）』山川出版社、一九九九年）

（4）石原道博『日本乞師の研究』（冨山房、一九四五年）

代以降に中華街として発展する新地は、唐船の貿易品を収蔵した倉庫群であった（図2）。一六九八年に市中の火災により唐船貨物が焼失すると、火災の回避と抜荷防止を目的に人工島が築造され、唐船貨物を納める倉庫として新地蔵が建造されたのである。唐船が到着すると、積荷の貿易品はこの新地蔵の水門から荷揚げされ、唐人は手荷物の検査を受けた後に唐人屋敷へ向かった。長崎貿易の中心的役割を担った長崎会所も同時期に設立された。長崎奉行所立山役所に隣接する長崎会所は、貿易会計を総括し地役人の給与・地下配分銀・運上銀などを取り扱った。唐船が持ち運んだ品物は、長崎地役人の目利役《めきき》によって値付けされ掛物（取引税）が上乗せされた後、国内の商人への入札を経て江戸・大坂・京都をはじめ全国へと流通した。

2 近世長崎の唐船貿易

幕府によって海外交流は厳しく制限されたが、海外との貿易が途絶することはなく、唐船がもたらした品々は将軍から庶民まで人々の生活に欠かせなかった。一七世紀、輸入品の中心であった生糸は日本国内での需要が高く、中国技術の導入などにより京都西陣をはじめ絹織物業が盛況となった。幕府は、生糸の価格安定と輸入量の確保のために、糸割符《いとわっぷ》制（一六〇四年〜）・相対《あいたい》商法（一六五五年〜）・市法《しほう》売買（一六七二年〜）など貿易統制を施行する。(5) 一八世紀になると生糸の国産化に成功し、やがて輸入量は減少していく。

近世期、日本では売薬業が盛んとなり、薬屋の中には海外からの輸入品であることを強

（5）山脇悌二郎『長崎の唐人貿易』（吉川弘文館、一九六四年）

調しようと「長崎」や「清国産」の看板を掲げる店も現れた。山帰来《サンキライ》・大黄《ダイオウ》・甘草《カンゾウ》・白《ビャク》朮《ジュツ》・桂枝《ケイシ》など唐船が持ち渡った唐薬種類は、長崎会所から大坂の唐薬問屋を経て全国へ流通し、様々な漢方薬に調合された。唐船による輸入品は唐物と称され、都市の唐物屋で沈《ジン》香《コウ》・白檀《ビャクダン》などの香料や唐紙・唐墨・唐筆などの文房具が売られると、庶民の暮らしのなかにも様々な唐物が浸透していった。

漢籍（中国の書籍）も唐船によって輸入された。『金匱要略』『傷寒論』などの医術書、『資治通鑑綱目』など儒学書や四書五経の注釈書、中国の地方志など輸入された漢籍の分野は多岐に渡った。『三国志演義』・『水滸伝』など中国の文学作品も輸入され、日本語に翻訳されると庶民の間で人気を博した。海外の知識に強い関心を持った将軍徳川吉宗も、長崎を通して多くの漢籍を取り寄せた。清朝が編纂した基本法律書である『大清会典』は、中国からの持ち出し禁止であったにも関わらず、唐船によって密かに長崎へ持ち渡され翻訳されると、幕府の政治制度の参考とされた。(6)

唐船は貿易品だけでなく海外の珍しい動物も持ち渡った。一七二八年、徳川吉宗の要望に応え、二頭の象とベトナム人の象使いが長崎へ渡来した。翌年、江戸城で将軍吉宗や諸大名が閲覧したが、その道中では庶民も象を観覧し、瓦版・版本も出版されるなど「象ブーム」が巻き起こった。(7)

唐船が中国へ持ち渡った日本産品も中国の人々の暮らしに欠かせないものであった。主要輸出品の銀・銅は、中国で貨幣材料として用いられた。国際貿易に適した銀は秤量貨幣として用いられ、銅は小額貨幣の銅銭として中国国内で広く流通した。一七世紀後半まで石見などで産出した良質の銀が日本から輸出されたが、産出量が急激に衰えると銅の輸出

（6）大庭脩『徳川吉宗と康熙帝　鎖国下での日中交流』（大修館書店、一九九九年）

（7）福留真紀「吉宗の政治」（『ビジュアルNIPPON江戸時代』小学館、二〇〇六年）

が盛んとなる。別子など各地で産出した銅は大坂に集められ、輸出用の棹銅《さおどう》に精錬された後に長崎へ回漕された。中国国内で銅銭が不足すると社会経済への影響が大きくなることから、清朝は日本からの銅輸入に常に配慮する必要があった。[8]

蝦夷地も含め各地で生産された煎海鼠《いりこ》・干鮑・鱶鰭《ふかひれ》や昆布など海産物は、中華料理の食材や薬用として中国で珍重された。これらの日本産の海産物は、唐船へ積載される際に俵へ詰められたことから俵物と称された。銅に代わる輸出品として俵物の重要性が増すと、長崎会所のもとに俵物役所が設けられ幕府による集荷体制が整備される。

(8) 劉序楓「十七、八世紀の中国と東アジア」(『地域システム(アジアから考える・2)』東京大学出版会、一九九三年)

3 長崎の唐人社会

近世長崎の唐人社会は、①長崎に来港する唐船の乗員、②日本に帰化した住宅唐人とその子孫によって構成された。唐船の乗員数は、小型の唐船の場合で三〇人程度、大型の唐船の場合で一〇〇人程度で、船頭・客商など貿易商人、航行に関わる舵工・夥長・工社(水主)のほか、航海信仰に関わる香工・直庫などから構成された。[9] 船頭は、一七世紀は福建省出身者が多かったが、次第に浙江省出身者が多くなり、また一八世紀中頃には官商・額商など清朝の官営銅貿易に関わる商人が中心となる。[10] これらの商人のなかには高い教養を身につけた者もおり、来舶清人と称された。なかでも伊孚九《いふきゅう》・費漢源《ひかんげん》・張秋谷《ちょうしゅうこく》・江稼圃《こうかほ》は来舶四大家と呼ばれ、日本の文人との交流のなかで描かれた絵画は長崎南画と称された。このほか唐船には日本から招請された絵師や医師、儒学者や僧侶なども乗船した。なかで

(9) 『増補華夷通商考』

(10) 前掲山脇著書

も一七三一年に長崎へ渡海した沈南蘋《しんなんぴん》は、写実的な吉祥画・花鳥画を得意とし、後に南蘋派として日本の絵画に影響を与えることになる。

一六三九年、幕府によって唐人の長崎居住が禁じられると、長崎に暮らす中国人の一部は日本に帰化し住宅唐人と称された。唐通事は潁川《えがわ》氏・彭城《さかき》氏・林氏など住宅唐人の子孫が務めた。唐通事は通訳業務のほか、信牌の交付などの貿易業務、海外情報である風説書の作成、このほか唐人との調整を担った。唐船の出港地が東アジアの広範囲に及んだことから、唐通事も南京口・福州口・漳州口など中国の地方語だけでなく、東京通事や暹羅通事やモウル通事など様々な地域の言語に対応する役職が置かれる。唐通事のほかに、胡麻団子菓子の職人、中華料理人、中国楽器のチャルメラ吹きなど、中国の生活風俗を生業とする人々も長崎で暮らした。また唐人屋敷が設置される以前は、長崎市中に雑居する唐船主と住宅唐人によって媽祖《まそ》祭や清明《せいめい》祭など様々な唐人祭祀が共同で催された。これらの中国生活文化は、現在の長崎においても色濃く残されている。

4　唐寺と中国文化

海外で商業ネットワークを形成した中国人商人は、貿易港で同郷者の共同施設をつくり地縁的共同体を形成したが、長崎でも同様の施設・共同体が生まれた。一七世紀初頭、菩提供養や海中往来を祈祷する信仰施設となったのは悟真寺であった。次第に長崎へ拠点を置く唐人が増加すると、浙江省・福建省出身者は同郷者の共同施設として興福寺・福済

図3　一七世紀の福済寺　寛文長崎図屏風（長崎歴史文化博物館蔵）

寺・崇福寺を創建した。福済寺の檀越となった頴川藤左衛門道隆は福建省漳州出身で唐通事を務め、また福建省福州出身で長崎を拠点に東京（ベトナム）貿易に従事した魏之琰は崇福寺の檀越となる。このように各地方の地縁的共同体が檀越となったことから、興福寺は南京寺、福済寺は漳州寺、崇福寺は福州寺とも称された。一七世紀後半には黄檗僧木庵の弟子鉄心が聖福寺を建立し、次第に唐船主たちの信仰を集めた。興福寺・福済寺・崇福寺は唐三ヶ寺、あるいは聖福寺も含めて唐四ヶ寺とも称された。

　唐寺は、中国文化を現在に伝える貴重な文化財群でもある[11]。崇福寺（大雄宝殿・第一峰門・媽祖堂・護法堂など）・興福寺（媽祖堂・山門・鐘鼓楼など）・聖福寺（大雄宝殿・天王殿・山門など）には近世期に建立された建造物が現存しており、中国風の伽藍と建築意匠が施された建築物を見ることができる。一方、石製の円通門が特徴的な福済寺には、大雄宝殿・弥勒殿・開山堂などが建立され、その眺望は崎陽随一とも称されたが、原爆で焼失した（図3）。また聖福寺の釈迦如来坐像など中国で制作され船載された仏像が祀られており、中国風の造像技術を知ることができる。

　唐寺で催された祭祀は、媽祖祭・盂蘭盆会・涅槃会・水神祭・三官大帝祭・関帝祭など仏教系祭祀だけでなく道教系祭祀も催されていた。道教系祭祀のなかで最も盛んに信仰さ

（11）『長崎市史・地誌編・仏寺部（上）』（長崎市役所、一九二三年）

れたのが媽祖信仰である。福建省を起源とする航海信仰・媽祖は長崎の唐人社会でも信仰され、媽祖祭が毎年催された。媽祖は天妃・天后とも呼ばれ、媽祖を守護する千里眼・順風耳を脇侍とする。媽祖信仰を由緒とする唐寺には媽祖堂が建立され、興福寺・崇福寺には修復を重ねた媽祖堂が現存している。また唐船に載せられた媽祖像は、長崎滞在中は唐寺に預けられた。唐寺・唐船間を運搬する際、媽祖像は棒・笠鉾・香炉・銅鑼・燈籠によって祭祀空間が形成され隊列を組んで移動した。この隊列は「菩薩揚」「菩薩卸」と呼ばれ、長崎の異国的風景として長崎版画の題材ともなった（図4）。唐寺では、このほか三官大帝や九鯉湖仙など福建省で信仰された道教系の神像も祀られていた[12]。

　唐寺が仏教寺院として発展する契機となったのが隠元隆《いんげんりゅう》琦《き》（図5）の来日である。中国福建省出身の隠元は、興福寺住持・逸然《いつねん》など長崎の唐人たちの熱心な招請に応え、一六

図4　菩薩揚（長崎歴史文化博物館蔵）

図5　隠元禅師画像（長崎歴史文化博物館蔵）

（12）二階堂善弘「長崎唐寺に祀られる福建系の神々」（関西大学アジア文化交流研究センター『アジア文化交流研究』二号、二〇〇七年）

五四年に長崎へ渡来、興福寺と崇福寺に住した。その後、将軍徳川家綱に拝謁し宇治に寺地を与えられると、黄檗山萬福寺を創建し黄檗宗を広めた。その後、萬福寺の住持は唐三ヶ寺が浙江省・福建省（福州・泉州）から招請した唐僧から選ばれ、この慣行は一八世紀後半まで続いた。また黄檗僧の渡来は日本文化にも大きな影響を与えることになる。逸然は長崎漢画の祖とされ、その画風は河村若芝《かわむらじゃくし》・渡辺秀石《わたなべしゅうせき》などに受け継がれた。また黄檗寺院に掲げられた隠元・木庵・即非の扁額・聯や、草書に優れた独立《どくりゅう》の書跡などは、唐様の書風として珍重された。

5　唐人屋敷

一六四一年の移転時よりオランダ商館員たちは出島からの出入りを厳しく制限されていたのに対し、一七世紀末まで唐人は長崎市中で日本人との雑居を許されていた。一六六六年に宿町・附町制度が設けられると、長崎の各町は順番に宿町となり、宿泊だけでなく積荷の管理や貿易取引などの貿易業務をおこない口銭を唐船より得ていた（図6）。

唐人屋敷の設置は、東アジア国際情勢に起因する。一六八四年、台湾の鄭氏政権の降伏により清朝が遷界令を撤回すると、中国沿岸から長崎へ来港する唐船が急増した。これに対し幕府は定高仕法（貞享令）によって産出量の減少した金・銀の輸出を制限し、制限量を越える抜荷（密貿易）を取り締まった。また『寰有詮』をキリスト教の内容に触れる書籍として禁書とするなど、幕府は唐人キリシタンの渡海や禁書の輸入に対する警戒を強めた。唐船の急増は、貿易統制やキリシタン禁制など幕府の対外政策に影響を与え、ヒト・モノの管理の厳格化を必要としたのである。一六八八年、幕府は長崎郊外の十善寺村に唐人の滞在施設を建設する。滞在施設は、翌年閏正月の長崎奉行所での協議により正式な名称を「唐人屋敷」とされ、同年に来港した唐船より利用された。

唐人屋敷の最大の特徴は、唐人屋敷に暮らす唐人と日本人との交流が厳しく制限された点にある。唐人の外出は原則禁止され、唐寺参詣や先祖墓参、諏訪神社祭礼くんちの見学などの場合に限られた。一方、日本人の入館も厳しく制限され、唐通事など地役人、食料・日用品を販売する商人、医師や唐寺の僧侶、遊女などが長崎奉行所の管理のもと出入りした。異文化交流では、統治者が異国人の自由な移動と居住を禁止し、限定された居留地を設ける場合がしばしばある。オランダ東インド会社が商館を置いた出島も同様の交流形態であり、同時期の倭館（朝鮮王朝―対馬藩）・鹿児島琉球館（薩摩藩―琉球王府）とも共通する特徴である。一方、唐人屋敷の設置により唐人の市中雑居状態が禁じられ、唐人祭祀の開催や唐船主による唐寺への寄進の制限など、唐人社会は大きな転機を迎えることになる。

唐人屋敷の家賃は出島を参照して設定されたが、その賦課方法は異なっていた。出島では毎年一定額が支払われたのに対し、唐人屋敷は貿易銀高に応じて唐船主ごとに賦課された。出島を利用するオランダ東インド会社が単一の経営母体であったのに対し、唐人屋敷は複数の唐船主が利用していたためである。

図６　長崎市中に雑居する唐人　寛文長崎図屏風（長崎歴史文化博物館蔵）

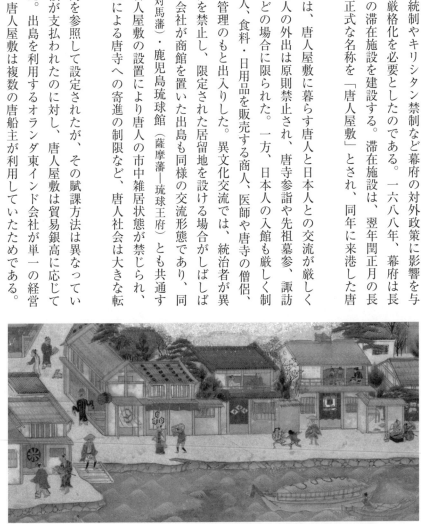

唐人屋敷と出島の家賃賦課の違いは、複数の唐船主が来港する唐船貿易とオランダ東インド会社単独によるオランダ船貿易の各々の特徴を反映している。

唐人屋敷の敷地面積は約九〇〇〇坪で、出島の約二・五倍であった。唐人屋敷の周囲は堀と土塀に囲まれ、大門と二之門を通って唐人屋敷に入館した。大門と二之門までの間には広場があり、日本人商人が食料品・日用品を持ち込み唐人へ売却する市が催された。扱われた商品は野菜・肴・薪・炭・呉服・酒・酢・醤油・塩・紙・タバコ・素麺・麦粉などで、門鑑を持った商人のみの入館が許されていた（図7）。

図7　食料品・日用品の市　漢洋長崎居留図巻（長崎歴史文化博物館蔵）

図8　土神堂（左）・長屋（右）　漢洋長崎居留図巻（長崎歴史文化博物館蔵）

唐人屋敷内の建物の中心は長屋と呼ばれる唐人の宿泊施設である（図8）。日本風瓦葺きの長屋は唐船ごとに割り当てられ、二階部分に船頭や商人、一階部分に水主などが居住した。一八世紀中頃になると、唐人の自費によって中国風家屋の建て増しも認められ、また唐人屋敷内に市店を作って商売を始め長期滞在する唐人も現れた。また唐人屋敷内には信仰施設も設けられた。土地の神を祀る土神堂は泉州商人の見た夢にもとづいて創設され、中国から持ち渡された神像が祠に納められた。一七〇七年には、南京船が土神堂へ太鼓を寄進している。土神堂の前では、海上平安・館内安全・商業永遠繁栄の祈祷や普度法事、ときには集会や博打もおこなわれた。一八世紀中頃には信仰施設も増加する。一七三五年、唐人屋敷内の池を埋め立て関帝堂を建設することを幕府が許可し、また媽祖を祀る天后堂と観音堂も設けられた。この中で土神堂と天后堂は修復を重ねながら現在に至っている。

唐人屋敷の施設の特徴は、次第に「町」としての風景と機能を備えていった点にある。設置直後、唐人屋敷の施設は宿泊施設である長屋など短期滞在の居住施設を基本としていた。しかし次第に幕府の想定を外れた施設が出来上がっていく。唐人の生活習慣に合わせた改装・増築がおこなわれ、長期滞在する唐人による商店の新設、日常生活に欠かせない信仰施設の増設もおこなわれた。唐人屋敷は宿泊施設から「町」へと変容していったのである。(13)

(13) 永田規男「唐人屋敷―町の構成―」(『長崎唐館図集成(関西大学東西学術研究所資料集刊九―六)』関西大学出版部、二〇〇三年)

〔参考文献〕
長崎県史編集委員会編『長崎県史　対外交渉編』吉川弘文館、一九八六年
長崎市史編纂委員会編『新長崎市史　近世編』長崎市、二〇一二年
九州国立博物館編『黄檗　京都宇治・萬福寺の名宝と禅の新風』西日本新聞社、二〇一一年
山本紀綱『長崎唐人屋敷』謙光社、一九八三年

column

唐船の船乗りたち—唐人騒動の背景

深瀬　公一郎

国内外から多くの人々が集まる国際貿易港では、海外貿易に従事する貿易商人たちの華やかな活動は歴史の表舞台に登場する機会も多いが、水主など名も無き下層の船乗りたちの活動が注目されることは少ない。ここでは近世日本の国際貿易港・長崎における唐船の水主たちの活動を紹介したい。

唐船の水主は工社《こうしゃ》と呼ばれた。東シナ海を渡る彼らの航海は命がけだった。暴風雨による海難事故も多く、巧みな操船技術が無ければ積荷共に海中に沈むことになる。また海賊と遭遇した場合、工社たちは戦闘員として武器を取らなくてはいけなかった。このような命がけの航海に身を投じた工社には、中国福建省出身者が多かった。マルコ・ポーロの『東方見聞録』にザイトン（福建省泉州）が登場するように、福建省は古くから海外貿易の盛んな地で、危険な遠海航路に従事する船乗りたちも多かった。気の荒い者たちであったが、優秀な操船技術者として唐船には欠かせない存在であった。

唐船工社たちの命がけの長崎渡海には理由があった。福建省は山地が多く耕作地が少ないことから、より多くの収入を得るために工社たちは長崎で個人貿易をおこなっていたのである。彼らは中国国内で貿易資本を募り、これを長崎で売却した。しかし、一九世紀における長崎の唐船貿易をめぐる環境は厳しかった。その要因の一つが中国沿海における海賊問題である。一八世紀末頃より中国沿海では海賊が頻発し、海上の運送船を襲撃していた。海賊の襲撃は唐船の貿易品にも及んでいた。例えば福建省の主要特産品であり唐船によって長崎へ持ち渡された砂糖は、毎年春に廈門から南京へ出荷されたが、この輸送船がたびたび襲撃された。海賊を避けるため砂糖の輸送は陸路を用いることになり輸送費用は上昇、唐船船主たちは輸送費用を補うために長崎会所での砂糖の買

【食料を運ぶ工社たち】唐館図（長崎歴史文化博物館蔵）

取り価格の値上げを求めた。しかし、長崎奉行はこの要求を拒否した。この頃より日本国内産砂糖の流通量が増加し市場価格は下落していたため、会所貿易の利益確保のためには値上げは認められなかったのである。長崎会所による買い取り価格が低く抑えられてしまったため貿易利潤は縮小したが、命がけで渡海してきた工社たちは、より多くの貿易利潤を求めて新たな交易方法を用いるようになる。密かに長崎市中の商人に貿易品を預けて売却し、出港直前に代銀を回収するようになったのである。長崎会所を通さない密貿易（抜荷）である。一方、取り締まるはずの唐船船主や長崎奉行所の対応は緩慢だった。唐船船主たちは、海難事故を避けるため優秀な操船技術を持ち海賊に立ち向かう勇敢な工社を確保する必要があり、工社の抜荷を黙認していた。また長崎に暮らす多くの人々が唐船の来港と深く関わっていたことから、長崎奉行の取締も徹底していなかった。出入港する唐船の曳舟、貿易品の運搬、唐人屋敷の修復、唐人屋敷の食料品・生活物資の供給など、貿易以外でも唐船来港に関係する生業の人々も多く、そのため抜荷の取締を徹底してしまうと、優秀な工社が集まらずに長崎来港の唐船が減少し、結果的に長崎市中の暮らしに大きな影響が出てしまうのである。唐船工社・唐船船主・長崎奉行のそれぞれの事情から、工社の抜荷は常態化していった。

一八二一年、長崎出港を直前に控えた工社たちは、貿易品の代銀を回収するために市中を徘徊し、回収が滞った町人に対しては家財道具を破壊するなど強訴に及び、さらに唐人屋敷からの外出を取り締まる大村藩士と衝突した。いわゆる唐人騒動の勃発である。唐人騒動の背景には、欧米列強の東アジア進出という国際情勢の変動があった。一八〇四年、ロシア特使レザノフが長崎へ来港し通商交渉を求め、一八〇八年にはイギリス船フェートン号が長崎港に侵入した。幕府は、福岡藩・佐賀藩に命じて台場を設置するなど長崎警備を再整備し、さらに抜荷取締など長崎市中の警察機能を強化していった。このような幕府の異国船対策は、工社の貿易活動を著しく阻害することになった。治安警備が強化されたことにより、唐人屋敷を密かに脱して市中で貿易代銀を回収することが難しくなったのである。唐人騒動の背景には、異国船対策として市中の治安維持を徹底する幕府・大村藩と、常態化した密貿易のなかで貿易代銀の回収不能を恐れる唐人工社の衝突があった。

国際貿易港は、国際情勢や統治者の対外政策、交易を生業として暮らす人々の動向など多様な要素が複雑に関連している。一事件にすぎないような唐人騒動の背景を読み解いていくと、東アジア国際情勢の変化のなかで揺れ動く船乗りたちの姿が見えてくる。

近世日朝関係と対馬・長崎

岡本　健一郎

はじめに

九州は地理的条件もあり古代以来朝鮮半島の諸国家との関係が深く、政治的にも経済的にも文化的にも多くの影響を受けてきた地域である。そのため、各時代における諸外国との関係を理解する上で、重要な歴史的遺物や関係資料が九州各地に遺されている。

近世の海外交流の特徴は、長崎・対馬・薩摩・松前の四つの窓口で展開され、江戸幕府・長崎奉行所を中心としつつ、対馬藩・薩摩藩・松前藩がそれぞれの貿易・交流活動を家役として担っていた構造であった。

そのひとつ、対馬藩が担う日朝関係では、朝鮮王朝と江戸幕府が国交を結び、正式な使節が行き来する関係が結ばれていた。そしてその実態は、朝鮮国王と徳川将軍との関係、朝鮮王朝と対馬藩との関係、長崎貿易と倭館《わかん》の朝鮮貿易との関連性、漂流民問題など、外交・貿易・交流の面のそれぞれで異なる背景や事情が重なり合った世界であったと考えられている。この複雑な国際関係を一五世紀から一九世紀にかけて窓口として実務を担っていたのが対馬藩《つしまはん》（対馬宗家《そうけ》）であった。

近年、国内外に伝来する対馬藩関係資料の整理・公開・研究が進み、近世日朝関係や対馬藩政の実相が解明されつつある。本稿では、そのことを踏まえ、近世日朝関係の舞台について、とくに長崎と対馬の関係性を重視して紹介してみたい。

1　近世日朝関係の成立と展開

大宰府の在庁官人が出自とされる対馬宗家は、室町幕府から対馬国守護に任じられ、一方で朝鮮王朝との関係を強めるなど、対馬島内での立場を強化していった。そして島内統一やさらなる勢力拡大を意図しながら、日朝通交貿易権を独占することになる。一五～一六世紀には、朝鮮王朝と連携し朝鮮への渡航者の統制と倭寇《わこう》の抑圧を進め、家臣支配と朝鮮渡航権を一体化させる形で領国経営をおこなった。同時に、室町幕府や大内氏などの使節を偽装する形（偽使《ぎし》）で、朝鮮への窓口の独占が図られていった。

この体制は、一五八七年（天正一五）に宗義調《よししげ》・義智《よしとし》父子が豊臣秀吉《とよとみひでよし》に服従しその外交政策に組み込まれたことや、秀吉死後の江戸幕府誕生により幕藩体制の中で日朝外交・貿易が展開していったため、新たな時代を迎えることになった。対馬宗家も豊臣政権下の一大名、幕藩体制下の対馬藩として位置づけられ、朝鮮との外交・貿易は豊臣秀吉や江戸幕府の方針に左右される体制となったのである。

豊臣秀吉の外交政策や幕藩体制下における外交・貿易政策が展開するなかで日朝外交を担った対馬藩（対馬宗家）は、貿易による利益を求め、したたかに生き抜いていった。対馬藩の担う外交・貿易体制が最大の危機を迎えたのが、豊臣秀吉がおこなった文禄《ぶんろく》・慶《けい》長《ちょう》の役《えき》（壬辰倭乱《じんしんわらん》）による国交断絶から回復交渉と、その間の外交手続き問題が暴露され江戸幕府の介入がおこなわれた柳川一件《やながわいっけん》であった。

一五九二年（文禄元）～九八年（慶長三）の文禄・慶長の役ののち、外交・貿易が断絶したことにより、対馬宗氏は領内運営に苦しむことになった。石高が少なく朝鮮貿易の利益が藩財政に直結する特徴であったため、貿易の可否が死活問題であったのである。同時に、実権を握った徳川家康《とくがわいえやす》からの再開要望もあり、早期再開を図りたい宗義智は、和睦直後から盛んに朝鮮王朝へ使者を派遣し再開の要望をおこなった。そして徳川家康・秀忠《ひでただ》と朝鮮国王との間で交わされる国書の偽造・改ざんなど再開に向けた工作も行い、一六〇七年（慶長一二）、回答兼刷還《かいとうけんさっかん》使《し》の来日を成功させ国交再開

図１　萬松院殿（宗義智）像（対馬市教育委員会提供）

にこぎつけた。また、一六〇九年（慶長一四）には朝鮮王朝と宗義智の間で己酉約条《きゆうやくじょう》が結ばれ、正式に外交・貿易が再開された。

戦国時代から江戸時代初期には、柳川調信《やながわしげのぶ》や景轍玄蘇《けいてつげんそ》に代表されるような対馬藩内の経験豊かな家臣・外交僧が活躍した。国交の回復交渉が急務の時期に、彼らのような実務者の努力・工作が藩主を支え、対馬藩の外交・貿易や藩政が展開されたのである。藩の存亡に関わるため、国書の偽造・改ざんなどの工作内容は対馬藩内で隠匿されていたが、のち内部告発によって幕府の知るところとなり、対馬藩は再び危機を迎えることになった。

三代将軍家光期になり、幕藩体制の安定化が図られる中、各大名家では戦国時代以来藩政をリードしてきた有力家臣と、権力一本化を図る藩主との間で権力争いが起こった。対馬藩でも同様の争いが発生し、藩政及び日朝外交をリードしていた家老柳川調興《しげおき》と若き藩主義成《よしなり》の争いは、柳川氏が国交回復にあたって宗家がおこなった国書改ざんなどの工作内容を暴露したことにより、藩主と重臣との権力争いにとどまらず、幕府・将軍を巻き込む外交問題に拡大したのである。

幕府が当事者の柳川調興や外交僧規伯玄方《きはくげんぽう》、松尾七右衛門らに尋問した結果、対馬藩が朝鮮通信使招聘に当たって国書改ざんを繰り返してきたことや、一六二一年（元和七）に幕府に無許可で「御所丸送使《ごしょまるそうし》（国王使）」を派遣したこと、外交文書で使用する印鑑を偽造したことなど具体的な内容が明らかとなった。これによって幕府は、従来どおり外様大名の対馬宗家に任せるのか、柳川氏を旗本として位置づけ、長崎と同様に対馬を幕府の直轄地として外交・貿易をおこなうかという、外交体制の岐路に立たされたのであった。

一六三五年（寛永一二）三月一一日、江戸城本丸の大広間で将軍家光《いえみつ》の臨席のもと、審

図２　金石城跡庭園（対馬市厳原町、対馬市教育委員会提供）

理がおこなわれ、その後の家光の裁決を受け、柳川調興や規伯玄方ら当事者は流罪となり、日朝外交は改めて対馬宗家に任命された。また、外交文書の起草は対馬府中《ふちゅう》（厳原《いづはら》）に設けられた以酊庵《いていあん》へ京都五山から輪《りん》番僧《ばんそう》が派遣され担当することになり、幕府の監視の下、朝鮮外交は展開された。

　こうして国交回復交渉や柳川一件による日朝外交・貿易継続の危機を乗り越えた対馬藩は、対馬国一国と九州内の領知を拝領し、実際には二万石に満たない石高にもかかわらず、対朝鮮貿易の利益を加味し、一〇万石格の家格を維持した。その威容は現在でも金石《かねいし》城《じょう》跡庭園（国史跡、対馬市厳原町）に見ることができる。近世大名として江戸幕府（徳川将軍・老中）との関係を基本に、朝鮮王朝との外交・貿易、長崎奉行・諸大名と連携した周辺海域の警備を展開していったのである。

　江戸時代の対馬藩は、初代藩主義智から一五代藩主義達《よしあき》まで、一六人の藩主が就任した。国交の断絶から再開交渉を行った初代義智、柳川一件を乗り越え新しい外交体制を築いた二代義成、貿易の利益をもとに藩政を確立し天龍院時代と呼ばれる最盛期をつくった三代義真《よしざね》をはじめ、歴代藩主は外交・貿易の遂行と、その利益に左右される藩の運営、朝鮮通信使の招聘に力を注いだのである。歴代藩主は初代藩主義智の菩提寺万松院《ばんしょういん》の宗家墓所（国史跡、対馬市厳原町）に葬られ、「百雁木《ひゃくがんぎ》」と呼ばれる石段の先に墓石が並んでいる。

図３　万松院・対馬藩主宗家墓所（対馬市厳原町、筆者撮影）

2　日朝外交の特徴と宗家資料

対馬藩の努力と工作により再び国交が結ばれた日朝両国間では、使節が行き来した。徳川将軍と朝鮮国王による国書の交換を目的として通信使が来日する一方で、日常的な外交実務の協議は対馬藩がおこなった。朝鮮王朝から派遣される訳官使《やっかんし》や、対馬藩が派遣する年八回の使節（年例八送使《ねんれいはちそうし》）、臨時使節（差倭《さわ》）・参判使《さんばんし》、そして釜山に設置された倭館《わかん》がその舞台であった。対馬藩の実務外交があってはじめて幕府の対等外交は成り立っていたのである。対馬藩は、江戸幕府の海外政策の中で朝鮮との外交や貿易を任されたが、藩運営のためには朝鮮貿易が必須であったことから、幕府に対しても朝鮮王朝に対しても様々な要請をおこないながら、貿易の維持を試みていった。朝鮮貿易は元禄期に最盛期を迎え、一時長崎貿易を上回る利益を上げていたが、次第に下降線をたどり、幕府の下賜金に頼る構造となっていった。

国交再開後、朝鮮側の負担軽減のため対馬藩から朝鮮への渡航船は大きく制限された。その種類は年例八送使や差倭のような使節船と、貿易船・連絡船に分けられる。渡航には、使節船ならば藩主から朝鮮礼曹《れいそう》参議宛の書契《しょけい》（外交文書）、それ以外の船は藩が発行する吹《すい》嘘《こ》（渡航許可証、文引《ぶんいん》ともいう）が必要であった。

対馬藩と朝鮮王朝との関係は、朝貢の形式に則《のっと》ったものであったという特徴を持っている。朝鮮王朝の外交を掌ったのが礼曹《れいそう》であり、対馬藩主はその中の三等官にあたる参議と

表1　朝鮮通信使一覧表

回	西暦	朝鮮暦・日本暦	使命	正使/副使/従事官/(その他)	総人数	特徴
1	1607	宣祖40・慶長12	和平修好・回答兼刷還（国情視察）	呂祐吉/慶暹/丁好寛	504人	
2	1617	光海君9・元和3	大坂平定・回答兼刷還（国情視察）	呉允謙/朴梓/李景稷	428人	京都伏見聘礼
3	1624	仁祖2・寛永元	家光将軍職就任祝い・回答兼刷還	鄭岦/姜弘重/辛啓栄	460人	
4	1636	仁祖14・寛永13	泰平之賀（朝鮮政策の確認）	任絖/金世濂/黄戻	478人	日本国大君号制定・馬上才実施
5	1643	仁祖21・寛永20	家綱誕生祝い	尹順之/趙絅/申濡	477人	
6	1655	孝宗6・明暦元	家綱将軍職就任祝い	趙珩/兪瑒/南龍翼（写字官金義信）	485人	
7	1682	粛宗8・天和2	綱吉将軍職就任祝い	尹趾完/李彦綱/朴慶後	473人	
8	1711	粛宗37・正徳元	家宣将軍職就任祝い	趙泰億/任守幹/李邦彦	500人	新井白石の改革
9	1719	粛宗45・享保4	吉宗将軍職就任祝い	洪致中/黄璿/李明彦（製述官申維翰）	475人	
10	1748	英祖24・延享5(寛延元)	家重将軍職就任祝い	洪啓禧/南泰耆/曹命采	475人	
11	1764	英祖40・宝暦14(明和元)	家治将軍職就任祝い	趙曮/李仁培/金相翊	477人	崔天宗刺殺事件
12	1811	純祖11・文化8	家斉将軍職就任祝い	金履喬/金勉求/（廃止）（画員李義養）	328人	対馬府中聘礼

書契を交換し、外交交渉をおこなった。また、朝鮮国王の即位を祝う対馬藩の使節は対馬藩主から朝鮮国王への上表文の形式で書契を持参、年例八送使などの使節が釜山倭館へ派遣され朝鮮側から宴饗を受ける場合は朝鮮国王を象徴する殿牌《でんぱい》を拝礼する儀式をおこなうなど、徳川将軍と朝鮮国王の対等外交を対馬藩が家役として仲介する一方で、朝貢的関係と引き替えに朝鮮貿易の利益を獲得していたのであった。

このような対馬藩の実務外交の上に江戸幕府と朝鮮王朝の外交が存在したが、その実態は諸大名はもちろん幕府内でも十分に把握できていた訳ではなかった。全国の大名や民衆にとり朝鮮王朝との交流という面で最も影響があったのが、朝鮮通信使の来日であった。江戸時代には徳川将軍に朝鮮国王の国書を渡すため一二回にわたって朝鮮通信使が派遣され、応接などで関わることで直接的な関係が生まれたのである。

朝鮮王朝の使節派遣は、日本の国情探索や文禄・慶長の役で捕虜となり日本へ抑留されていた俘虜人《ふりょにん》の送還などの目的であった「回答兼刷還使」と、将軍就任などの祝賀の意味合いの「通信使」の違いがあった。とくに一六〇七年（慶長一二）の来日は、家康の将軍就任後初めての正式な将軍への使節となり、このことで両国の講和が成立したのである。つづく一六一七年（元和三）の使節は大坂夏の陣による豊臣家滅亡による徳川政権の確立の祝賀と俘虜人送還、一六二四年（寛永元）の使節は家光の将軍就任祝賀と俘虜人送還の意味合いがあり、両国の思惑は異なるものであった。またこの三回の通信使では国交回復と円滑な外交交渉を優先させた結果、対馬藩による国書改ざんがおこなわれたことも忘れてはならない。そして、一六三五年（慶長一二）の柳川一件により外交体制が改められ、そのことが朝鮮王朝側にも伝えられ、翌年通信使が来日し対馬藩を窓口とする朝鮮外交が再確認された。以後の朝鮮通信使は、両国の友好の象徴として歴代の将軍就任の祝賀を目的として派遣されることとなった。使節の行程は、基本的に釜山を出発後、対馬を経由し海路壱岐国勝本《かつもと》・筑前国藍島《あいのしま》（相島）・長門国赤間関《あかまがせき》（下関）から瀬戸内海を通り、大坂に上陸し美濃路・東海道を往復する経路を通った。壱岐勝本には対馬藩勝本屋敷が置かれていたこともあり、最初の経由地として対馬藩と平戸藩が応接に当たった。

使節は、正使・副使・従事官の三使をはじめ、医師・画家・護衛武人・楽隊など四〇

図 4　朝鮮通信使「朝鮮国信使絵巻」（国指定重要文化財、長崎県立対馬歴史民俗資料館蔵）

図5　伝対馬藩勝本屋敷塀（壱岐市勝本町、筆者撮影）

〇～五〇〇〇人で構成され、基本的に江戸まで旅行して江戸城で盛大な儀式をおこなった。護衛に対馬藩士がつき、対馬・江戸間では全国の大名へ船や乗馬、宿舎の提供が指示されていた。また朝鮮通信使の来日は、幕府や諸藩の学者・文人にとっても文化交流をおこなう絶好の機会となった。使節には文才の優れた者が多く選ばれ、彼らとの筆談による詩文の応酬や、使節団に同行した画員の絵画を求める人々で道中や宿舎が交流の舞台となった。加えて、江戸城での通信使の馬上才《ばじょうさい》披露、対馬藩江戸藩邸での歌《か》舞伎《ぶき》や人形《にんぎょう》浄瑠璃《じょうるり》などの庶民芸能披露のように、両国の様々な文化交流も展開された。

通信使の往復では幕府・諸大名の膨大な出費があり、その負担は大きかったため、一八一一年（文化八）の一一代将軍家斉《いえなり》への通信使は対馬で国書を交換する易地聘礼《えきちへいれい》がおこなわれた。そのため、幕府から一二万両の聘礼準備費用を得た対馬藩は、使節の宿舎新築、上使の宿館及び聘礼の舞台となる宗家の居館金石屋形《かねいしやかた》・桟原屋形《さじきばるやかた》の増改築、幕府使者一行の宿館となる藩重臣屋敷の改築、城下町の道路や港湾の整備などを実施した。通信使一行の宿館は国分寺境内に新築された和陽館、幕府上使の宿館は金石屋形があてられ、一八〇七年（文化四）に建立された国分寺の山門は、通信使の応接の様子を知ることができる貴重な建築となっている。三月二九日に通信使一行が対馬府中（厳原）に到着し、四月一四日には日本側使節の上使小笠原忠固《ただかた》（小倉藩主）が到着、五月二二日に桟原屋形大広間

図6　国分寺山門（対馬市厳原町、筆者撮影）

で上使小笠原・差添上使脇坂安董《やすただ》（龍野藩主）と朝鮮通信使との間で国書交換がおこなわれた。こうして、上使小笠原らは六月一九日、通信使一行は六月二五日府中より乗船帰国した。こののち、一二代将軍家慶《いえよし》以降も通信使の計画はされたが、結局実現に至らなかった。

対馬藩政及び日朝関係の実相を知る上で中核となるのが宗家関係資料である。長崎県立対馬歴史民俗資料館・九州国立博物館・国立国会図書館・慶應義塾図書館・東京大学史料編纂所・韓国国史編纂委員会など国内外に約一二万点伝来し、日本有数の大名家資料群となっている。この資料群は、対馬藩が領内統治や江戸幕府・諸大名との関係、対朝鮮外交など各方面で記録を残したことにより形成された。国元対馬のみならず江戸・大坂・京都・長崎などの在外屋敷、釜山倭館といった各役所ごとに、日々の勤務が詳細に記録され、藩政の手引きとして活用されたのである。そして記録や日記は、定期的に虫干し・修補が実施され整理や保管が進められた。対馬藩が、各方面での貴重な経験を記録として次世代に残す重要性を認識していたこその成果なのである。

図７　雨森芳洲墓（対馬市厳原町、筆者撮影）

対馬藩の記録の充実には、多くの藩士の尽力があったが、なかでも雨森芳洲《あめのもりほうしゅう》（一六六八〜一七五五）は代表的な人物である。芳洲は、対馬藩の儒学者として藩政や日朝外交の整備に尽力し、その考えは六代藩主宗義誠《よしのぶ》へ提出した意見書「交隣提醒《こうりんていせい》」に集約され、朝鮮王朝との誠信外交《せいしんがいこう》を実行するために、日々の外交交渉の場面すべてに記録を残すことが重要であると指摘している。

3　対馬と長崎

近世の海外交流は窓口を限定された形でおこなわれたが、長崎と対馬はその窓口として貴重な交流の場となっていた。とくに長崎では、オランダ・中国と貿易をおこない、海外貿易・国内交易の町として発展していたため、西日本諸藩とともに対馬藩も蔵屋敷を構え、商品確保・漂流民送還・情報収集の重要な拠点と位置づけていた。その役割は、江戸幕府から求められたもの、藩が必要としたものの両面があり、江戸幕府の対外政策そのものであったといえる。長崎で仕入れた商品や銅による倭館貿易の実施、幕府が展開する漂流民送還体制の一端を担うこと、長崎奉行や諸藩との連携など、東アジア世界での確固たる地位を築いていた。江戸幕府にとっても長崎・対馬の両窓口は、一体化した重要なものと位置づけられた。海が長崎・対馬・韓国釜山をつないでいたのである。

対馬藩が長崎でおこなった活動のうち最も重要視したのが商品確保であった。長崎貿易と倭館貿易は密接につながっており、長崎と対馬・釜山を行き来する銀・銅・薬種・俵物《たわらもの》は、その代表的な商品となっていた。オランダ船や中国船が長崎へ運んだ商品が対馬藩によって釜山倭館へ持ち込まれ、反対に朝鮮王朝から倭館を経由して中国の商品が日本へ輸入される構造であったのである。

対馬藩が釜山倭館でおこなった貿易は、①対馬藩の使節が進物（封進《ふうしん》）として朝鮮王朝へ届けた胡椒《こしょう》・丹木《たんぼく》（蘇木《そぼく》）などの東南アジア産品に対し、朝鮮王朝から返礼（回賜《かいし》）として人参・虎皮・織物などが渡される「封進（進上）・回賜」、②朝鮮王朝と対馬藩との定品・定額貿易で、対馬藩から銅・錫、東南アジア産蘇木・水牛角、朝鮮王朝からは木綿（のち一部が米）が取引される公貿易、③対馬藩の貿易担当代官が銅・錫、東南アジア産蘇木・水牛角を輸出し、朝鮮の貿易商人が生糸・絹織物など中国産品や人参・虎皮など朝鮮産品を取り扱う私貿易の三パターンに分けられる。

輸出品のなかでも中心となっていたのが、オランダ船や中国船によって長崎へ輸入された東南アジア産の水牛角・胡椒・明礬《みょうばん》・蘇木であり、対馬藩が長崎で調達し倭館へ輸出していたのである。これらは朝鮮貿易の重要商品であったため、「除物《のけもの》」として一般商人の入札前に優先的に安価で買い付けることが許されていた。なかでも、朝鮮王朝が最も必要としたのが水牛角であった。内弓房などの軍事官庁で弓を制作するため、弓角契《きゅうかくけい》と呼ばれる黒角調達を専門とする業者を設け、倭館における対馬藩との交易によって効果的に輸入させた。長崎での調達が滞ると朝鮮王朝に大きな影響を及ぼしたため、対馬藩は良品の入手に苦心することとなった。

輸入品は当初は朝鮮人参や中国産生糸・絹織物、木綿が中心であったが、後期になると煎海鼠《いりこ》や牛皮、牛角爪などの朝鮮産商品が中心となった。なかでも長崎での中国向け輸出品が俵物へシフトしていったことで朝鮮産煎海鼠の輸入が増加した。一七八五年（天明五）より幕府は各藩にノルマを設定し、長崎の俵物役所《たわらものやくしょ》を通じて俵物を直接独占的に集荷する体制になったことが大きく影響している。対馬藩は長崎会所《ながさきかいしょ》の俵物請負制度によって朝鮮産煎海鼠を輸入し、対馬産煎海鼠を共に長崎へ送っていたのである。この朝鮮産煎海鼠の売上代金は、水牛角など東南アジア産品の購入にあてられ、対馬藩にとり不可欠な輸入品となった。このように貿易品の流れをみても、長崎・対馬・韓国釜山のつながりが深いことがよく分かる。

つぎに長崎と関わる対馬藩の活動として挙げられるのが、一七〜一九世紀の東アジア世界でおこなわれていた漂流民の相互送還体制に関わる動きである。対馬藩は対馬海峡に位置するという地理的条件からその一端を担い、日本—朝鮮間の漂流民はすべて対馬藩を介して送還が行われ、その他の日本—中国間などの漂流民は長崎へ回送することが義務づけられた。対馬藩は江戸幕府の沿岸警備体制においても重要な役割を担い、長崎警備《ながさきけいび》の一翼を形成していたのである。

日本各地へ漂着した朝鮮人漂流民や朝鮮半島へ漂着した日本人漂流民は、一定の流れに従い朝鮮や日本へ送り返された。朝鮮人漂流民は長崎へ回送され、長崎奉行所から対馬藩へ引き渡され釜山倭館へと送られた。また日本人漂流民も、釜山へ回送され対馬藩が受け取り、長崎へ護送され、長崎で各藩へ引き渡された。漂流民は倭館・対馬藩内の関所と府内・長崎奉行所と四ヶ所でそれぞれ尋問され、ようやく帰国が許されたのであった。

対馬海峡は各国の船が行き来し、対馬藩内には中国船の漂着もあった。長崎へ出入りする中国船が航路を外れ漂流する場合もあり、対馬藩はそれらの船への対応も求められたのである。長崎奉行所から中国船やオランダ船の出入港情報が「浦触《うらぶれ》」という形で対馬藩を含む周辺諸藩に伝達され、長崎警備と連携した対応が整備された。

また、相互送還が確立していた江戸時代には、漂着地側の負担でそれぞれの漂流民に手厚い対応が採られた。病気や怪我、船の破損、滞在中の衣食住問題など、多方面で配慮が必要となり、護送途中には衣服・食料・薬の処方に至るまで細事にわたって対応が採られた。漂流民を受け取った対馬藩では、送還使者の準備や出港の天候待ちのため、一定期間漂流民を長崎屋敷や対馬府中に滞在させる必要があった。そこで長崎屋敷内と対馬府中の港内には彼らを滞在させる漂民《ひょうみん》屋《や》が備えられていた。対馬藩関係資料に残る長崎屋敷の絵図「長崎絵図」（国指定重要文化財、長崎県立対馬歴史民俗資料館蔵）を見ると、敷地内には「朝鮮人小屋」「朝鮮小屋」（漂民屋）が立ち並び、記載内容から新たに土蔵を解体し漂民屋を増築するため、朝鮮漂流民の通路の変更を指示したことが分かる。対馬藩長崎屋敷に一定期間朝鮮人漂流民が滞在していたことは、出島に駐在するオランダ商館員にとっても関

図 8　厳原港内の漂民屋跡（対馬市厳原町、筆者撮影）

図 9　対馬藩長崎屋敷の朝鮮人漂流民（「日本」シーボルト著 1832～1858 年、長崎歴史文化博物館収蔵）

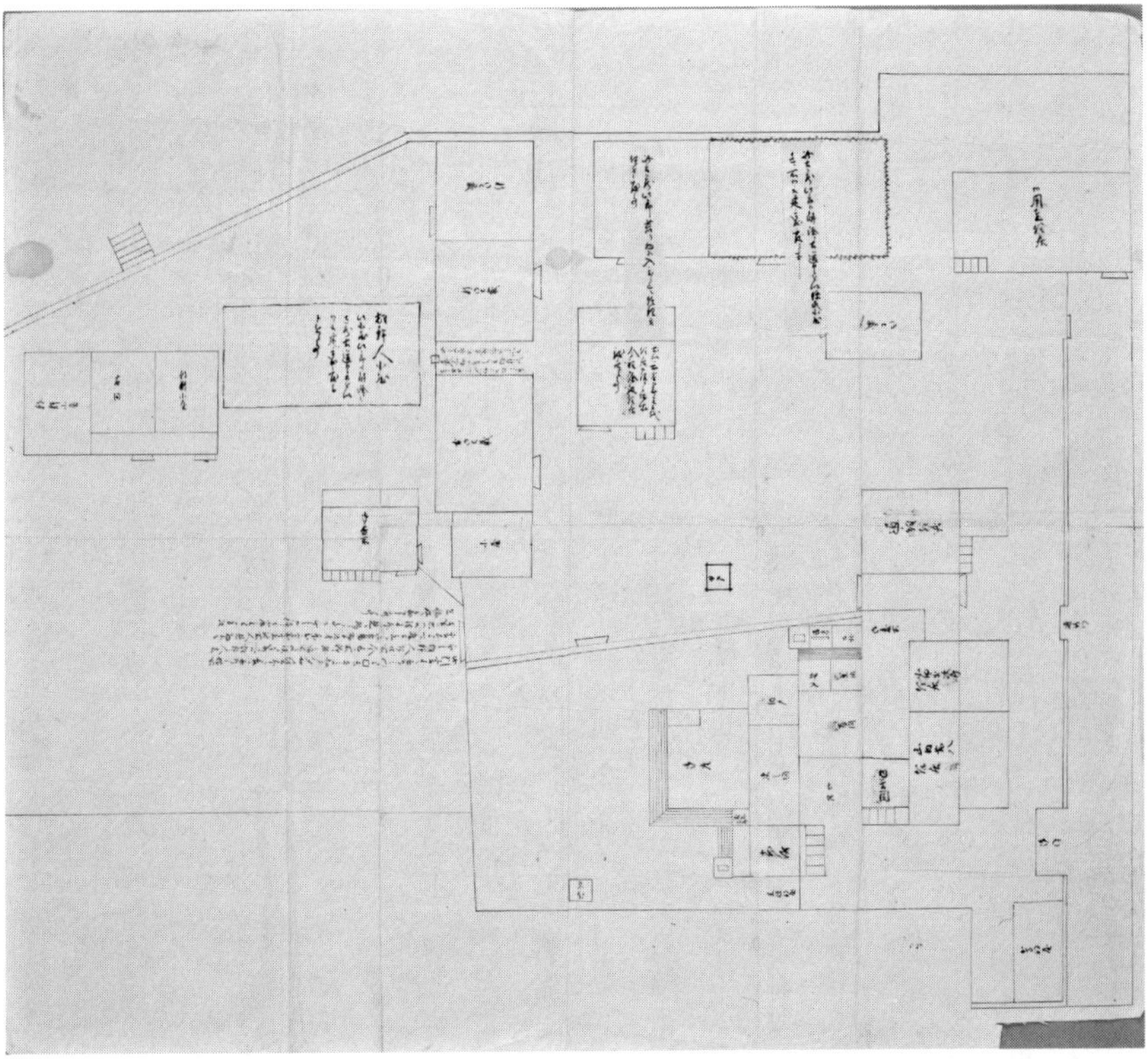

図10　対馬藩長崎屋敷「長崎絵図」（国指定重要文化財、長崎県立対馬歴史民俗資料館蔵）

心の的であった。

一八二三年（文政六）〜一八二九年（文政一二）、オランダ商館付医師として長崎に滞在したシーボルトは、滞在中に出島の隣にあった西築町《にしつきまち》の対馬藩屋敷の朝鮮人漂流民を観察し、彼らをスケッチし、所持品も入手している。また、一八五五年（安政二）に来日したオランダ国王侍従長・伯爵リンデンも、滞在中に見た長崎周辺の風景のうち、出島オランダ商館から対馬藩長崎屋敷方面を描いたものがあるが、その中で帰国を待つ朝鮮人漂流民の姿をみることができる。

ここまで紹介してきたように、日朝外交・貿易の遂行にあたっては、長崎と対馬、韓国釜山との関係が不可欠であり、藩と長崎を繋ぐ長崎聞役《ながさきききやく》や長崎屋敷の役割は重要であった。江戸時代、長崎の町は諸藩にとって情報の窓口・交易の舞台として重要視された。なかでも一六四七年（正保四）のポルトガル船来航事件後、西日本一四藩が長崎に藩士を常駐させることになったことが大きい。長崎警備の一環として長崎市中に常詰・夏詰の藩士派遣と屋敷設置を許された一四藩は、「長崎聞役」と呼ばれる藩士を派遣し、藩が指定した御用商人とともに長崎奉行所や他藩、長崎市中との関係を結んでいたのである。

対馬藩もその一つに加わり、一年中常駐と定められ、長崎屋敷を置いていた。聞役には主に勘定奉行所の馬廻格の藩士が任命され、長崎奉行や諸藩聞役、地役人、商人らと交流する中で、藩と長崎を繋ぐ役割を果たし、藩から指示された任務を遂行していたのである。長崎聞役に求められた任務は、ここまで紹介してきたように、朝鮮貿易の商品確保と漂流民送還、外交情報の収集・連絡調整であった。

その拠点となった対馬藩の長崎屋敷は、江戸時代に後興善町《うしろこうぜんまち》（長崎市興善町の長崎市消防局あたり）、本紺屋町《もとこうやまち》（長崎市栄町のＦＭ長崎あたり）、西築町（長崎市銅座町の十八銀行本店あたり）と三回移転している。日朝外交・貿易の再開・展開に合わせて、長崎の町人から指定した御用達も末次家《すえつぐけ》・天野家《あまのけ》・芝山家《しばやまけ》と代えながら、貿易品保管用の蔵や漂流民の滞在場所の確保などの長崎屋敷に求める役割によって屋敷地は決定されていた。これらの場所をたどってみると、長崎・対馬・韓国釜山をつなぎながら対馬藩が担っていた近世日朝外交・貿易の様子を思い浮かべることができるのではないだろうか。

〔参考引用文献〕

雨森芳洲（田代和生校注）『交隣提醒』平凡社、二〇一四年
荒野泰典『近世日本と東アジア』東京大学出版会、一九八八年
荒木和憲『中世対馬宗氏領国と朝鮮』山川出版社、二〇〇七年
荒木和憲『対馬宗氏の中世史』吉川弘文館、二〇一七年
池内　敏『近世日本と朝鮮漂流民』臨川書店、一九九八年
泉　澄一『対馬藩藩儒・雨森芳洲の基礎的研究』関西大学出版部、一九九七年
李薫・池内敏訳『朝鮮後期漂流民と日朝関係』法政大学出版局、二〇〇八年
岡本健一郎「対馬藩における長崎屋敷移転と御用商人」『研究紀要（長崎歴史文化博物館）』六、二〇一二年
長　節子『中世日朝関係と対馬』吉川弘文館、一九八七年
長　節子『中世　国境海域の倭と朝鮮』吉川弘文館、二〇〇二年
長　正統「日鮮関係における記録の時代」『東洋学報』五〇―四、一九六八年
金東哲・吉田光男訳『朝鮮近世の御用商人　貢人の研究』法政大学出版局、二〇〇一年
関　周一編『日朝関係史』吉川弘文館、二〇一七年
田代和生『書き替えられた国書』中公新書、一九八三年
田代和生『近世日朝通交貿易史の研究』創文社、一九八七年
田代和生・米谷均「宗家旧蔵『図書』と木印」『朝鮮学報』一五六、一九九五年
田代和生『日朝交易と対馬藩』創文社、二〇〇七年

田代和生『新・倭館─鎖国時代の日本人町─』ゆまに書房、二〇一一年
田代和生「朝鮮通信使が見た庶民芸能」『史学』八六─一・二、二〇一六年
鶴田　啓「天保期の対馬藩財政と日朝貿易」『論集きんせい』八、一九八三年
鶴田　啓「釜山倭館」『江戸幕府と東アジア』荒野泰典編、吉川弘文館、二〇〇三年
鶴田　啓『対馬からみた日朝関係』山川出版社、二〇〇六年
中村栄孝『日鮮関係史の研究』下巻、吉川弘文館、一九六九年
三宅英利『近世日朝関係史の研究』文献出版、一九八六年
尹　裕淑『近世日朝通交と倭館』岩田書院、二〇一一年
米谷　均「近世日朝関係における対馬藩主の上表文について」『朝鮮学報』一五四、一九九五年
米谷　均「日明・日朝における粛拝儀礼について」『博多と寧波』中島楽章・伊藤幸司編、汲古書院、二〇一三年

明治初期の倭館東館の様子（「グラバー邸の全景他」グラバー関係アルバム、長崎歴史文化博物館蔵）

column

倭館《わかん》

岡本 健一郎

江戸時代、長崎には出島オランダ商館・唐人屋敷《とうじんやしき》が置かれ、海外貿易の舞台であったように、韓国釜山《プサン》には倭館が置かれ、朝鮮王朝向けの在外機関として日朝外交・貿易・交流の舞台となっていた。基本的に日本人の海外渡航が禁止されていた時代に、対馬藩では外交交渉や藩貿易を行うため藩士や商人を派遣し、外交・貿易の場面のみならず日常生活の中で直接交流を深めていった。

文禄・慶長の役ののち、当初は釜山浦《プサンポ》沖の絶影島《チョリョンド》（牧ノ島《まきのしま》）に仮倭館が設置され、一六〇七年（慶長十二）第一回目の朝鮮通信使（回答兼刷還使《かいとうけんさっかんし》）が江戸へ派遣され両国の講和が成立すると、正式に豆毛浦《トモポ》へ倭館が設置された。こうして、改めて対馬藩宗氏による日朝外交・貿易が釜山倭館で展開されたのであった。

外交・貿易活動が盛んになるにつれ、豆毛浦倭館は手狭や不便であったことから移転が望まれるようになった。対馬藩の粘り強い交渉の末、一六七八年（延宝六）四月に草梁項《チョリャンハン》に新たな倭館が建設された。完成した草梁倭館は、東西約三三〇間、南北約二五〇間、一〇万坪余の広さがあった。出島が約四千五百坪、唐人屋敷が約一万坪であったのに比べ、その広さが圧倒的なものであることが分かる。倭館には外交・貿易に関わる様々な建物があった。その特徴は、中央の龍頭山《ヨンドウサン》を挟み東館・西館、館外に坂ノ下《さかのした》の三区域があり、それぞれの役割があったことに見ることができる。

東側には倭館の責任者館守《かんしゅ》をはじめ代官関係や貿易関係の建物が並び、西側には対馬からの使者屋敷など客館があった。女性の出入りが禁止され、男性のみ四〇〇～五〇〇人が居住していた。東館は長期滞在者の住居区域であり、東の三大庁として倭館の責任者館守の屋敷である館守屋（家）、私貿易会所である開市大庁《かいしだいちょう》、外交交渉

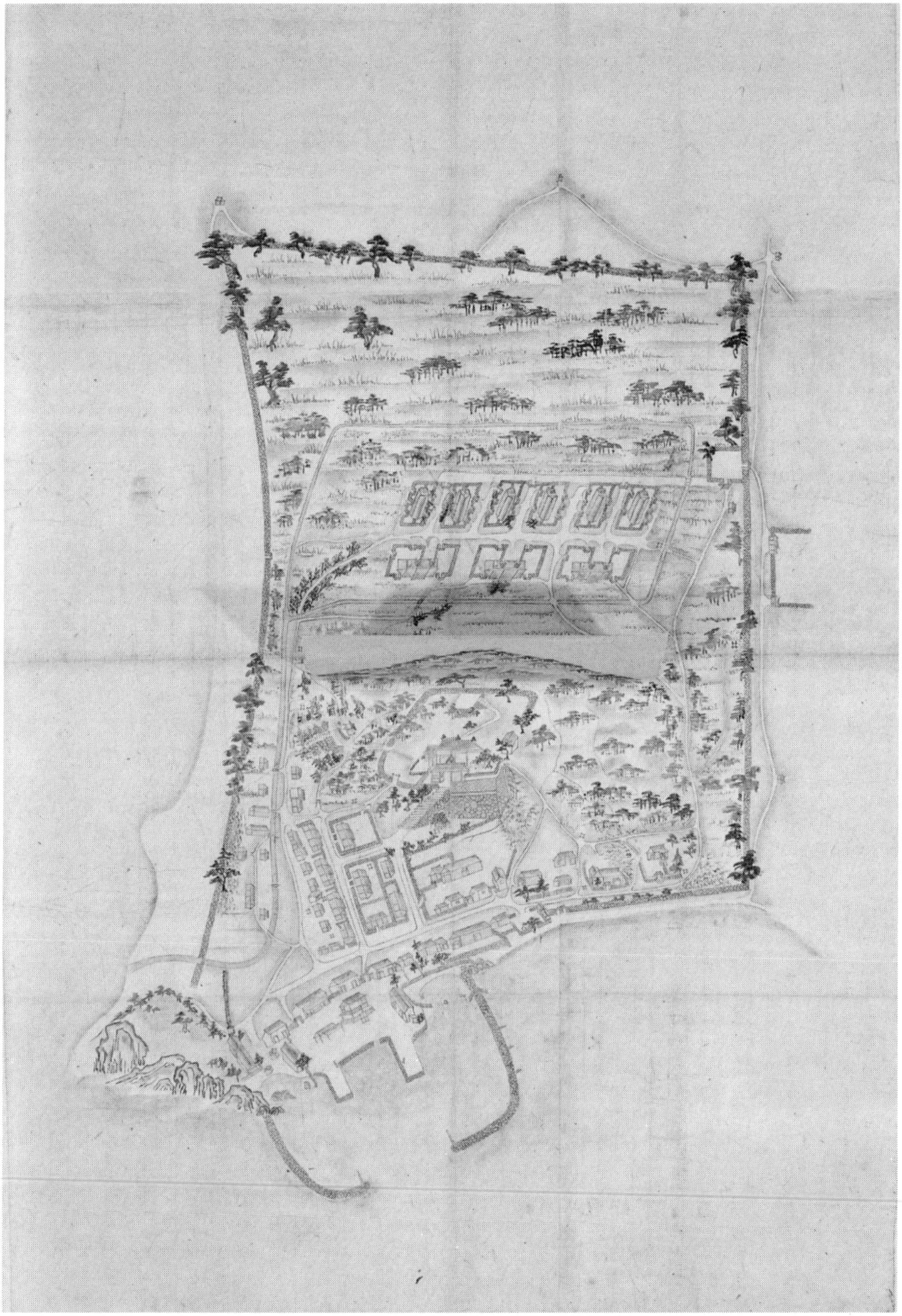

図 1　草梁倭館絵図（国指定重要文化財、長崎県立対馬歴史民俗資料館蔵）

図2　倭館館守屋跡石段（韓国・釜山市、筆者撮影）

官にあたる裁判《さいはん》の屋敷である裁判屋があった。その他、朝鮮との外交文書の起草・点検にあたる書僧倭《しょそうわ》が置かれた東向寺《とうこうじ》、貿易関係業務を担う一代官などの屋敷である代官屋、倭館出入りの人々や船・積荷の検査をおこなう浜番所、横目・目付など館内治安維持役人の屋敷である役人屋などがあった。西館は別名僉官屋《せんかんや》と呼ばれ、使者の滞在する客館の区域であった。西の三大庁として、一特送使の屋敷である一特送屋、臨時使節（差倭）の屋敷である参判屋《さんばんや》、副特送使の屋敷である副特送屋と、使節随行員の宿泊長屋六棟で構成される六行廊《ろくぎょうろう》（使者屋）があった。館外の坂ノ下には、倭館に入港した対馬藩使節が朝鮮王朝の東莱府使《トンネふし》と釜山僉使《せんし》へ渡海の挨拶する茶儀礼《さぎれい》をおこない外交文書の書契《しょけい》が渡された宴大庁《えんのだいちょう》と、対馬藩使節の朝鮮国王に対する拝礼である粛拝式《しゅくはいしき》をおこなった粛拝所があった草梁客館、朝鮮王朝の日本語訳官の施設である訓導屋《くんどうや》があった。

現在、倭館の場所は国際市場やファッション街となり当時の建物は残されていない。唯一、館守屋の石段が当時のまま残り、中央の龍頭山を中心に道筋や区画は維持されている。また、建物があった場所には案内看板が立てられ、坂ノ下の草梁客館（蓬莱初等学校）・宴大庁（光一初等学校）のように小学校になっているところもあり、倭館絵図を念頭にたどると当時の様子や距離感が実感できる。実は釜山駅やフェリーターミナルが広がる釜山市の海岸線は、明治以降に埋め立てられた土地である。当時は現在より平地は少なく、龍頭山に沿って東館の各建物が建てられていた。いま歩いてみると、山際の限られた区域に建物があったことが分かる。そこが江戸時代の日朝関係を支えた舞台だったのである。

長崎の都市形成とキリシタン禁制

木村直樹

1　キリスト教の町長崎

二〇一六年現在の長崎県のカトリック教会に所属する信者数は、約六万二〇〇〇人、県内人口の四・四%程度を占めるとされる。[1]日本全体ではカトリック教会の信者は人口の約〇・三四%とされていることを考えると相当に多い。さらにプロテスタント系の信者数を含めれば、現在の長崎県は、日本屈指のキリスト教を信仰している土地だと言えよう。長崎市内や周辺では日常的に、シスターなど教会関係者と、路面電車や商店街、病院などで隣り合わせになることはよくあるし、公的な会議や催しもので教会の代表者が参加していることもよく見かける。長崎にはキリスト教の伝統が、生活の中に当たり前のように存在

(1)　カトリック中央協議会HPカトリック教会現勢二〇一六年度より(https://www.cbcj.catholic.jp/japan/statistics/)

しているのである。

この宗教的な特長の源流には、遠く戦国時代の終わりから現在の長崎県下でキリスト教が布教され、江戸時代の厳しい禁教下でも一定数の信者がその信仰を守り続けてきた歴史的経緯があってこそ、近代にも長崎県下ではキリスト教が受容されたとも言える。

一六世紀から一七世紀の長崎県下においてキリスト教がいかにひろまっていったのかは、本書第二部の「キリスト教の受容と展開」で概観が述べられているので、そちらを参照されたい。

もともと、戦国時代、キリスト教が広まる過程には、キリスト教の教義が一般の人々にとって受け入れやすい教えであったことはもちろんだが、戦国大名たちが、キリスト教の布教を自分の支配領域で認めてきたことも、信者増大の背景にはある。

長崎に領知を有した大村純忠や有馬晴信といったキリシタン大名たちは、自分達自身がキリスト教を信仰していたと同時に、もう一つの側面があったことについても、見落としてはいけない。すなわち、ポルトガル船との貿易と、キリスト教の布教とは強く連動しているととらえていたことにある。

本章では、キリスト教布教と長崎の都市形成、さらに近世期を通じたキリシタン禁制について考えてみたい。

2　近世都市長崎とキリスト教

　現代、長崎市へやってくる観光客にとって、長崎は近代の原爆、近世の海外に開かれた都市としてのイメージが大きい。近世の海外への扉としての長崎は、近年でこそ中国（厳密に言えば唐人という枠組みで中国大陸や台湾からだけとは限らない）への入り口という側面がクローズアップされているが、明治維新以降現代にいたるまで、日本人の欧米諸国へのあこがれの意識の裏返しで、西洋にひらかれた長崎というイメージが大きい。西洋との歴史的関係には、一つには出島のオランダ人との関係と、もう一つは戦国時代末期から江戸時代初期にキリスト教の文化が花開いた長崎という顔も存在する。

　江戸時代の禁教時代を耐えぬいた潜伏キリシタンたちは、明治時代以後、大きく言えば長崎ではカトリック教会に復帰する人々や、先祖の守ってきた信仰をコミュニティの中で保持するかくれキリシタンにわかれた。また新たにプロテスタント系のミッションも長崎で活動する。

　ところが、実際に戦国時代から続く教会や関連施設が今なおあるかと言えば、それはほぼないといってもよい。長崎の町は、周知のように一五八〇年に大村純忠からイエズス会に寄進され、その後八七年に豊臣秀吉の直轄領となり、翌年に初代長崎代官鍋島直茂が任命されたのち、以後中央権力の直轄地として、支配のための代官や奉行といった代理人が派遣されるという統治形態となり幕末にいたる。

図１　長崎市勝山町遺跡（長崎市勝山町桜小学校）
17世紀初頭に建設された教会の跡は、発掘されて石畳などから当時の様子をうかがい知ることができる。

イエズス会への寄進された時代があるとはいえ、キリスト教とのかかわりで現代有名な場所としては、幕末の外国人居留区に建てられた現存する最古の教会大浦天主堂、原爆による壊滅的な破壊から復活し壮麗な姿を見せる浦上天主堂、博物館も併設する二十六聖人殉教記念碑などがある。実際に長崎の町にキリシタンたちが多くいた四〇〇年前の時代の建物は残念ながらない。かろうじて、桜町小学校（長崎市桜町）の敷地で発掘された遺構が、そのまま公開されているサン＝ドミンゴ教会跡が、キリスト教が広まった時代の長崎の様子をわずかながら想像させてくれる。それでも、地中に残っていた石畳や井戸・建物の地下構造などが見られるにすぎない。

では、一七世紀初頭前後に長崎の町にあった教会などはその後どうなったのだろうか。主だった施設をいくつか紹介してみたい。なお、イエズス会時代の長崎は、長崎港に突出した岬の先端と、その周辺の六つの町からできあがる。六つの町は大村・平戸・島原・外《ほか》浦《うら》・分知《ぶんち》・横瀬浦の各町になる。中世を通じて長崎周辺を支配していた長崎氏の拠点は市内北東部の丘陵のふもとにあり、一五七一年にポルトガル船が来航して以来発達することになる都市長崎は海側から発展している。

①トードス・オス・サントス教会　一五六九年に長崎で最初の教会として建てられ、そ

の後春徳寺として現在にいたる（現在、長崎市夫婦川町）。
②岬の教会　一五七一年建設、江戸時代は長崎奉行所西役所として利用され、幕末はオランダ海軍による伝習所としても利用される。明治以後県庁となる。二〇一七年末に県庁は移転したが、その後の利用は未定だが公共施設になる予定（長崎市江戸町）。
③山のサンタマリア教会　一六〇〇年建設。一六四〇年前後ごろから一七世紀半ばまでは、幕府大目付井上政重の屋敷が置かれ、九州各地で捕らわれたキリシタンや宣教師たちが収容された。井上の引退後、井上家の屋敷は解体されたが、おおよそ同じ場所に一六七三年に長崎奉行所立山役所が設置され、幕府の長崎支配の中心地となる。近代になって県の施設として利用され、現在は長崎歴史文化博物館（長崎市立山）。

図２　一の堀跡（長崎市漫才町、長崎市立図書館付近）
近世都市長崎は海側から都市形成が始まったため、陸上からの防衛のため堀が内陸に向かって３本の堀が構えられた。写真は、最初に掘られた一の堀のあとが、現在は道路として利用されており、わずかにくぼんでいることが堀であったことを物語っている。

図３　長崎歴史文化博物館（長崎市立山）
17世紀半ば以降、長崎の行政の中心は長崎奉行所立山役所へ移動する。現在、長崎歴史文化博物館として、奉行所の一部が復元されている。なお画面中央部の石の階段は、発掘によって江戸時代の姿のまま発見されている。

④サン・ジョアン・バウチスタ教会　一五九一年建設、キリスト教禁教後、本蓮寺が同地に建立され現在にいたる（長崎市筑後町）。

⑤ミゼルコルジアの組本部教会　一六〇八年建設され二〇年に破壊されたのち、寺や神社に利用された（長崎市万才町）。

⑥サン・ドミンゴ教会　一六〇九年ドミニコ会によって建設、禁教後は長崎代官末次家・高木家の屋敷となり、現在は桜町小学校（長崎市勝山町）。

⑦サン・フランシスコ教会　一六一二年建設、禁教後は、長崎奉行所配下の牢屋となり、現在長崎市役所の別館となっている（長崎市桜町）。

その他にも、町に建設された教会が文献で知られているだけで六つある。近世初頭に教会が建設された土地は、江戸時代に奉行所や代官の屋敷など行政の場となるか、または寺社の敷地となり、近代以降、多くの土地は行政・教育組織として利用されて現代に至っていることがわかる。

このような土地利用の系譜の意味するところは、長崎の町が都市としての姿を見せ始めた時、教会こそが都市の要であったことになる。もともと土地が狭隘で平坦な場所が少ない都市長崎にあって、教会はまとまった空間を優先的に利用し、それ故にこそ、その土地を継承することでキリスト教が禁止されたのち、近世・近代にわたって行政の中枢が置かれているのである。したがって、長崎の町のキリスト教の痕跡は、現代の行政機構の立地に反映している。今日、四百年前のキリスト教の姿を考えたい時には、逆に言えば、まとまって公的に利用されている土地の記憶をたどればよいことになる。

そして、キリスト教の布教と、貿易とは不可分な関係にあった。そもそも、長崎の初期に成立した六つの町の町名が、九州の他の地名を冠しているように、貿易を求めて、九州各地から商人たちが集まってきたことを物語っている。そして、その貿易による利潤が近世都市長崎の経済的基盤となっている。キリスト教の布教から貿易が繁栄し、貿易都市としての蓄積を継承する形で、一六四一年のオランダ東インド会社の出島移転や一六三五年の唐船の長崎集中があったのである。

3　キリシタン禁制と長崎

このように都市の原点が、キリスト教と密接にかかわった長崎であるが、その禁止が本格化したあと、キリスト教は、一部の潜伏したキリシタンを除いて、町から消滅していったと思われる。

しかし、為政者である長崎奉行は、この長崎の町にあるキリシタンの伝統を一七世紀の間はある意味恐れていた。いくつか事例を考えてみよう。

一六三七年一〇月末に島原の乱が発生した時、二人の長崎奉行馬場利重と榊原職直は江戸にもどっていたが、急きょ長崎に引き返し、しばらく長崎町人たちが呼応して蜂起しないことを確認してから、戦場となった原城に出陣している。しかも、長崎奉行不在時には、大村藩の兵力が長崎に展開しにらみを利かせている。島原の乱の発生時は貿易シーズンを終えてポルトガルの船舶がいない時期ではあったが、ポルトガル・長崎の町人たちとのつながりについて、長崎奉行は不安を払しょくできなかったと言える。

一六四〇年ごろになると、キリスト教禁制策の強化に、幕府大目付井上政重が積極的にかかわるようになり、長崎には井上の屋敷が設けられ、井上の家臣が姿をしばしば見せるようになる。彼らは、九州のキリシタンたちを摘発し一度長崎に集める任務を担っていた。井上の摘発方法は都市をはじめとして各地に散在する組織の上層部を中心に捕縛し、広域的に各大名家に指示を与えることに特徴がある。指導層を摘発すればおのずと組織は弱体化・解体していくという考え方であった。井上自身、三代将軍家光の信任の厚い大目付であり、その信用を背景に、各大名家に直接キリシタン捕縛の指示を与えていた。

ところが四代将軍家綱の時期になるとそのような方法が難しくなる。それは一六五七年に発生した大村郡《こおり》崩れの問題で明らかになった。「崩」という事件は、大規模な地域単位でのキリシタンの露見が特長であった。幕府直轄領に隣接する大村藩の領内で六〇〇人あまりの農民たちがキリシタンとして検挙されて、三分の二が斬罪に処され、釈放されたものは一〇〇人にみたなかった。その後、一六六〇年の豊後崩れや一六六一年の濃尾崩れなど、全国で数百人単位のキリシタン露見が発生しており、一七世紀の半ばでは、まだキリシタンが組織的にまとまって特定の地域で活動していたことが確認される。

大村郡崩れを受けて、翌年の一六五八年になっても、長崎奉行は、長崎の町のキリシタンの存在に不安を抱いていた。この年四月に長崎奉行黒川正直と甲斐庄正述が、自分たちの上司である江戸の幕府老中に対して、長崎奉行としての業務内容について検討事項を問い合わせた書状に、彼らの心配が率直に語られている。そこでは、もし交渉などでポルトガル船など南蛮の船が来航した場合、長崎港への入港は、沖合の伊王島までまずは留めるべきである、なぜなら、長崎の町人は誰もが棄教したキリシタンたちなので、ポルトガル船が長崎湾の奥深く入り彼らにその姿を見せた場合、精神的にバランスを崩し不測の事態が発生するのではないかと心配していると。[2] すでに島原の乱が終わってから二〇年たつが、長崎奉行としては万が一という思いをいだいていたことがわかる。

このような長崎をはじめ全国的に集団でまだキリシタンが存在しているという状況は、全国的な宗門改制度の確立に向かう。つまり各地の点を摘発することによってキリシタンを解体しようとした方法が、全ての日本の人々を対象とした摘発方法へと向かったと言える。これは、大目付井上政重が、個人的な力量で家臣団を動かしながら行っていたのに対して、職務を引き継いだ大目付北条氏長以降は、数年ごとの担当者の人事交替を前提に幕府の同心などが附属して業務を行う体制へと移行したことと対応している。端的に言えば、キリシタンとはどのような集団か本質的に理解した上でピンポイントで摘発できないので、面的に対処するということである。これは、ある意味質的な弱体化ともいえる。

実際、一八世紀になると、キリシタンの摘発は形骸化してくる。

一七〇八年、有名なシドッチが日本に密入航して、屋久島でとらえられる。しかし、捕縛直後、シドッチを宣教師だと潜入先の薩摩藩ではだれも確信がもてず半ば丁重な扱いで長崎に送られている。さらに長崎到着後も、長崎奉行側でも言葉の問題もあり最初はシドッチの意図が不明で、ようやくオランダ商館のポルトガル語を理解する商館員を間にたてて尋問を行い、シドッチがキリスト教を将軍と話し合う目的でやってきた密入国者であることが判明している。このことは、形式的にはキリスト教を禁止しているが、一八世紀段階では摘発する幕府や藩側の知識や経験が形骸化していることを意味していたといえる。

このような形骸化したキリシタン禁制の施政方針は、一八世紀末から、長崎で発生する

（2）国立公文書館所蔵「長崎御役所留」

新たなキリシタンの崩れ、いわゆる潜伏キリシタンの問題でも同様に見出される。(3)

浦上一番崩れが一七九〇年に発生する。この事件は、長崎の周辺にある幕府直轄の農村部である長崎代官領内にある浦上村で発生した。もともとは、村内の寺院の仏像建立の費用負担をめぐって、庄屋高谷永左衛門と、村民との間で確執が表面化したことに始まる。村民が資金の提供を拒否したことから、庄屋側は代官の手代塚田郡兵衛と一緒になり、農民たちを「異宗」として訴えたのである。当初一九名の農民が入牢し取調べを受けたが、結局証拠があがらず釈放され、庄屋たちは逆に免職となっている。その後高谷氏の一族が勘定奉行への直訴などを行い、幕府は大村藩などにも異宗の情報提供などを求めたりしたが、最終的に、キリシタンとして認定はなされなかった。この事件は、キリシタンの問題でもあるが、村内の運営をめぐる庄屋と村人たちとの対立という側面もある。そして幕府は、事態を大きくするよりは、村の騒動としての処理を選んでいるといえる。この村では、その後一八四三年の浦上二番崩れ・五六年の三番崩れがあるが、異宗として捉えられキリスト教とは判断されなかった。

むしろ状況が変化するのは一八六七年になって発生した浦上四番崩れである。キリスト教とのかかわりで村人たちが取調べられ、各地に流刑になっている。この四番崩れの段階では長崎の居留地に外国人が生活し教会もあり、村人たちが宣教師と接触したことが背景にある。

このことから、一八世紀末から一九世紀半ばくらいまでは、幕府は「異宗」の問題が発生すると可能な限りキリシタンとは異なる文脈で事態を鎮静化しているといえる。また、事件そのものの、村内の自治をめぐる確執という側面もあり、宗教の問題だけではとらえ

(3) なお、本稿では明治初頭までの禁圧された時代のキリシタンたちを潜伏キリシタンとし、キリスト教解放後も教会へ帰属せず独自の集団として信仰を守っている人々をかくれキリシタンとする。

られないということも重要なポイントである。
潜伏キリシタンの問題をめぐる対処方針が激化するのは、むしろ幕末特有の現象であることは、現代に続くかくれキリシタンをめぐる問題のなかで重要な視点として考える必要がある。

〔参考文献〕

片岡弥吉『長崎のキリシタン』聖母の騎士社、一九八九年
清水紘一『キリシタン禁制史』教育社、一九八一年
木村直樹『長崎奉行の歴史』KADOKAWA、二〇一六年

column

城を割る

木村直樹

一六三八年（寛永一五）二月二八日、原城は陥落し、前年一〇月末より続いた島原の乱（天草・島原一揆）は終焉を迎える。落城に際し、最終的に原城に立てこもっていた一揆勢三万七〇〇〇人余りが、ほぼ全員が死亡するという凄惨な結末を迎えた。

日本史上有名な島原の乱については、その性格をめぐって、様々な議論がなされてきた。キリシタンの禁圧に対する宗教的反抗、過酷な年貢収奪に対する領主への抵抗、あるいは中世以来の伝統的な異議申し立てなど、諸説あるが、一番オーソドックスな理解は、宗教的要因と農民一揆の複合的な性格であると理解されることが多い。

また、この大事件を経て、江戸幕府は、キリスト教との結びつきを恐れて一六三九年にポルトガル船を追放した。翌年にはマカオからの使者を死刑にしたため、西日本を中心に各藩を動員して沿岸警備体制を構築し、この枠組みは一九世紀まで続く。またポルトガル船が追放され空き家となった長崎の出島にはオランダ商館が平戸から移された。

国内に目を向ければ、キリスト教禁制政策の強化がなされ、江戸幕府は日本人の一人一人の人身把握を強化していった。その意味で、島原の乱は、局地的な一揆ではなく、その後の江戸時代の体制に大きな影響を与えた事件と言える。

では、その舞台となった原城とはいかなる城なのか、現地にいってみると、三方を海につきだした断崖の上にあり、陸地に続く側面は、当時は湿地帯である。特定の通路以外近よるのが困難な難攻不落の城であり、一揆軍がほぼ三か月間にわたり、一揆勢よりも四倍程度の規模の正規軍たる幕府軍からの攻撃に耐え抜いたこともうなずける。

原城は、もともと戦国時代からこの地を治めていた有馬氏によって築かれ、一六〇四年に完成したと推定される。本丸・二の丸・三の丸などからなり、有馬氏が転封した一六一四年以降は放棄されていた。実際、島原の乱が発生した時、城の建物はあまり残っていなかったようだが、石垣はそのままの状態であった。一揆勢は石垣の上に板などを張り巡らして仮設の塀を作っていたと思われる。板は天草方面から船で参加した一揆勢の船を解体して調達したと言われる。

原城が落城したのち、江戸時代は、城趾はそのままだった。近年になり発掘がすすみ、本丸の発掘は終わっているが、広大な二の丸三の丸や出丸群、幕府側の陣地跡などはほとんど手が付いてない状態である。

原城本丸虎口

原城の本丸の通路には、写真のように周辺の石垣を崩した石が道を遮るように置かれている。

現在、本丸にいって、実際に残された石垣などに沿いながら本丸中枢部を目指すと、少しおかしなところに気づく。まず、石垣の角の部分にあたる場所が、おおかた崩され、下にもともとあった大きな石が転がっている。さらに、本丸への通路には、崩した石を一列に並べ、通行できないようになっている。

これは落城直後、幕府軍はわずかに生き残った一揆勢への掃討戦を行いながら、計画的かつ徹底的に幕府軍が城を破壊した痕跡である。当時の言葉で「城を割る」といい、二度と城として機能しないように措置しているのである。いかに、島原の乱に対して、幕府軍が苦戦し、再び原城に立てこもるような事態が生じても城としての機能を無力化することに腐心していたかがよくわる。

幕府側は、もともとキリシタンの多い九州で、似た事態が発生することを警戒し、幕府軍司令官松平信綱一行は、乱の直後、長崎によったのち、佐賀県北部の名護屋城跡も視察している。豊臣秀吉の朝鮮侵略の前進基地として巨大な城が建設された名護屋城で同様の乱が発生すると大変問題であると思ったらしい。名護屋城の方は、幸いすでに「城が割られ」ていた。

廃城にするための、「城割り」という視点からも、原城の本丸に立ってみると、当時の様子が想像できる。

〔参考文献〕
服部英雄・千田嘉博・宮武正登編『原城と島原の乱 有馬の城・外交・祈り』新人物往来社、二〇〇八年
五野井隆史『敗者の日本史 島原の乱とキリシタン』吉川弘文館、二〇一四年

長崎の町を支える──長崎廻米──

矢田純子

はじめに

近世期を通じて幕府の対外政策の重要な拠点としての役割を果たしてきた長崎。一七世紀末から一八世紀初め頃の長崎の町の状況について取り上げた記事から紹介することにしよう。

次に食物であるが、長崎地方で産出するものは、少量の米だけであり、したがって長崎は、この常食食料をアジア全体から輸入するほか、肥前、肥後、筑後、天草、五島など長崎の北にある諸国から輸入している。果物、野菜、草根、薪炭、獣肉、鶏等は、山陵地帯や近村に長崎の需要を満す程度の供給力がある。

これは元禄年間（一六八八―一七〇三）に出島のオランダ商館付医師として赴任したエンゲルベルト・ケンペルが日本で滞在した記録をまとめ、彼の死後に出版された『日本誌』のうち、長崎の町について紹介した箇所の一部分である[1]。それによると、長崎では少量の米を生産できるが、「常食食料」（米）をアジア全体、九州北部の各所からまかなっているという。もちろんアジア全体から輸入していたとする点など、全てが実態に即していた記述とは言い難いが、外国人の視点から長崎の食糧事情、米は外部から、他の食糧は長崎近隣から調達できていたことを伝えている点で注目される。

近世の長崎では、元亀年間の開港以降、短期間に膨大な人口を抱えることになり、かつ平地が少なく農業生産に向かない土地柄であったため、米穀供給の問題に直面することとなった。都市における米穀は、そこに暮らす人々の食糧としてだけでなく、都市を支える関係諸役人の役料としても不可欠であり、そのため米穀供給は、都市に住む人々の生活、都市基盤を支える上で重要であった。近世長崎の場合はオランダ、中国との貿易を行う都市としての機能を維持するためにも、米穀供給は常に重大な課題の一つであった。それでは近世の長崎では米穀供給をめぐってどのような問題を抱え、どのようにして米穀を調達して、町を支えていたのであろうか。

（1）エンゲルベルト・ケンペル『日本誌』下巻、今井正訳、霞ヶ関出版、一九七三年、一二三頁。

1　近世長崎の人口と米穀需要

長崎は古くは深江浦と称され、「漁者樵父の類ひのミ居住し、まことに辺鄙の遠境」と、

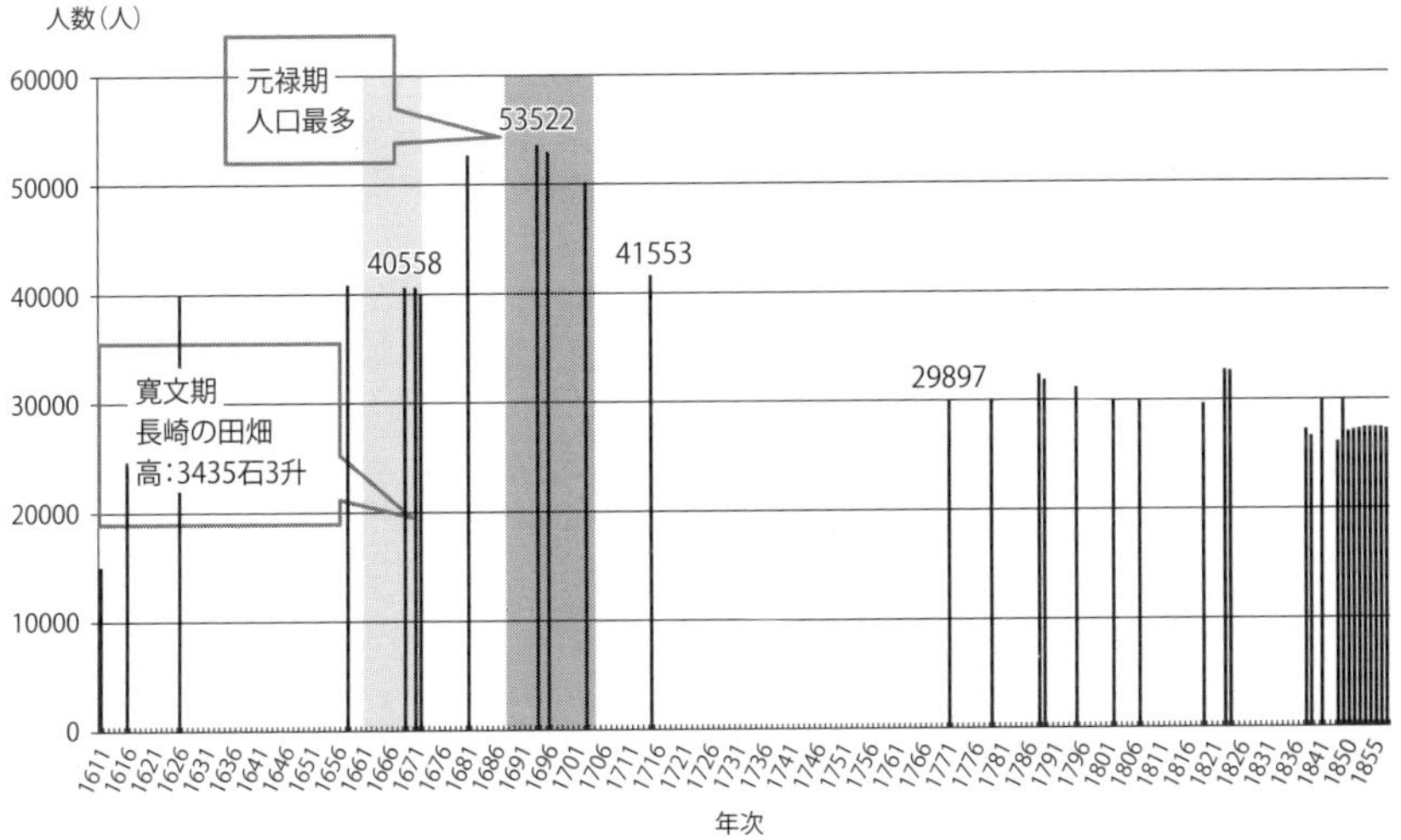

図１　長崎の人口動態

漁師や木樵といった者たちのみが住まう、遠く離れた土地であったといわれる。[2]その長崎では元亀元年（一五七〇）のポルトガル船の来航を契機に港が開かれ、翌年の元亀二年（一五七一）には当時長崎の領主大村純忠《おおむらすみただ》が家臣に命じて六町の町割りを実施させ、町が開かれた。[3]

　その後、市域は拡大していくが、先の六町とその周辺に建設された町々（内《うち》町《まち》）だけでは土地が不足したため、内町の周りに新たに町が造られ、四〇町からなる外町《そとまち》が形成された。さらに町数は増え続け、寛文一二年（一六七二）には内町二六町、外町五一町に加え、傾城町《けいせいまち》である丸山町と寄合町、オランダ商館が置かれた出島町の計八〇町となった。元禄一二年（一六九九）には内町・外町の区別が廃止されることになるが、[4]町の数は八〇町のまま増減なく幕末まで続いた。

　町数が増えて市域が拡大したこと、市

（2）　中田易直・中村質校訂『崎陽群談』近藤出版社、一九七四年、九頁。

（3）　武野要子校注『長崎建立并諸記挙要』（『日本都市生活史料集成』六、港町編Ⅰ、文彩社、一九七五年）一六三頁。

（4）　長崎県『長崎県史』対外交渉史編、吉川弘文館、一九八五年、三九一―九三頁）。赤瀬浩『鎖国下の長崎と町人―自治の繁栄の虚実―』長崎新聞社、二〇〇〇年、八頁。外山幹夫『長崎奉行―幕府の耳と目―』中央公論社、一九八八年、六八頁。

中が貿易都市の機能を持ったことから、各地より人々が集まり、長崎の人口も著しい伸びを見せる。近世期をとおしての長崎の人口の推移をみると、開港当時の一五〇〇人から次第に増加、慶長一六年（一六一一）に一万五〇〇〇人となり、四〇年ほどの間に約一〇倍となっている。人口はその後も増え続け、天和元年（一六八一）には五万人に達し、元禄年間にかけて、長崎では人口が最も多い時期を迎える。(5)

　急激に人口が増加する一方で、長崎の土地は狭く、起伏のある形状という地理的な要因によって同地の食糧自給率は十分でないままであった。寛文年間（一六六二―七二）を例にとると、当時の長崎での田畑高は三四三五石三升、(6)これに対して寛文九年（一六六九）の人口は四万五五八人(7)であり、長崎では人口を養う程の収穫量には全く届かなかったことが分かる。注意しなければならないのは、人口として計上される数は定住の人々であり、長崎へ来航し滞在した外国人、国内各地から商売に訪れる商人、オランダ船が来航している貿易季に労働力として長崎に入り込む人々などは含まれていない点である。(8)市中での米需要について三万人弱の人口であった寛政年間（一七八九―一八〇〇）の長崎において一五万五〇〇〇石ほどの米が必要であったとする記録もある。ここから単純に考えると人口の数字の約五倍が必要な量として計算してあるので、最盛期の元禄年間には人口五万人余りの五倍、二五万石以上の米需要があったということになる。

　このように近世期、長崎では相応の食糧の供給が求められており、それを長崎の外部の地域から調達しなければならなかった。

（5）『耶蘇会士書簡集』「一五七一年一〇月二〇日附ゴア発パードレ・ガスパル・ヴィレラの書簡」（『長崎県史』史料編第三、吉川弘文館、一九六四年、所収、五八頁）。岡本良知『十六世紀日欧交通史の研究』原書房、一九七四年（復刻版）、七一四頁。森永種夫・越中哲也校訂『寛宝日記と犯科帳』長崎文献社、一九七七年、九九頁。最も人口が多いのは元禄八年（一六九五）の六万四五二三人とする説がある（武野要子校注『長崎建立并諸記挙要』（『日本都市生活史料集成』六、港町編Ⅰ、一九七五年）。この点について若松正志氏は重複して内町の人口（一万一五九七人）を加算した数値ではないかと史料的な誤りの可能性を指摘し、五万二九二六人との見方を示している（若松正志「近世前期における長崎町人と貿易」（渡辺信夫編『近世日本の都市と交通』河出書房新社、一九九二年。同「貿易都市長崎における酒造統制令の展開」〈『京都産業大学論集』社会学系列第一二号、一九九五年〉）。

（6）『華蛮交易明細記』（『長崎県史』史料編第四、吉川弘文館、一九六六年所収、二九九―三〇〇頁）。

（7）『崎陽群談』一〇六頁。

2　米をめぐる諸問題

緊急時の米穀確保策

米穀需要では飢饉、災害など緊急に必要となる場合と、それ以外の平常時において必要となる場合がある。ここでは前者を取り上げることにしたい。飢饉などの影響を受けて長崎市中が深刻な米不足に陥った場合には、長崎奉行が中心となって周辺諸藩から緊急の廻《かい》米《まい》の打診を行い、米穀の確保に努めている。このような廻米は万治二年（一六五九）の飢饉を最初として、寛文一〇年（一六七〇）、延宝八年（一六八〇）の米価高騰時や寛文三年（一六六三）、元禄一一年（一六九七）の大火の際など幾度となく行われている。このうち万治二年や寛文一〇年には諸藩に加え、周辺の幕府領からも米が廻漕された。長崎奉行による緊急廻米は一八世紀以降も実施されており、享保一七年（一七三二）、天明年間（一七八一―一八八）、天保年間（一八三〇―四三）の飢饉時に確認できる。

また、宝暦六年（一七五六）や天明三年（一七八三）、寛政四年（一七九二）、文政一一年（一八二八）の米不足や米価高騰に際しては、長崎の富商を為替方に任命し米穀廻漕を促進させる、あるいは米穀購入に手慣れた者を近隣地域や下関へ出向かせ、現地で米穀を購入させ、そこから長崎へと調達させるといった、米穀の買い付け、移入策がとられていた。

もちろん、非常事態が起きた際に対応するだけでなく、緊急時を想定した米穀確保策もとられており、長崎会所では緊急時に米を確保できるよう、銀子を近隣諸藩へ貸し出す際

（8）　延宝七年（一六七九）の外国人は三三七九名、翌年は二八九九人に及んでいたという（中村質『近世長崎貿易史の研究』吉川弘文館、一九八八年、三〇二―四頁）。

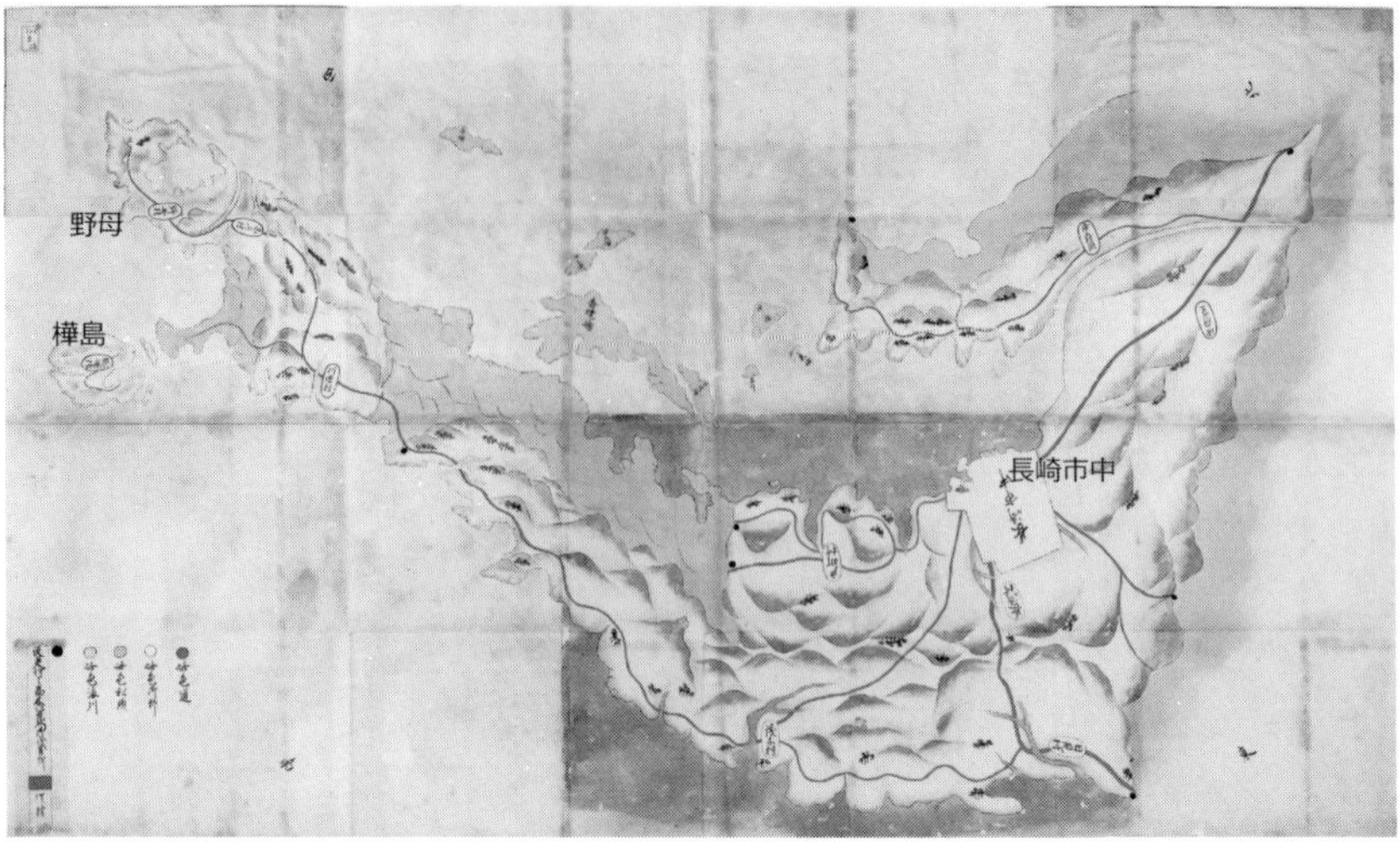

図２　長崎市中と野母・樺島（長崎港外図、長崎歴史文化博物館蔵より）

に質米の体制をとっていた。これは会所より銀を借りる近隣の大名が通常は利息を加えて銀にて返済を行うが、長崎で米が必要となった場合には米を廻漕し、その売却によって返済に充てる米の供給体制であった。(9)

米穀輸送をめぐって

長崎市中への米穀供給は「近国不熟の年、或者海路不順の節ハ、通路絶候而粮米を断候事」(10)とあるように、周辺地域の米の出来具合（収穫量）だけでなく、輸送の点でも大きく左右されている。当時、長崎へは物資の輸送の多くは海路によって行われており、米穀供給でいうと、輸送船が到着しないことには市中へは米が入ってこなかった。しかも、輸送は時化などによる海路不順という自然の要因だけではなかったようである。

元禄一〇年（一六九七）には長崎の米

(9)『崎陽群談』一二九―一三〇頁。

(10)『崎陽群談』一三一頁。

屋たちが市中での米相場を考慮して、近隣からの廻米船を長崎近浦に留め置き、占め売りを行っていたため、これを取り締まるよう言われている。市中の状況を考えて廻米船を一時滞船させるという米屋の体質は宝暦六年（一七五六）にも見受けられる。この当時、米価が高騰する状況で、米を積んだ船が長崎へ入港せず、様子をうかがい近隣の野母《のも》や樺島《かばしま》に滞船していたため、町役人が出向いて船の入津を促している。

このように長崎への米の大部分の輸送が海路によるため、廻米船が着岸しない限り長崎市中へ米の入荷が行われないことを大いに活用してか、米屋たちが市中の米相場を見計らった上で廻米船の入津のタイミングを調整するという意図的な動きがあり、人為的な要因によっても米の入津量が左右される状況であった。

市中での打ちこわし

長崎市中では周辺地域が不作となると米穀が入らず払底し、たちまち米価が高騰した。その時に発生した問題の一つに打ちこわしがあった。打ちこわしは江戸時代、米価高騰などを原因として、その影響を被りやすい者たちが米屋、酒屋、質屋などを対象に暴動を起こすことであり、長崎では元禄一六年（一七〇三）六月を最初として、正徳三年（一七一三）、享保一八年（一七三三）、天明七年（一七八七）と四度の打ちこわしが発生している。打ちこわしの対象となったのは元禄年間には万屋町の酒屋兼米屋の小柳藤左衛門の一軒であったが、正徳年間には複数軒の米屋、享保には四町（四軒）の米屋、天明期には一四軒の米屋と規模の点でも拡大していたことが分かる。

天明期を最後に長崎での打ちこわしは発生していないが、寛政元年（一七八九）四月、市中に米屋の打ちこわしが噂されている。このため町人や米屋の動向にも気を配り、打ちこわしの発生を未然に防ぐよう努力がなされていた。長崎奉行以下、市中での米対策如何によって打ちこわしが起こりうる危険性を持ち合わせていたのである。

3　平時の米穀廻漕

幕府年貢米の廻漕

ここまで非常時における米穀供給や米穀をめぐる長崎の状況を概観してきたが、続いて平時における長崎への米穀供給に目を向けることにしよう。近世の長崎へ平時にもたらされる米には大きく三種類あり、周辺諸藩からの米、商人が持ち込む米、幕府の年貢米の三種類であった。

近世の長崎では元禄一五年（一七〇二）頃より、慢性的な米不足に陥っていたとされ[11]、平時における米穀供給問題が顕在化してくる。その打開策の一つと試みられたのが宝永二年（一七〇五）に実施された唐米の輸入であった。しかし、これも奏功せず、別の供給策が模索されることになり、そこで大きく展開していくことになるのが幕府年貢米の廻漕である。

幕府年貢米はその名のとおり、江戸幕府へ納入される年貢米のことである。長崎は幕府の直轄地であったこともあり、政策的に幕府領の年貢米が廻されることになった[12]。

幕府による長崎廻米は廻漕量が段階的に増えていき、一八世紀後半からは約二万五〇〇

（11）　荒野泰典『近世日本と東アジア』東京大学出版会、一九八八年、一〇一頁。

（12）　幕府年貢米の廻漕は長崎に限られたことではなく、江戸や駿府、大坂、京都や大津、今市など主要な地域に対しても行われている。

図 3　日田から長崎へ（絵葉書・水郷日田、長崎歴史文化博物館蔵をもとに作成）

○石の規模で推移する。その用途も諸役人の役料の他、町人の食糧米、非常時の備蓄などを目的とし、都市長崎を支えてきた。以下では長崎廻米を廻漕量や用途の変化に注目して大きく四つの時期に分けてみていくことにしよう。

第一に寛文・延宝期（一六六一～八一年）から一八世紀初めまでの長崎廻米が開始された初期である。寛文九年（一六六九）に肥前米（長崎市中に隣接する彼杵郡・高来郡の六村の年貢米）が一〇七〇石ほど、延宝四年（一六七六）から天草米（肥後国天草郡）から八〇〇〇石余り（年によって六～八〇〇〇石と増減あり）が長崎の米蔵へ納入されることになった。この頃には寛文三年（一六六三）に発生した大火後の都市再建、新たな貿易仕法を実施するにあたり貿易諸機関の設立、町数の増加など、長崎では貿易業務や町政に携わる長崎地付きの役人（地役人）の数が増加していた。そのため、廻米の多くは役料として使用され、貿易都市長崎の機能を維持していた。また、一部は市中へ払い下げられていたようである。

第二は正徳新例から宝暦年間の時期で長崎廻米の廻漕量と用途が大きく動いた時期である。新井白石による長崎貿易改革として知られる正徳五年（一七一五）の正徳新例では、貿易に加え、長崎町人、長崎奉行の心得など広範囲に及ぶ規定がなされ、そのうち町人に関して「一長崎地下飯米の量として御蔵米を運漕せらるる事」と「地下飯米」（長崎市中の食糧米とするために御蔵米）の廻漕が定められた。[13] これより前、長崎では慢性的な米不足の状況となり、正徳三年（一七一三）七月の打ちこわし、米価高騰、食糧不足と疾病の流行により多数の死者を出す深刻な事態を経験している。そのため当時の長崎奉行が江戸幕府（老中）に対し、米穀廻漕の嘆願を行っており、幕府にも長崎への米の安定供給の必要性が認識されていたことも新例での規定の背景にあったとみられる。

正徳新例後の一七三〇年代にも廻漕量の増加が図られ、享保一八年（一七三三）には豊後国日田郡・玖珠郡から豊後米五〇〇〇石が、その五年後の元文三年（一七三八）には同じく日田・玖珠両郡から五〇〇〇石が廻漕される。享保一八年からの廻漕分は長崎で凶年の際に地下人を救済するために貯蔵され（次の年に新米との詰替後に払い下げ）、元文三年からの分は長崎奉行所の入用米、長崎会所調役、町年寄への御貸米、地役人への拝借米などとして引き渡されている。

第三に明和年間から安政年間の時期である。廻漕量はそれまでの増加量としては最多で、明和元年（一七六四）に八〇〇〇石程が増加し、文政二年（一八一九）に筑前国怡土郡《いとぐん》からの六二〇〇石が増える以外に文久二年（一八六二）までは廻漕量に大きな変化がないが、長崎へ米を廻す産地（廻漕元）には変動が見られた。明和元年当初は石見銀山領から四〇〇〇石、豊前国下毛郡《しもげぐん》から三八〇〇石（翌年から四〇〇〇石、下毛郡は宇佐郡と隔年での廻漕）であったが、明和六年（一七六九）に下毛・宇佐両郡に替わって豊後国日田・玖珠《くす》両郡から四〇〇〇石の廻漕となる。享和元年（一八〇一）には石見銀山領からの一五〇〇石分が

（13）「長崎表御新例御条目御書付等　正徳五年未年」（長崎歴史文化博物館蔵）。

肥前国松浦郡からの廻米に振り替えとなり、文化四年（一八〇七）には石見銀山領から廻漕されていた二五〇〇石も豊後国日田・玖珠両郡からの廻米に振り替えられた。

第四は文久三年（一八六三）から明治初めの期間で、文久三年には備蓄米を増やす目的で越前国・備中国・河内国の年貢米三六〇〇石程が廻漕されたが、慶応三年（一八六七）には廻漕量が二万一〇〇〇石へと減らされている。その後は江戸幕府に代わって、明治政府によって日田からの廻米（租税米の廻漕）が継続されたが、明治二年（一八六九）に長崎の役人の減少を理由に長崎廻米が停止されることになった。

このように一八世紀後半以降、二万五〇〇〇石ほどの規模で推移していた長崎への廻米は市中での必要量全てに相当したわけではなかったようで、幕末には長崎町人の需要を満たすにはもう二万石ほどが必要だとして更なる廻米増を意見する記録も見られる。(14)

（14）「長崎廻米ニ付意見書」（九州大学附属図書館付設記録資料館九州文化史資料部門蔵）

米が来た道〜日田・玖珠両郡から長崎へ〜

江戸幕府が政策的に長崎へ廻漕した米の生産地に注目すると、多くは長崎に近い幕府領、肥後国天草郡や豊後国日田・玖珠郡からであった。このうち、日田・玖珠両郡（日田郡と玖珠郡の一部）は九州地方のほぼ中央に位置し、九州地方最大の幕府直轄地であった。享保一八年（一七三三）から五〇〇〇石で始まった日田・玖珠両郡の長崎廻米は廻漕量が段階的に増加し、幕末期には一万八〇〇〇石に及んでいる。これは両郡の年貢米のうちの約八割近くであり、長崎に入る幕府年貢米では六割を占め、この数値からも豊後米へ大きく依存していたことが伺える。

それでは依存度の高い日田・玖珠両郡から長崎廻米ではどのようなルートをたどって年

貢米が廻漕されていたのであろうか。廻漕ルートは元文三年（一七三八）を境に変更となる。長崎への廻米が始まってから元文二年（一七三七）までは、江戸や大坂への廻米と同様、日田から中津までは陸送や山国川を通って積み下され、中津蔵所から積み廻されている。中津から先は関門海峡、玄界灘を経由して長崎へと廻漕された。

　その後、元文三年（一七三八）に長崎への廻米が一万石に達したことにより、日田郡最西端、筑後国との国境に位置する関村に河岸が開かれ、筑後川を下るルートが使用されることとなる。各村から関河岸へ積み出され、塚島村を経由して下流の右馬丞浦《うまのじょううら》まで行き、陸揚げされ、廻船へ積み替えられる。そのうえ、有明海を経由して海路長崎へともたらされていた。(15)

図 4　筑後・右馬之丞付近

図 5　筑後・右馬之丞付近（馬の丞バス停）

(15)　日田・玖珠両郡からの廻米では、一部が筑後川流域にて買い替えられ、長崎へ納められていた（中野等「幕府年貢米の長崎廻送をめぐる諸問題」（丸山雍成『幕藩制下の政治と社会』文献出版、一九八三年）。

米穀の払い下げ～長崎から市中へ～

長崎へと廻漕された幕府年貢米。最後に市中での米穀流通ともっとも関わりの深い、払い下げの点から触れておくことにしたい。払い下げは幕府年貢米の廻漕量の二割弱を占め用途の中で二番目に多い。安永二年（一七七三）以降には定式払い、臨時払い、腐気米・散米払いが確認できるが、市中の米商人を対象として、年間八〇〇〇石近くが払い下げられ、市中の米穀需要（人口から単純換算）に対して四分の一強となっている。

定式払いが行われたのは年間五回である。時期と払い下げ量は七、八月の夏季に一〇〇〇石ずつ二回（計二〇〇〇石）と一〇、一一、一二月の冬季に八〇〇石ずつ三回（計二四〇〇石）であった。夏季には一年のうち長崎への米の入津が最も少なく市中の米穀供給量を増やす必要があったためと見られ、冬季には新穀が廻着し、米蔵で新米の詰替後に旧米を処分するためであった。

市中で米が払底した際に定式払いを補う形で行われていたのが臨時払いで、例年三―四〇〇〇石が払い下げられていた。これらの他に腐気米・散米払いが実施され、腐気が強く米が変質した腐気米と鼠が囓った散米は本来予定されていた用途にすることができないため、これらを払い下げて処分したものである。

払い下げは入札で行われ、市中の米屋のうち、詳しい条件などは分からないが一部の者が、入札日の触が出されたことを受けて所定の手続きを行い、応札していたようである。入札を通じて市中に投下された幕府年貢米は流通量の点だけでなく市中の小売米相場との関わりも見過ごすことはできない。それは長崎市中の小売米相場は幕府年貢米の払い下げ（払米）相場と浜米（周辺地域より購入され、もたらされた米）相場の平均値をとって計算されていたためである。払米の値段が浜米のそれよりも低く設定される場合が多く、払米は小売米相場を抑える、すなわち市中の米価調整の機能を果たしていた。

おわりに

近世長崎では農業生産に向かない土地に多数の人口を抱えており、米穀供給をめぐって諸問題を抱えていた。長崎では飢饉などの緊急の場合には主に長崎奉行や長崎会所が中心となって、周辺地域、近隣諸藩、幕府領より米穀廻漕を促進させるなど、米穀確保に努めた。市中の米穀供給は周辺地域（生産地）の作柄に左右されるだけでなく、海路の状況、米屋の体質など、輸送そのものにも影響されるところが大きかった。また、米穀払底の際には打ちこわしが発生するなど、米穀対策が常に課題の一つであった。

平時における米穀供給では、一八世紀初頭には慢性的な米不足が問題とされるなかで、幕府年貢米の廻漕の充実が図られた。幕府年貢米は九州内の幕府領を中心として、石見銀山領からも廻漕されており、一八世紀後半には二万五〇〇〇石以上の規模となった。これらの廻漕米は都市機構を維持するための役人たちへの役料や長崎町人に対する供給米として用いられた。長崎へと廻漕された幕府年貢米は単に長崎での米穀需要の一部を満たすだけでなく、払い下げられることによって市中での米穀流通、米価調節の点からも町を支えていたのである。

〔参考文献〕

赤瀬浩『鎖国下の長崎と町人―自治の繁栄の虚実―』長崎新聞社、二〇〇〇年
荒野泰典『近世日本と東アジア』東京大学出版会、一九八八年
『寛宝日記』(森永種夫・越中哲也校訂『寛宝日記と犯科帳』長崎文献社、一九七七年)
木村直樹『幕藩制国家と東アジア世界』吉川弘文館、二〇〇九年
小山幸伸『幕末維新期長崎の市場構造』御茶の水書房、二〇〇六年
鈴木康子「享保の大飢饉と長崎―長崎奉行大森山城守の飢饉対策―」(『崎陽』第二号、二〇〇四年)
同『長崎奉行の研究』思文閣出版、二〇〇七年
外山幹夫『長崎奉行―幕府の耳と目―』中央公論社、一九八八年
長崎県『長崎県史』対外交渉史編、吉川弘文館、一九八五年
中野等「幕府年貢米の長崎廻送をめぐる諸問題」(丸山雍成『幕藩制下の政治と社会』文献出版、一九八三年)
中村質『近世長崎貿易史の研究』吉川弘文館、一九八八年
若松正志「近世前期における長崎町人と貿易」(渡辺信夫編『近世日本の都市と交通』河出書房新社、一九九二年)
同「貿易都市長崎における酒造統制令の展開」(『京都産業大学論集』社会学系列第一二号、一九九五年)

column

長崎の米蔵

矢田純子

近世期、都市機能維持のため米穀確保が重要課題の一つであった長崎に対し、江戸幕府は政策的に幕府年貢米の廻漕《かいそう》を実施している。その廻漕量は一八世紀後半以降、二万五〇〇〇石ほどの規模で推移しており、廻漕された幕府年貢米が収納されていたのが市中に近い場所に設置された米蔵であった。以下では幕府年貢米が納められていた米蔵を中心に近世長崎の米蔵について紹介していくことにしよう。

長崎では古くは浜ノ蔵、天草代官の支配地にあった米蔵（後に南《みなみ》瀬《せ》崎《ざき》米蔵、現在の湊公園近く）が使用されていたが、一八世紀以降には次の三ヶ所の米蔵が使用されることとなる。

図1　北瀬崎米蔵（肥前長崎図〈部分〉、長崎歴史文化博物館蔵より）

図2　北瀬崎米蔵付近

一つは北瀬崎米蔵である。正徳五年（一七一五）の正徳新例以降、長崎市中の町人（地下人）救済を目的とした長崎廻米が行われるようになり、廻漕量も次第に増加していく。そのような中で享保四年（一七一九）に米蔵（北瀬崎米蔵）が建設される。この地にはかつて村山等安の薬園があり、現在でいうと長崎駅からほど近い場所にあたる。同米蔵が建設されると、享保一一年（一七二六）に以前より使用されていた浜ノ蔵がここに移転された。

次に南瀬崎米蔵である。享保九年（一七二四）には以前天草代官の支配下で天草米を貯蔵していた米蔵が長崎付きとなり、改修された。これは北瀬崎に対して南瀬崎米蔵と称されるようになった。一七三〇年代には長崎への幕府年貢米の廻漕量は増加しているが、用途に応じて北瀬崎・南瀬崎の二つの米蔵に収納されることとなる。

そして新地米蔵である。明和年間には再度長崎への廻米の量が増加し、明和二年（一七六五）には石見・豊前国からの廻漕米八〇〇〇石ほどの貯蔵倉庫として、新《しん》地《ち》蔵《くら》（現在は新地中華街となっている）の貨物蔵の内部を仕切る形で米蔵が建設された。ここには寛政年間に備蓄用米穀の囲籾蔵も設置される。

明和年間から安政年間まで長崎へ廻漕された幕府年貢米は北瀬崎・南瀬崎、新地の三ヶ所の米蔵に納められていたが、このうち南瀬崎米蔵は安政六年（一八五九）二月になると、前年の安政五カ国条約による開港に伴い使用は取りやめとなる。外国人居留地のために同蔵に近い大浦海岸が埋め立てられ、海岸通に新道を作り、取り締まりの必要性が生じたことがその理由である。

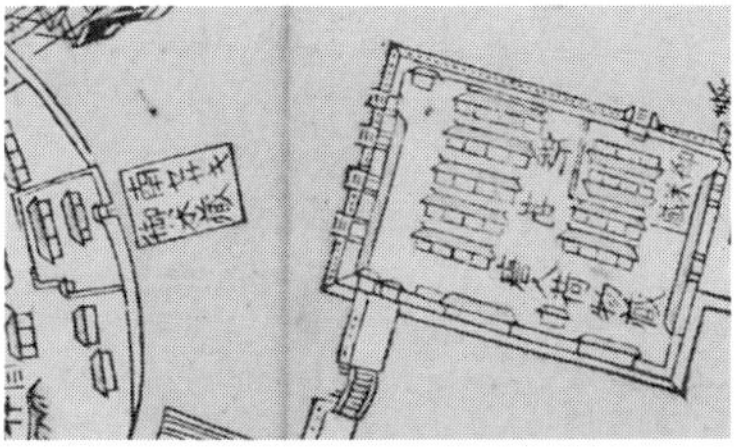

図 3　南瀬崎、新地米蔵（肥前長崎図〈部分〉、長崎歴史文化博物館蔵より）

図 4　南瀬崎米蔵付近

図 5　新地蔵付近

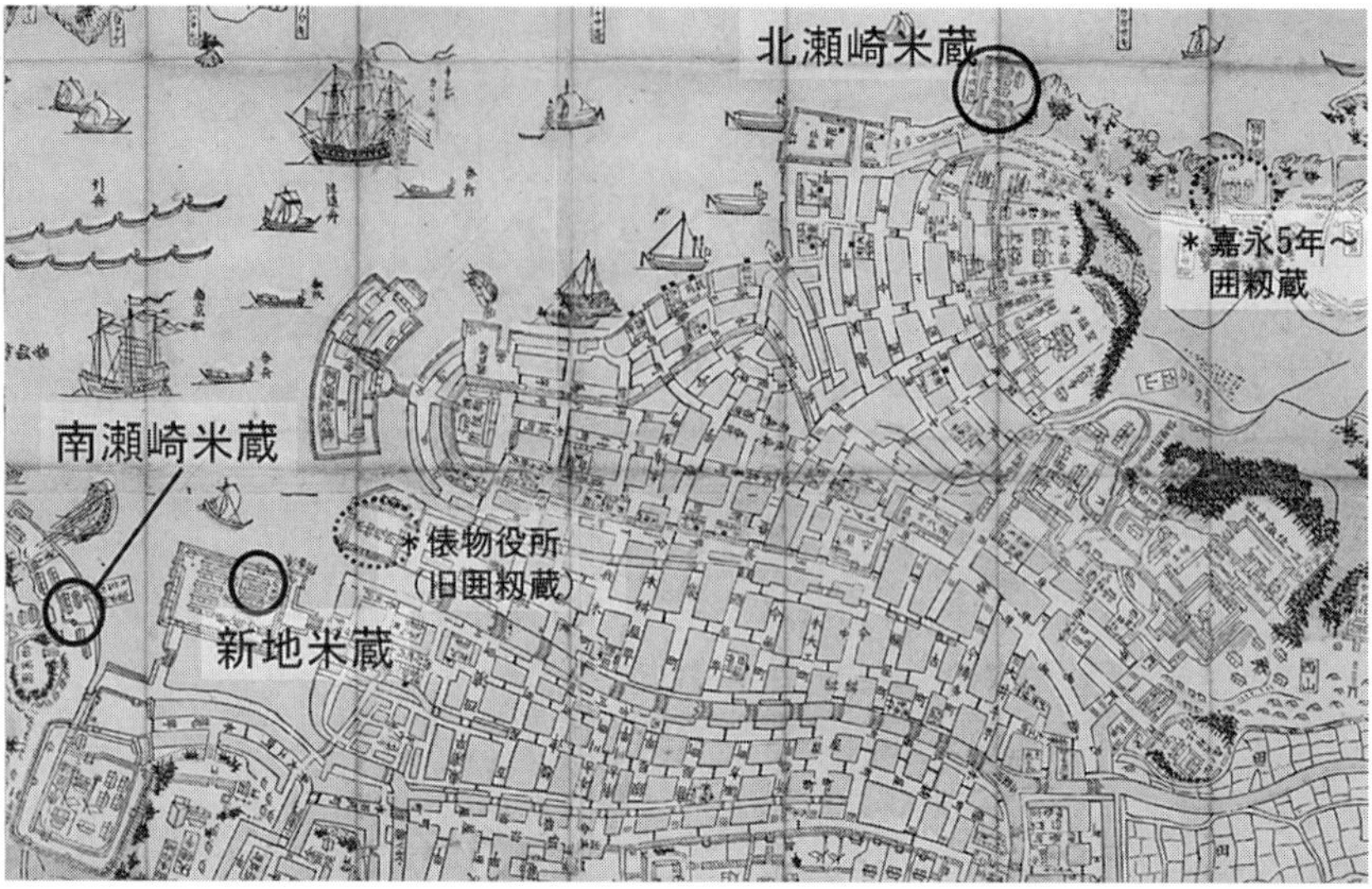

図6　三ヶ所の米蔵（肥前長崎図〈部分〉、長崎歴史文化博物館蔵より）

幕末には南瀬崎米蔵を除く、北瀬崎と新地米蔵が使用されているが、文久三年（一八六三）には長崎市中に隣接する西山郷蝋製所、浦上村郷蔵にも米が移入されていたようであり、これらも市中のための米蔵としての機能を有していた。

長崎へ廻漕された幕府年貢米の蔵所として使用された三ヶ所の米蔵に加えて、非常時に備えるための米蔵も存在している。例えば、長崎奉行所（西役所）に隣接する船番長屋の脇にある土蔵には用米蔵が設けられている。これは米価が下値の時に買い入れておき、地役人の願い出により貸し出す用米を備蓄するための蔵である。

寛政二年（一七九〇）には、米穀払底時に対応できるよう購入した籾米を貯蔵する囲籾蔵が西築町の築地に設置され、この蔵は寛政一二年（一八〇〇）には新地蔵所の中に新たに建設、移転された（元の場所は俵物役所となる）。さらに嘉永五年（一八五二）に馬込郷にある船蔵と塩硝蔵の間に囲籾蔵が新設され、蔵が完成した直後には新地米蔵の囲米（備蓄米）の一部が移送されている。

さて、いま一度北瀬崎・南瀬崎・新地の三ヶ所の米蔵に話を戻そう。三ヶ所の米蔵が置かれた場所をみると図

6のとおり、長崎への米を含めた物資の輸送の大部分は陸送ではなく、海路を以て行われていたことを反映するように、当時は北瀬崎、南瀬崎米蔵は船がすぐ着岸しやすい場所、新地米蔵は出島同様に長崎港に埋め立てて造成された新地蔵の中にあるなど、船での輸送と米の荷揚げがしやすい場所に設置されていたことが分かる。

これらの場所は明治以降、長崎港湾整備などのため埋め立てが進んだことにより、現在では海岸線から少し離れた陸側にあり、その面影を見るよしもない。当時の海岸線に思いをはせながら、長崎の米穀供給の要の一つであった米蔵跡を巡ってみてはいかがだろうか。

〔参考文献〕
中田易直、中村質校訂『崎陽群談』近藤出版社、一九七四年
森永種夫校訂『続長崎実録大成』長崎文献社、一九七四年
飯島千秋「江戸幕府の米蔵」(一)・(二)(『横浜商大論集』第三四巻一号・二号、二〇〇〇年。のち飯島千秋『江戸幕府財政の研究』吉川弘文館、二〇〇四年収録)。

索引

●あ行●

●か行●

●さ行●

●た行●

●な行●

●は行●

●ま行●

●や行●

●ら行●

●わ行●

執筆者一覧（執筆順：名前／所属 2018年4月現在／専門分野／業績）

王　維（わん・うぇい）／長崎大学多文化社会学部教授／文化人類学／『日本華僑における伝統の再編とエスニシティ』風響社、2001 年など

山口　響（やまぐち・ひびき）／活水高校、長崎大学、長崎県立大学非常勤講師／政治学／『核の力で平和はつくれない』（共著）合同出版、2012 年など

山口華代（やまぐち・かよ）／長崎県学芸文化課主任学芸員／日本近世史／「対馬に現存する宗氏の図書二点」佐伯弘次編『中世の対馬』勉誠出版、2014 年　所収

葉柳和則（はやなぎ・かずのり）／長崎大学多文化社会学部教授／文化社会学・ナラトロジー／『長崎―記憶の風景とその表象』晃洋書房、2017 年など

東條　正（とうじょう・ただし）／長崎大学名誉教授／日本経営史／『安場保和伝』（共著）藤原書店、2006 年など

森川裕二（もりかわ・ゆうじ）／長崎大学多文化社会学部教授／国際政治学／『東アジアの地域形成の新たな政治力学』国際書院、2012 年など

石司真由美（いしづか・まゆみ）／元 長崎大学多文化社会学部助教（2017 年よりドイツ在住）／国際法／「ロリマーの自然法論の一断片―予備的考察」『法の理論 31』成文堂、2012 年など

林　美和（はやし・みわ）／神戸大学国際文化学研究推進センター協力研究員／日本近現代史／『軍港都市史研究Ⅲ　呉編』（共著）清文堂出版、2014 年など

才津祐美子（さいつ・ゆみこ）／長崎大学多文化社会学部准教授／民俗学・文化人類学／『文化遺産と生きる』（分担執筆）臨川書店、2017 年など

滝澤克彦（たきざわ・かつひこ）／長崎大学多文化社会学部准教授／宗教学／『越境する宗教 モンゴルの福音派―ポスト社会主義モンゴルにおける宗教復興と福音派キリスト教の台頭』新泉社、2015 年など

須田牧子（すだ・まきこ）／東京大学史料編纂所助教／日本中世史／『中世日朝関係と大内氏』東京大学出版会、2011 など

木村直樹（きむら・なおき）／長崎大学多文化社会学部教授／日本近世史／『幕藩制国家と東アジア世界』吉川弘文館、2009 年など

野上建紀（のがみ・たけのり）／長崎大学多文化社会学部教授／陶磁考古学・水中考古学／『伊万里焼の生産流通史―近世肥前磁器における考古学的研究―』中央公論美術出版、2017 年など

深瀬公一郎（ふかせ・こういちろう）／法政大学沖縄文化研究所国内研究員／日本近世史／『東インド会社とアジアの海賊』（共著）、勉誠出版、2015 年など

岡本健一郎（おかもと・けんいちろう）／京都鉄道博物館学芸員／日本近世史／『たたら製鉄・石見銀山と地域社会』（分担執筆）清文堂出版、2008 年など

矢田純子（やだ・じゅんこ）／長崎歴史文化博物館研究員／日本近世史

大学的長崎ガイド—こだわりの歩き方

2018 年 4 月 25 日　初版第 1 刷発行
2019 年 8 月 30 日　初版第 2 刷発行

編　者　長崎大学多文化社会学部
責任編集者　木村　直樹

発行者　杉田　啓三
〒607-8494 京都市山科区日ノ岡堤谷町 3-1
発行所　株式会社　昭和堂
振込口座　01060-5-9347
TEL（075）502-7500 ／ FAX（075）502-7501
ホームページ　http://www.showado-kyoto.jp

印刷　亜細亜印刷

ISBN 978-4-8122-1713-9

稲佐嶽
カラス岩
ホウカサキ
肥前
肥後
西山